Anne Buscha ▪ Szilvia Szita

Begegnungen

Deutsch als Fremdsprache

Integriertes Kurs- und Arbeitsbuch

Sprachniveau A2+

Mit Zeichnungen von Jean-Marc Deltorn

Das vorliegende Lehrwerk beinhaltet Hörtexte.

Hörtext

Die Hörmaterialien stehen in unserer App **SCHUBERT-Audio** und auf unserer Website unter **schubert-verlag.de/medien** zum Download zur Verfügung.

Dieses Buch wurde hergestellt mit 100 % Ökostrom aus ökologischer Erzeugung, welcher durch den TÜV Nord und das ok-Power-Label zertifiziert ist.

Es ist gedruckt auf zertifiziertem Papier aus nachhaltigen und verantwortungsvollen Quellen.

Redaktion: Albrecht Klemm
Layout und Satz: Regina Lang, Diana Liebers
Zeichnungen: Jean-Marc Deltorn

Die Hörtexte wurden gesprochen von:
Patrick Becker, Burkhard Behnke, Claudia Gräf, Caroline Hassert, Beatrix Hermens, Philipp Oehme, Susanne Prager, Axel Thielmann

1. Auflage 2021

Printed in Germany
ISBN: 978-3-96915-010-8

Wachsmuthstr. 10a
D-04229 Leipzig
produkt@schubert-verlag.de

Kursübersicht

Vorwort

Begegnungen A2+ ist ein modernes und kommunikatives Lehrwerk für den Anfängerunterricht. Es richtet sich an erwachsene Lerner, die auf schnelle und effektive Weise Deutsch lernen möchten. Das Lehrbuch berücksichtigt die sprachlichen, inhaltlichen und intellektuellen Anforderungen erwachsener Lerner.

Begegnungen A2+ bietet:

- **einen klar strukturierten Aufbau**
  Die Kapitel des Buches sind in jeweils vier Teile gegliedert:

  Teil A: Themen und Aufgaben *(obligatorischer Teil)*
  Dieser Teil umfasst Lese- und Hörtexte, Dialogübungen, Wortschatztraining, Grammatik- und Phonetikübungen zu einem Thema. Hier werden grundlegende Fertigkeiten einführend behandelt und trainiert.

  Teil B: Wissenswertes *(fakultativer Teil)*
  Im Teil B finden Sie landeskundliche Texte, Grafiken und Quizaufgaben als Sprechanlässe, die auf interessante Weise das Thema erweitern und landeskundliche Einblicke vermitteln. Teil B geht über die Anforderungen des Europäischen Referenzrahmens hinaus, ist aber durchaus bereits auf diesem sprachlichen Niveau zu bewältigen.

  Teil C: Übungen zu Wortschatz und Grammatik
  Dieser Teil ermöglicht mit zahlreichen Übungen die Vertiefung der Wortschatz- und Grammatikkenntnisse. Er enthält auch systematisierende Grammatikübersichten.

  Teil D: Rückblick
  Teil D besteht aus drei Komponenten: Redemittel, Verben und Selbstevaluation. Er dient zur Festigung des Gelernten und zur Motivation weiterzulernen.

- **die Integration von Lehr- und Arbeitsbuch in einem Band**
  Dadurch sind Vermittlung sowie Training und Übung des sprachlichen Materials eng miteinander verflochten. Das ist unkompliziert, praktisch und ermöglicht effektives Lernen.

- **eine anspruchsvolle Progression**
  Mit dem Buch gibt es keine Langeweile. Die Progression ist auf erwachsene Lerner abgestimmt, die erkennbare Lernerfolge erzielen möchten. Ein durchdachtes Wiederholungssystem sorgt für die Nachhaltigkeit der sprachlichen Fortschritte.

Die vorliegende Ausgabe von **Begegnungen A2+** besteht aus zwei Teilbänden mit jeweils vier Kapiteln: Teilband 1 – Kapitel 1 bis 4; Teilband 2 – Kapitel 5 bis 8. Jeder Teilband enthält einen Anhang mit den Lösungen zu den Übungen. Teilband 2 beinhaltet außerdem einen Vorbereitungstest auf die Sprachprüfung und eine zusammenfassende Übersicht der behandelten Strukturen. Die Hörtexte stehen kostenfrei in unserer App SCHUBERT-Audio sowie online auf unserer Website zur Verfügung.

Die Reihe **Begegnungen** führt in sechs Teilbänden bzw. in drei Vollbänden zum Niveau B1 des Europäischen Referenzrahmens für Sprachen und bereitet mit einem umfangreichen und anspruchsvollen Aufgabenangebot auf alle Sprachprüfungen vor. Die Lehr- und Arbeitsbücher werden ergänzt durch Lehrerhandbücher, die zahlreiche Arbeitsblätter und Tests zu den einzelnen Kapiteln enthalten, sowie ein Glossar zum Sprachniveau A1. Außerdem werden vielfältige Zusatzmaterialien, wie zweisprachige Redemittellisten, im Internet auf der Seite **begegnungen-deutsch.de** bereitgestellt. Die Lehrwerke der Reihe sind auch digital als interaktive Ausgaben erhältlich, wozu Sie unter **schubert-verlag.de/digital** weitere Informationen finden.

Wir wünschen Ihnen viel Freude beim Lernen und Lehren.

Anne Buscha und Szilvia Szita

Kapitel 5

Urlaub und Reisen

Kommunikation

- Informationen über Reiseziele verstehen
- Über Reisegewohnheiten, Urlaub und die Heimatstadt berichten
- Über das Wetter sprechen
- Verkehrsdurchsagen verstehen
- Eine Urlaubskarte und eine Absage schreiben
- Gründe und Gegengründe formulieren
- Vorschläge machen

Wortschatz

- Reisen
- Länder
- Einwohner verschiedener Länder
- Wetter
- Verkehrsmittel
- Stadtbesuch

Endlich Urlaub!

A1 Eine Reise aussuchen

Das neue Jahr fängt gut an. Es ist Januar und Sie haben eine Reise für zwei Personen im Wert von 1000 Euro pro Person gewonnen! Herzlichen Glückwunsch!

a) Sie dürfen sich aus diesen drei Angeboten Ihre Reise aussuchen. Lesen Sie die Angebote.

1. Urlaub im Schnee

Hotel „Schneeweiß"
in Achenkirch, Österreich

Dauer: eine Woche

Lage: Das Vier-Sterne-Hotel liegt am Achensee, direkt am Rufahngebirge, und bietet für Wintersportfreunde sehr gute Skimöglichkeiten. Alpine und Langlaufski, Snowboards und Schlittschuhe kann man im Hotel ausleihen.

Zimmer: Alle Zimmer sind sehr komfortabel eingerichtet mit Bad, separater Toilette, Fernseher, Telefon und Minibar.

Besonderheiten: Alles inklusive! Sie buchen nicht nur ein Zimmer, sondern unseren ganzen Service, z. B.: reichhaltiges Frühstücksbüfett, kleine Mittagsmahlzeit, großes Büfett am Abend; Benutzung des Wellnessbereichs und des Fitness-Studios; tägliches Animationsprogramm, Live-Musik am Abend.

Zusatzkosten: An- und Abreise

2. Urlaub in der Sonne

Hotel „Don Miguel"
Gran Canaria

Dauer: zwei Wochen

Lage: Das Drei-Sterne-Hotel liegt 1,5 km entfernt vom Strand, mitten im Stadtzentrum, 30 km entfernt vom Flughafen. Es fährt ein Bus direkt zum Strand.

Zimmer: Alle Zimmer verfügen über eine Dusche, eine Toilette, einen Fernseher und eine Minibar. Einige Zimmer haben einen Balkon.

Besonderheiten: Das Hotel hat ein Süßwasserschwimmbecken und ein Kinderbecken. Es gibt eine Bar und ein Gourmet-Restaurant. Gegen Bezahlung kann man Golf oder Tennis spielen. Abends: Live-Musik

Zusatzkosten: Halbpension
22 Euro pro Tag

3. Städtereise

Städtereise
nach Frankfurt am Main

Die Stadt Frankfurt am Main ist 1200 Jahre alt. Sie war schon früher eine bedeutende Messe- und Bankenstadt und das ist sie bis heute geblieben.

Dauer: 4 Tage

Ablauf: Sie wohnen im Steigenberger Hotel Frankfurter Hof, ein Luxushotel der Extraklasse. Es zählt zu den 100 besten Hotels der Welt.

Zu Ihrer Reise gehört auch eine Stadtrundfahrt und ein Konzertabend in der Alten Oper. Außerdem besichtigen Sie die Paulskirche und den Römer, das alte Rathaus aus dem Jahre 1405.

Zusatzkosten: An- und Abreise

b) Suchen Sie die richtigen Erklärungen.

(1) Wintersportfreunde → (f)	(a) Freizeitprogramm für Hotelgäste
(2) Wellnessbereich	(b) ein ganz besonders gutes Hotel
(3) Animationsprogramm	(c) die Reise kostet …
(4) Zusatzkosten	(d) Swimmingpool mit normalem Wasser
(5) eine Reise im Wert von …	(e) Räume für Massage (z. B.)
(6) Süßwasserschwimmbecken	(f) Menschen, die gerne Ski fahren
(7) Halbpension	(g) was man extra bezahlen muss
(8) ein Luxushotel der Extraklasse	(h) Frühstück und Abendessen im Hotel, meist in Büfettform

A2 Informationen über die Reise

Beschreiben Sie jedes Angebot noch einmal.

Das erste Angebot ist eine Reise für *eine Woche* nach *Achenkirch in Österreich*.

Im Januar ist es in Österreich *kalt und es liegt viel Schnee*.

Wir wohnen *in einem Vier-Sterne-Hotel*.

Im Hotel kann man ....

Die Zimmer sind/haben ....

Das Hotel bietet außerdem ....

Man kann auch ....

Wir müssen aber *die An- und Abreise* selber zahlen.

Das zweite Angebot ist eine Reise für .... nach ....

Wir wohnen ....

Das Hotel liegt ....

Die Zimmer haben ....

Das Hotel bietet außerdem ....

Wir müssen aber .... selber zahlen.

Das dritte Angebot ist eine Reise für .... nach ....

Frankfurt ist ....

Wir wohnen ....

Außerdem gehören .... zu der Reise.

Wir müssen aber .... selber zahlen.

A3 Auswahl

Wählen Sie eine Reise aus Aufgabe A1 und begründen Sie Ihre Wahl. Arbeiten Sie zu zweit.
Welche Punkte sehen Sie bei den Angeboten als Vorteil, welche als Nachteil?

- Mir gefällt die erste/zweite/dritte Reise am besten, denn/weil …
- Am liebsten würde ich *(nach Österreich)* fahren, denn/weil …
- Als Vorteil/Nachteil sehe/empfinde ich bei Angebot eins/zwei/drei, dass …
- Ich finde es *(nicht so)* wichtig, dass *(der Flughafen in der Nähe ist/ich Sehenswürdigkeiten besichtigen kann)*.

A4 Interview

Fragen Sie Ihre Nachbarin/Ihren Nachbarn und berichten Sie.

- Wohin fahren Sie am liebsten, wenn Sie Urlaub haben?

nach	Österreich, Frankreich, Italien, Tschechien, Ägypten, Südafrika …?
	New York, Peking, London, Budapest, Berlin …?
in die	Schweiz, Türkei, Niederlande, Vereinigten Staaten …?
in den	Sudan, Iran …?
auf die	Kanarischen Inseln …?

- Mit wem fahren Sie?
  mit Ihrer Mutter ▪ mit Ihrer Frau ▪ mit Ihrem Mann ▪ mit Ihren Kindern ▪ mit Ihrer Freundin …?
- Mit welchem Verkehrsmittel reisen Sie am liebsten?
  mit dem Auto ▪ mit dem Zug ▪ mit dem Flugzeug ▪ mit dem Schiff …?
- Was finden Sie im Urlaub besonders wichtig?
  das Wetter ▪ die Landschaft ▪ das Essen ▪ das Hotel/die Unterkunft ▪ die Leute im Urlaubsland ▪ die Sehenswürdigkeiten ▪ den Preis ▪ die Sauberkeit …

Länder und Nationalitäten

A5 Flaggen und Länder

Zu welchen Ländern gehören die Nationalflaggen? Ordnen Sie zu.

Ghana ▪ Japan ▪ Algerien ▪ Italien ▪ Deutschland ▪ Griechenland ▪ Indien ▪ China ▪ Brasilien ▪ Kanada

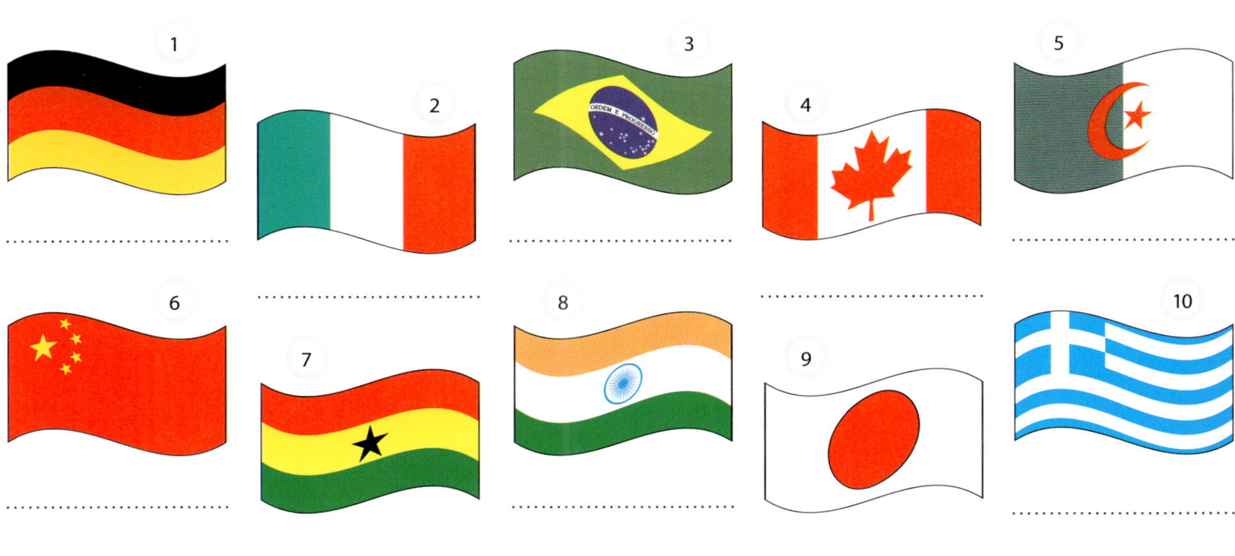

A6 Genus der Länder

Welche Länder sind im Deutschen maskulin, feminin oder neutral? Welche stehen im Plural?

Deutschland ▪ d.......... Schweiz ▪ Indien ▪ China ▪ d.......... Niederlande ▪ d.......... Malediven ▪ d.......... Sudan ▪ Spanien ▪ d.......... Ukraine ▪ d.......... Türkei ▪ d.......... Iran ▪ Großbritannien ▪ Schweden ▪ d.......... Vereinigten Staaten ▪ Japan ▪ Italien ▪ d.......... Irak ▪ Griechenland ▪ Russland ▪ Brasilien ▪ Ungarn ▪ Polen ▪ d.......... Slowakei

maskulin	feminin	neutral	Plural
der Sudan	*die Schweiz*	*Deutschland*	*die Niederlande*
....	....	....	....
....	....	....	....
	....	....	
		....	
		....	
		....	
		....	
		....	
		....	
		....	
		....	
		....	

Hinweis: Den Artikel benutzt man nicht.

A7 Wer lebt wo?

a) Wie heißen die Einwohner der folgenden Länder/Kontinente? Welche Sprache sprechen sie?

Land	Einwohner (= m)	Einwohnerin (= f)	Plural	Sprache
Amerika	Amerikaner	Amerikanerin	Amerikaner	Englisch/Amerikanisch
Australien	Australier	....	....	....
Bulgarien	Bulgare	Bulgarin	Bulgaren	....
China	....	Chinesin	....	....
Dänemark	Däne	....	....	....
England	....	....	Engländer	....
Finnland	Finne	....	....	....
Frankreich	Franzose	Französin	....	....
Griechenland	....	Griechin	....	....
Italien	....	....	Italiener	....
Japan	....	....	Japaner	....
Mexiko	Mexikaner	....	....	....
Niederlande	....	Niederländerin	....	....
Polen	....	....	Polen	....
Portugal	Portugiese	....	....	....
Russland	Russe	....	....	....
Spanien	Spanier	....	....	....

Achten Sie auf die verschiedenen Endungen. Nennen Sie jeweils ein Beispiel.

	Beispiel 1	Beispiel 2
Einwohner *(Sg.)*	Bulgare	....
Einwohnerin *(Sg.)*	....	Amerikanerin
Einwohner *(Pl.)*	....	....

b) Wer hat welche Nationalität?

- ■ Juan kommt aus Madrid. Er ist *Spanier*.

1. Nikolaos kommt aus Athen. Er ist ....
2. Bernardo kommt aus Lissabon. Er ist ....
3. Sarah kommt aus Paris. Sie ist ....
4. John kommt aus London. Er ist ....
5. Agnieszka kommt aus Warschau. Sie ist ....
6. Stefano kommt aus Rom. Er ist ....
7. Marijke kommt aus Amsterdam. Sie ist ....
8. Chun-Ming kommt aus Peking. Er ist ....
9. Ole kommt aus Kopenhagen. Er ist ....
10. Igor und Natascha kommen aus Moskau. Sie sind ....

c) Welche Nationalität haben Sie und Ihre Nachbarin/Ihr Nachbar? Berichten Sie.

○ Ich bin .... Meine Nachbarin/Mein Nachbar ist ....

A8 Reiseziele

2.02

a) Hören Sie die Berichte von Miriam und Christoph zweimal und ergänzen Sie die Informationen.

1. Wo war Miriam im Sommer? ....
2. Was hat Miriam im Urlaub gemacht? *(1 Angabe)* ....
3. Wohin möchte Miriam im nächsten Jahr fahren? ....
4. Was möchte Miriam dort machen? *(1 Angabe)* ....
5. Wo war Christoph im letzten Jahr? ....
6. Was haben Christoph und seine Frau dort gemacht? *(1 Angabe)* ....
7. Wohin möchte er in diesem Jahr fahren? Frühjahr: .... Sommer: ....
8. Was möchte er in Amsterdam machen? ....

b) Fragen Sie Ihre Nachbarin/Ihren Nachbarn und berichten Sie selbst.

- Wo waren Sie im letzten Jahr im Urlaub? Was haben Sie dort gemacht? *(3 Angaben)*
- Was ist Ihr nächstes Reiseziel? Was möchten Sie dort unternehmen? *(3 Angaben)*

Richtungs- und Ortsangaben ⇨ Teil C Seite 152

Wohin fahren Sie?	Wo waren Sie?
nach + Dativ (bei Richtungsangaben ohne Artikel) nach Deutschland/nach München/nach Europa	in + Dativ in Deutschland/in München/in Europa
in + Akkusativ in die Schweiz/in den Sudan/in die Niederlande	in + Dativ in der Schweiz/im Sudan/in den Niederlanden
an + Akkusativ an die Nordsee/an den Strand	an + Dativ an der Nordsee/am Strand
auf + Akkusativ auf eine einsame Insel	auf + Dativ auf einer einsamen Insel

A9 *Wo* oder *wohin*?

a) Ergänzen Sie.

Fahren Sie dieses Jahr wieder …?		Waren Sie schon mal …?
■ *nach*	Deutschland	*in Deutschland*
1.	Italien	....
2.	Frankfurt	....
3.	Kanarischen Inseln	....
4.	Ostsee	....
5.	Schweiz	....
6.	Vereinigten Staaten	....
7.	Strand	....
8.	Insel Hiddensee	....
9.	Polen	....

b) Berichten Sie. Arbeiten Sie in kleinen Gruppen.

- In welchen Ländern/Städten waren Sie schon?
- Wo hat es Ihnen besonders gut gefallen?

Eine Reise planen

A10 Gespräch im Büro

a) Hören Sie ein Gespräch zwischen zwei Kollegen zum Thema Urlaub. Sind die folgenden Aussagen richtig? Kreuzen Sie an.

		richtig	falsch
1.	Herr Groß weiß nicht genau, wohin er im Urlaub fahren will.	☐	☐
2.	Frau Lange fährt im Sommer auf die Kanarischen Inseln.	☐	☐
3.	Herr Groß mag keine Hitze.	☐	☐
4.	Frau Lange empfiehlt einen Urlaub in Ägypten.	☐	☐
5.	Auf die Insel Rügen kann man mit dem Auto fahren.	☐	☐
6.	Herr Groß will so schnell wie möglich ein Zimmer im Hotel Seerose buchen.	☐	☐

b) Ergänzen Sie im Dialog die fehlenden Verben. Arbeiten Sie zu zweit. Lesen Sie danach laut vor.

möchte ▪ lernen ▪ empfehlen ▪ gefallen ▪ erinnere ▪ ~~gehört~~ ▪ planen ▪ haben ▪ wissen ▪ wollen ▪ fahren ▪ bezahlt ▪ recherchieren ▪ gewohnt ▪ hieß ▪ werden

Frau Lange:	Guten Tag, Herr Groß. Wie geht es Ihnen?
Herr Groß:	Guten Tag, Frau Lange. Danke. Es geht mir gut. Ich habe *gehört*, Sie waren im Urlaub.
Frau Lange:	Ja, wir waren zwei Wochen in der Sonne, auf den Kanarischen Inseln.
Herr Groß:	Toll! Wir ....(1) gerade unseren Sommerurlaub. Wir ....(2) aber noch nicht, wohin wir reisen.
Frau Lange:	Wann ....(3) Sie denn fahren?
Herr Groß:	Im August.
Frau Lange:	Im August. Mögen Sie die Wärme?
Herr Groß:	Sehr warm darf es nicht sein. Also, nach Ägypten oder Tunesien ....(4) ich im August nicht fahren. Da sind fast 50 Grad.
Frau Lange:	Ich kann Ihnen die Kanarischen Inseln sehr ....(5). Oder Griechenland. Dort ist es nicht so warm.
Herr Groß:	Ja, Griechenland würde mir gut ....(6). Aber ich war schon dreimal in Griechenland. Dort kann es im August auch ganz schön heiß ....(7).
Frau Lange:	Waren Sie schon mal an der Ostsee?
Herr Groß:	An der Ostsee? Hier in Deutschland? Ja, aber nur ganz kurz …
Frau Lange:	Ich war vor zwei Jahren dort, auf der Insel Rügen. Deutschland hat einen großen Vorteil: Man kann mit dem Auto in den Urlaub ....(8). Die Flughäfen sind ja im August immer sehr voll.
Herr Groß:	Da ....(9) Sie recht. Gibt es dort auch schöne Hotels?
Frau Lange:	Ja, wir haben in einem sehr schönen Hotel direkt am Strand ....(10). Das war gar nicht so teuer. Ich glaube, wir haben für 14 Tage 1 200 Euro pro Person ....(11).
Herr Groß:	Das sind dann 2 400 Euro für zwei Personen, das ist ein guter Preis in der Hauptferienzeit. Wie ....(12) das Hotel?
Frau Lange:	Hotel Seerose. Wenn Sie mal im Internet ein bisschen ....(13), dann finden Sie sicher alle Informationen über das Hotel und vielleicht auch besondere Angebote. Ich ....(14) mich gerne an diesen Urlaub, vor allem an den wunderbaren Wellnessbereich und natürlich den Strand und das Meer. In dem Ort Binz gibt es auch eine Segelschule. Sie wollten doch immer segeln ....(15), oder?
Herr Groß:	Eine Segelschule, wunderbar! Ich sehe mir das heute Abend auf jeden Fall mal im Netz an. Danke für den Tipp.
Frau Lange:	Gern geschehen.

A11 Etwas über sich selbst erzählen

Arbeiten Sie zu zweit. Wählen Sie eine Karte und berichten Sie über das Thema.

Urlaub

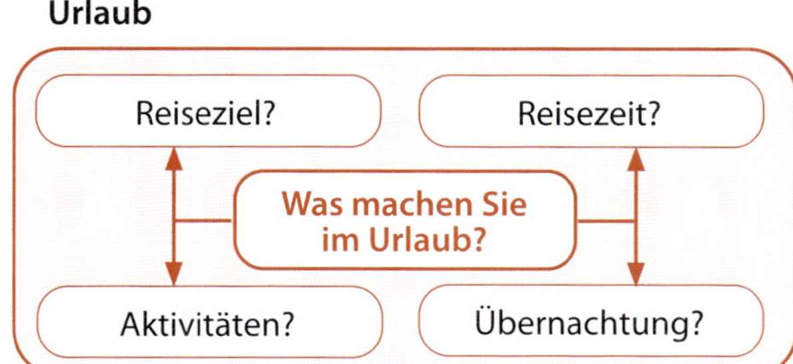

Dienstreisen

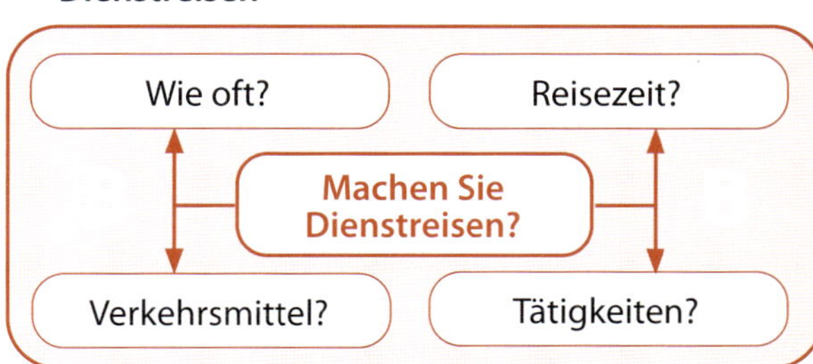

A12 Eine Einladung absagen

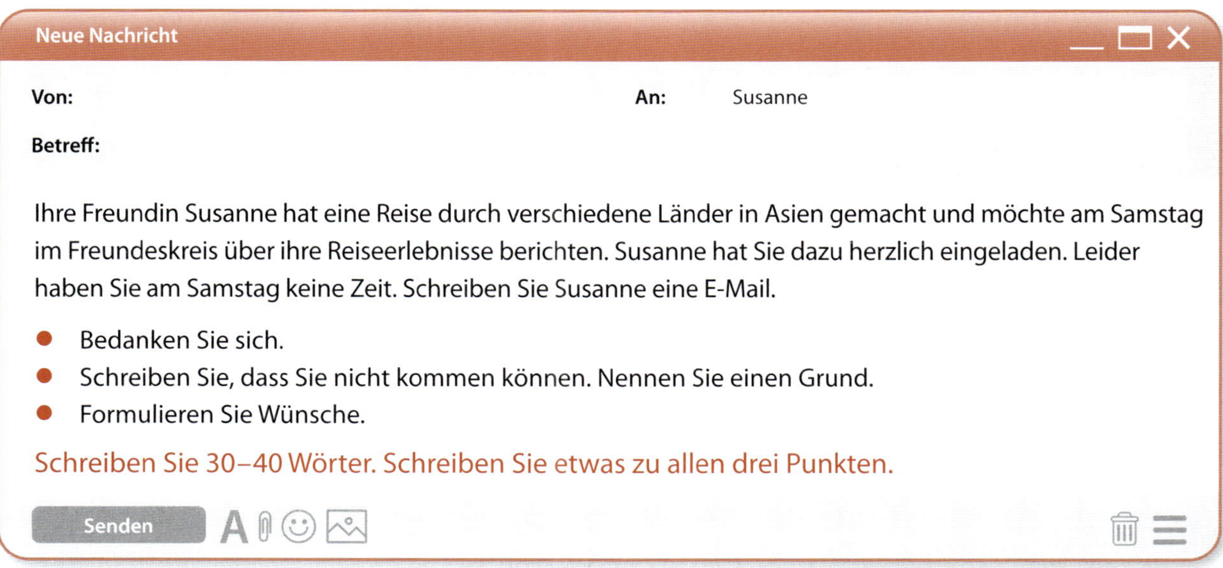

Ihre Freundin Susanne hat eine Reise durch verschiedene Länder in Asien gemacht und möchte am Samstag im Freundeskreis über ihre Reiseerlebnisse berichten. Susanne hat Sie dazu herzlich eingeladen. Leider haben Sie am Samstag keine Zeit. Schreiben Sie Susanne eine E-Mail.

- Bedanken Sie sich.
- Schreiben Sie, dass Sie nicht kommen können. Nennen Sie einen Grund.
- Formulieren Sie Wünsche.

Schreiben Sie 30–40 Wörter. Schreiben Sie etwas zu allen drei Punkten.

A13 Wortschatz: Reisen

a) Welche Wörter passen zu *Hotel*, *Verkehrsmittel* und *Wetter*? Ordnen Sie zu.

das Einzelzimmer ▪ der Balkon ▪ reisen ▪ schlafen ▪ der Fernseher ▪ der Schnee ▪ die Fahrkarte ▪ fahren ▪ der Wellnessbereich ▪ sich sonnen ▪ die Halbpension ▪ die schöne Aussicht ▪ der Stau ▪ die Auskunft ▪ die Rezeption ▪ das Animationsprogramm ▪ sich erholen ▪ die Hitze ▪ die Passkontrolle ▪ der Flughafen ▪ der Fahrplan ▪ die Minibar ▪ der Regen ▪ der Informationsschalter

b) Ergänzen Sie die fehlenden Wörter aus Teil a).

1. Eine Fahrkarte für den Zug kauft man am ………………………………
2. Klara fährt jedes Jahr nach Griechenland. Sie kann sich dort sehr gut ………………………………
3. Wenn man in die Vereinigten Staaten fliegt, muss man an der ……………………………… oft sehr lange warten.
4. Von unserem Balkon aus haben wir eine sehr schöne ………………………………
5. In Ägypten sind manchmal über 50 °C, so viel ……………………………… mag ich nicht.
6. Der Preis ist inklusive ………………………………
7. Wenn man im Sommer mit dem Auto nach Italien fährt, steht man oft im ………………………………
8. Unsere Zimmer haben alle einen ………………………………, einen ……………………………… und eine ………………………………

A14 Was kann man …?

Kreuzen Sie die richtige Lösung an.

1.	Was kann man lesen?	☐ einen Reiseführer	☐ einen Reiseleiter
2.	Was kann man buchen?	☐ ein Museum	☐ eine Reise
3.	Was kann man nehmen?	☐ eine Tablette	☐ ein Foto
4.	Womit kann man fahren?	☐ mit dem Flugzeug	☐ mit dem Schiff
5.	Was kann man wechseln?	☐ Geld	☐ den Pass
6.	Wo kann man stehen?	☐ im Auto	☐ im Stau

A15 Verkehrsinformationen

2.04

Hören Sie die Verkehrsdurchsagen.
Was ist richtig, was ist falsch? Kreuzen Sie an.

		richtig	falsch
1	**Flughafen**		
	a) Die Maschine der Lufthansa – Flug 3562 ist nun gelandet.	☐	☐
	b) Die Passagiere müssen zum Schalter 33.	☐	☐
2	**Radio**		
	a) Auf der A 2 sind bei Braunschweig Tiere auf der Fahrbahn.	☐	☐
	b) Die Autofahrer müssen vorsichtig fahren.	☐	☐
3	**Radio**		
	Es ist Urlaubszeit in Deutschland. Es gibt zwei Staus:		
	a) A 8 Salzburg Richtung München: 10 km bei Holzkirchen.	☐	☐
	b) A 9 Richtung Nürnberg, 15 km nach einem Unfall bei Ingolstadt.	☐	☐
4	**Bahnhof**		
	a) Die planmäßige Abfahrtszeit ist 12.23 Uhr.	☐	☐
	b) Die Wagen der ersten Klasse sind am Ende des Zuges.	☐	☐
5	**Zug**		
	a) Reisende zum Flughafen Berlin-Brandenburg müssen am Bahnhof Zoo aussteigen.	☐	☐
	b) Von dort fahren andere Züge Richtung Flughafen.	☐	☐

A16 Ärger im Verkehr

Sie können aus verschiedenen Gründen nicht pünktlich sein und wollen sich entschuldigen. Leider erreichen Sie niemanden.

a) Sprechen Sie kurze Texte auf die Mailbox der folgenden Personen.

1. Werner will Sie um 13.30 Uhr vom Bahnhof abholen. Sie haben aber beim Umsteigen einen Zug verpasst und kommen erst zwei Stunden später an.
2. Kathrin und Thomas erwarten Sie um 19.00 Uhr in Berlin zum Abendessen. Es ist jetzt 17.00 Uhr und Sie stehen 300 km vor Berlin im Stau.
3. Sie haben um 13.00 Uhr eine wichtige geschäftliche Besprechung in München. Es ist jetzt 11.00 Uhr und Sie sitzen noch auf dem Flughafen in Amsterdam. Die Maschine fliegt erst in zwei Stunden.

b) Informieren Sie die Personen zusätzlich mit einer Kurznachricht über das Smartphone.

Hier ist …
Es tut mir furchtbar leid, aber …
Leider kann ich erst um … in … sein.
Ich bin wahrscheinlich erst …
Ich melde mich eventuell noch mal.
Bis bald!/Tschüss!/Auf Wiederhören.

A17 Das Wetter

a) Wie ist das Wetter im März? Beschreiben Sie das Wetter.

Es ist *(teilweise)* sonnig. ▪ Die Sonne scheint. ▪ Es ist *(teilweise)* bewölkt. ▪ In … regnet es *(leicht/stark)*. ▪ In … erwarten wir Gewitter. ▪ Die Temperaturen liegen bei …/zwischen … ▪ Die Tageshöchsttemperatur beträgt …

In Afrika

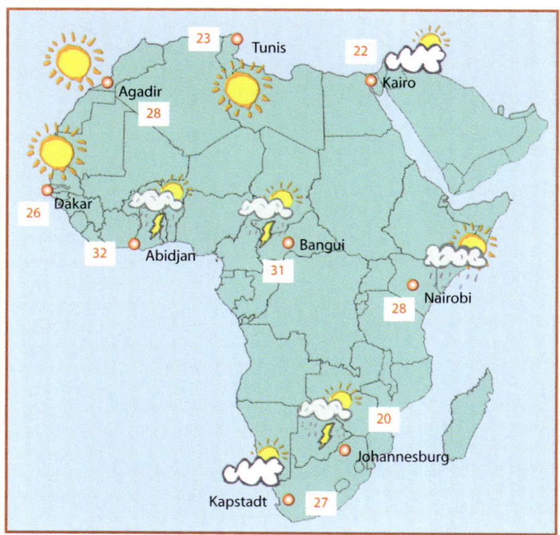

In Europa

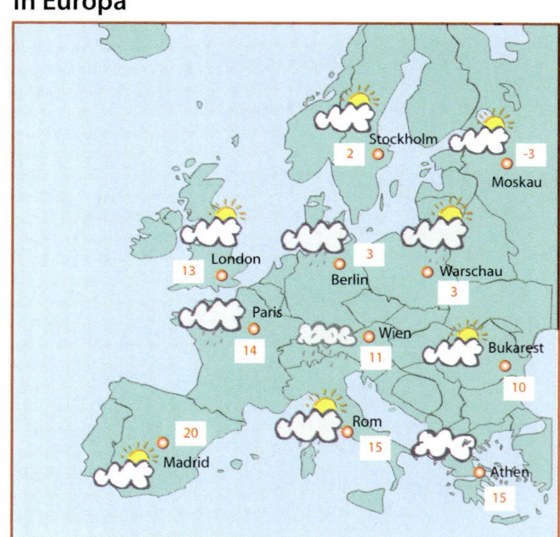

b) Wie heißen die Nomen?

▪ Im März liegen die Temperaturen in Moskau noch bei –3 °C. Das finde ich kalt. *die Kälte*
1. In Ägypten sind im August 50 °C. Das ist sehr heiß. ....
2. Ich freue mich auf den Sommer. Dann ist es in Deutschland schön warm. ....
3. Der Herbst an der Nordsee ist windig. ....
4. Manchmal kann man im Herbst nicht spazieren gehen. Dann ist es zu stürmisch. ....
5. Im Juli war ich in London. Dort ist das Wetter auch im Sommer oft regnerisch. ....
6. Man kann die Sonne am Himmel nicht sehen. Es ist bewölkt. ....

c) Welches Wetter wünschen Sie sich im Urlaub? Berichten Sie.

Ich mag es *(nicht)*, wenn …/Ich möchte *(nicht)*, dass …/Ich mag *(die Wärme/keinen Regen)*.

A18 Phonetik: Das unbetonte *e* und der Konsonant *r*

Hören und wiederholen Sie.

2.05

Sommer [ɐ]	vergessen [r]
Sommer – Wasser – Wetter – Gewitter – Bücher – Zimmer – Computer – Reiseführer	Verkehr – vergessen – verkaufen – vertrauen – vereinbaren – erwarten

Übung:

Hast du die Bücher vergessen?
Morgen wird das Wetter schön.
Nachmittags erwarten wir Gewitter.
Im Reiseführer steht, dass es viel Verkehr in Rom gibt.

A19 Wichtige Dinge für unterwegs

a) Was braucht man wofür auf einer Reise? Ordnen Sie zu.

(1) ein Buch → (f)	(a) zum Spazierengehen in der Nacht
(2) Insektenspray	(b) gegen Kopfschmerzen
(3) Sonnencreme	(c) zum Telefonieren mit Freunden
(4) eine Taschenlampe	(d) gegen Mücken
(5) Aspirintabletten	(e) für die Haut
(6) ein Handy	(f) zum Lesen
(7) einen Laptop	(g) zum Bezahlen
(8) eine Digitalkamera	(h) zum Fotografieren
(9) viel Geld	(i) für den ungestörten Schlaf
(10) eine Kopie vom Reisepass	(j) für das Mietauto
(11) den Führerschein	(k) zum Arbeiten oder zum Spielen
(12) Ohropax*	(l) für den Notfall

*Ohropax = Das steckt man in die Ohren gegen Lärm.

b) Was brauchen Sie unbedingt?
Sie dürfen nur fünf Dinge mitnehmen.
Wählen Sie aus. Begründen Sie Ihre Auswahl.

etwas brauchen	für *(den Schlaf)* → Nomen
	gegen *(Mücken)* → Nomen
	zum *(Schlafen)* → Infinitiv

- Ich brauche unbedingt ein Buch, weil ich im Urlaub gern lese.
- Ich brauche unbedingt ein Buch, denn ich lese im Urlaub gern.

c) Was passt? Ergänzen Sie frei.

■ Dorothea nimmt Ohropax mit, denn sie möchte im Urlaub ungestört *schlafen*.

1. Otto nimmt seinen Fotoapparat mit, weil er gern ....
2. Susi nimmt ihren Führerschein mit, denn sie möchte ....
3. Edith nimmt viel Geld mit, denn sie geht gern ....
4. Klaus nimmt sein Handy mit, denn er will jeden Tag ....
5. Kathrin nimmt ihren Laptop mit, denn sie muss auch im Urlaub ....
6. Birgit darf die Sonnencreme nicht vergessen, denn sie möchte sich stundenlang ....

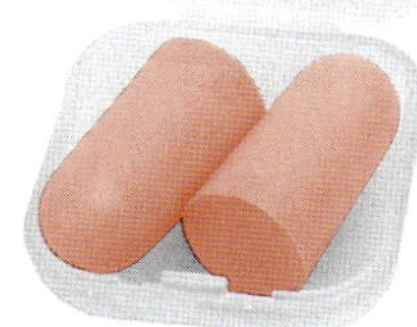

Auf einer Reise kann man was erleben!

Was alles schiefgehen kann …

Liebe Susanne,

herzliche Urlaubsgrüße aus Österreich sendet dir Karl.

Seit drei Tagen wohne ich hier im Hotel Herzberg und friere! Die Heizung in meinem Zimmer ist kaputt. Ich habe schon dreimal gefragt, ob jemand die Heizung reparieren kann, aber es kommt niemand. Außerdem habe ich keinen Fernseher im Zimmer. Ich langweile mich schrecklich. Ich bin bis jetzt zweimal Ski gefahren. Im Prospekt steht, dass man die Ski kostenlos ausleihen kann. Ich musste aber 20 Euro pro Tag für die Ski bezahlen! Ich habe bald kein Geld mehr. Das Essen schmeckt hier in Österreich sehr lecker. Gestern war ich in einem sehr guten Fischrestaurant. Doch auch das Essen ist nicht billig. Wenn mein Zimmer morgen immer noch kalt ist, reise ich wieder nach Hause und ich fordere im Reisebüro mein Geld zurück!

A21 Ihr Sommerurlaub

Schreiben Sie zwei Karten aus Ihrem Sommerurlaub.

Karte 1: Der Urlaub ist eine Katastrophe.

- 3-Sterne-Hotel: 15 Minuten vom Strand entfernt, im Zentrum der Stadt
- Zimmer: klein, dunkel, ohne Fernseher
- Swimmingpool: schmutzig
- Essen: schrecklich
- Regen seit vier Tagen

Karte 2: Der Urlaub ist toll.

- 4-Sterne-Hotel: direkt am Strand
- Zimmer: mit Blick aufs Meer, Balkon, Minibar und Fernseher
- Swimmingpool: groß
- Essen: sehr lecker
- Sonne

Die Nomengruppe: Deklination der Adjektive ⇨ Teil C Seite 153

Das Zimmer ist kalt. → ohne Endung

Ich wohne in einem kalten Zimmer. → mit Endung

	Singular maskulin	Singular feminin	Singular neutral	Plural
Nominativ	der große Tisch ein großer Tisch	die gemütliche Bar eine gemütliche Bar	das kalte Zimmer ein kaltes Zimmer	die alten Bücher meine alten Bücher
Akkusativ	den großen Tisch einen großen Tisch			
Dativ	dem großen Tisch einem großen Tisch	der gemütlichen Bar einer gemütlichen Bar	dem kalten Zimmer einem kalten Zimmer	den alten Büchern meinen alten Büchern
Genitiv	des großen Tisches eines großen Tisches		des kalten Zimmers eines kalten Zimmers	der alten Bücher meiner alten Bücher

A22 Ein schönes Hotel

Ergänzen Sie die Endungen im Akkusativ und im Dativ.

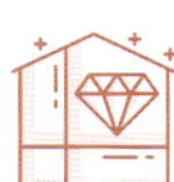
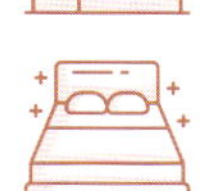

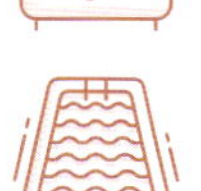

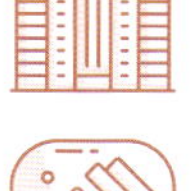

Unser Hotel bietet …	**Ich suche ein Hotel mit …**
■ die Bar a) ein*e* gemütlich*e* Bar.	b) ein*er* gemütlich*en* Bar.
1. der Sandstrand a) ein....... weiß....... Sandstrand.	b) ein....... weiß....... Sandstrand.
2. der Bereich a) ein....... groß....... Wellnessbereich.	b) ein....... groß....... Wellnessbereich.
3. das Restaurant a) ein....... sehr gut....... Restaurant.	b) ein....... sehr gut....... Restaurant.
4. der Ausblick a) ein....... herrlich....... Ausblick.	b) ein....... herrlich....... Ausblick.
5. das Frühstücksbüfett a) ein....... reichhaltig....... Frühstücksbüfett.	b) ein....... reichhaltig....... Frühstücksbüfett.
6. das Badezimmer a) ein....... luxuriös....... Badezimmer.	b) ein....... luxuriös....... Badezimmer.
7. der Golfplatz a) ein....... klein....... Golfplatz.	b) ein....... klein....... Golfplatz.
8. die Badelandschaft a) ein....... riesig....... Badelandschaft.	b) ein....... riesig....... Badelandschaft.
9. die Terrasse a) ein....... sonnig....... Terrasse.	b) ein....... sonnig....... Terrasse.
10. der Garten a) ein....... exotisch....... Garten.	b) ein....... exotisch....... Garten.
11. das Sportprogramm a) ein....... täglich....... Sportprogramm.	b) ein....... täglich....... Sportprogramm.
12. der Tennistrainer a) ein....... amerikanisch....... Tennistrainer.	b) ein....... amerikanisch....... Tennistrainer.

A23 Fragen über Fragen

Welches Fragewort passt?

wo (2×) ▪ wie warm ▪ ~~wie groß~~ ▪ wann ▪ ob (2×) ▪ wie lange ▪ was ▪ welche ▪ wie teuer

Können Sie mir sagen, …/Wissen Sie vielleicht, …

■ *wie groß* die Zimmer sind?
1. .... ich hier Aspirintabletten kaufen kann?
2. .... Sehenswürdigkeiten man hier besichtigen kann?
3. .... der Swimmingpool ist?
4. .... das Hotelrestaurant geöffnet hat?
5. .... das Zimmer einen Fernseher hat?
6. .... eine Massage kostet?
7. .... man preiswert essen kann?
8. .... es im Meer Haifische gibt?
9. .... eine Tennisstunde ist?
10. .... der Hotelmanager zurückkommt?

Gründe und Gegengründe ⇨ Teil C Seite 155

Wir hatten kein schönes Hotel.

Der Urlaub hat uns nicht gefallen.
→ erwartete Folge

Weil wir kein schönes Hotel hatten,
hat uns der Urlaub nicht gefallen.
Der Nebensatz mit *weil*
nennt einen Grund.

Der Urlaub hat uns gefallen.
→ nicht erwartete Folge

Obwohl wir kein schönes Hotel hatten,
hat uns der Urlaub gefallen.
Der Nebensatz mit *obwohl*
nennt einen Gegengrund.

A24 *Weil* oder *obwohl*?

Verbinden Sie die Sätze mit der passenden Subjunktion.

- Ich habe meine Sonnencreme vergessen. Ich habe Sonnenbrand.
  Weil ich meine Sonnencreme vergessen habe, habe ich Sonnenbrand.
  Ich habe Sonnenbrand, weil ich meine Sonnencreme vergessen habe.
- Ich habe meine Sonnencreme vergessen. Ich habe keinen Sonnenbrand.
  Obwohl ich meine Sonnencreme vergessen habe, habe ich keinen Sonnenbrand.
  Ich habe keinen Sonnenbrand, obwohl ich meine Sonnencreme vergessen habe.

1. Ich habe mein Insektenspray zu Hause gelassen. Jetzt habe ich ungefähr 100 Mückenstiche.
   ....
   ....
2. Es ist sehr kalt. Ich friere nicht.
   ....
   ....
3. Der Swimmingpool ist schmutzig. Ich schwimme jeden Tag.
   ....
   ....
4. Das Hotel liegt mitten im Zentrum der Stadt. Ich kann nicht schlafen.
   ....
   ....
5. Die Heizung im Hotel war kaputt. Ich möchte mein Geld zurück.
   ....
   ....
6. Das Essen war ausgezeichnet. Ich habe nur wenig gegessen.
   ....
   ....
7. Hans kann nicht Ski fahren. Er fährt gern in den Winterurlaub.
   ....
   ....
8. Es regnete jeden Tag. Wir sind nur selten spazieren gegangen.
   ....
   ....
9. Es war tolles Wetter. Ich konnte schöne Fotos machen.
   ....
   ....
10. Der Service im Hotel war gut. Ich habe mich nicht wohlgefühlt.
   ....
   ....

Städtereisen

A25 Fremde Städte

a) Berichten Sie.

- Reisen Sie gern in Städte?
- Was ist Ihre Lieblingsstadt?

b) Fragen Sie Ihre Nachbarin/Ihren Nachbarn und berichten Sie.

Was unternehmen Sie in einer fremden Stadt?
Was machen Sie oft, selten, nie?

	oft	selten	nie
1. in einem Fünf-Sterne-Hotel übernachten	☐	☐	☐
2. ein Museum besuchen	☐	☐	☐
3. in einem „berühmten" Restaurant essen	☐	☐	☐
4. in einem Touristenrestaurant essen	☐	☐	☐
5. in einem Fast-Food-Restaurant essen	☐	☐	☐
6. in die Oper/ins Theater gehen	☐	☐	☐
7. fotografieren, Fotos senden oder posten	☐	☐	☐
8. im Stadtpark spazieren gehen	☐	☐	☐
9. mit dem Helikopter über die Stadt fliegen	☐	☐	☐
10. eine Stadtrundfahrt machen	☐	☐	☐
11. stundenlang durch die Stadt laufen	☐	☐	☐
12. in den Zoo gehen	☐	☐	☐
13. Andenken für Freunde kaufen	☐	☐	☐
14. Postkarten schreiben	☐	☐	☐
15. abends in eine Bar/eine Disco gehen	☐	☐	☐
16. so viele Sehenswürdigkeiten wie möglich besichtigen	☐	☐	☐
17. Kleidung oder Schuhe kaufen	☐	☐	☐
18. im Hotelzimmer liegen und fernsehen	☐	☐	☐

c) Spielen Sie Dialoge.

Sie sind mit Freunden in einer fremden Stadt.
Machen Sie Vorschläge für das Tagesprogramm und reagieren Sie.

Ich würde *(heute Vormittag)* gerne *(ins Museum gehen)*.
Wie wäre es mit *(einem Museumsbesuch)*?
Wir könnten doch *(ins Museum gehen)*.
Ich schlage vor, *(dass wir ins Museum gehen)*.

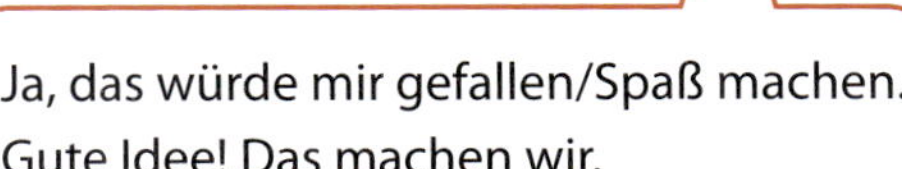

Oh nein, dazu habe ich überhaupt keine Lust!
Ich würde lieber *(ins Kino gehen)*.

Ja, das würde mir gefallen/Spaß machen.
Gute Idee! Das machen wir.

Reiseziel Wien

Lesen und hören Sie den folgenden Text.

Reiseziel Wien besonders attraktiv

Nach einer Umfrage findet rund ein Viertel der Deutschen Wien als Reiseziel besonders attraktiv. Als Hauptgrund dafür geben die Befragten das gute kulturelle und gastronomische Angebot an. Auch das Hotelangebot, die Freundlichkeit der Wiener, das lebendige Nachtleben und ein gutes Preis-Leistungs-Verhältnis spielen eine große Rolle.

Rund 62,7 Prozent der Touristen besuchen in Wien den Prater, 40 Prozent den Stephansdom und das Schloss Schönbrunn. Der Wiener Prater ist der älteste Vergnügungspark der Welt. 1766 hat Kaiser Joseph II. den Vergnügungspark zur allgemeinen Benutzung freigegeben. Mit seinem 65 Meter hohen Riesenrad zählt er zu den Wahrzeichen von Wien. Das Riesenrad ist auch schon über hundert Jahre alt, der englische Ingenieur Walter B. Basset hat es 1896/97 errichtet.

Wiener Prater: Riesenrad

Palmenhaus Schönbrunn

Das Schloss Schönbrunn ist die ehemalige Sommerresidenz der österreichischen Kaiserfamilie. Es ist ein wunderschönes Barockschloss. 1830 wurde hier Kaiser Franz Joseph geboren, der von 1848 bis 1916 in Österreich regierte. Heute gehört das Schloss mit seinem herrlichen Garten zum Weltkulturerbe und zieht jährlich rund acht Millionen Besucher an.

Übrigens gehen nur sechs bis sieben Prozent der Wien-Touristen in ein Museum.

A27 Informationen aus dem Text

Was ist richtig, was ist falsch? Kreuzen Sie an.

	richtig	falsch
1. 25 Prozent der Deutschen möchten gern nach Wien reisen.	☐	☐
2. Das Angebot an Gaststätten, Hotels und Kultur finden die Touristen gut.	☐	☐
3. Besonders beliebt bei den Besuchern sind die Museen.	☐	☐
4. Wien ist sehr teuer.	☐	☐
5. Das beliebteste Touristenziel ist der Wiener Prater.	☐	☐
6. Im Schloss Schönbrunn wohnte früher der Kaiser von Österreich im Sommer.	☐	☐

A28 Textarbeit: Adjektive

Lesen Sie die Sätze und ergänzen Sie die Endungen der Adjektive.

1. Das gut...... kulturell...... und gastronomisch...... Angebot von Wien finden viele Deutsche attraktiv.
2. Auch das lebendig...... Nachtleben und ein gut...... Preis-Leistungs-Verhältnis spielen eine groß...... Rolle.
3. Der Wiener Prater ist der ältest...... Vergnügungspark der Welt.
4. Das Schloss Schönbrunn war die ehemalig...... Sommerresidenz der österreichischen Kaiserfamilie.
5. Es ist ein wunderschön...... Barockschloss.
6. Heute gehört das Schloss mit seinem herrlich...... Garten zum Weltkulturerbe.

A29 Touristische Informationen

Spielen oder schreiben Sie einen Dialog.

- Rufen Sie im Hotel Sacher in Wien an und reservieren Sie vier Einzelzimmer.
- Fragen Sie im Hotel auch nach den Öffnungszeiten vom Schloss Schönbrunn und vom Prater. *(Öffnungszeiten Schloss Schönbrunn: täglich 8.00 bis 17.30 Uhr, Prater: täglich bis 24.00 Uhr)*

A30 Ihre Heimatstadt

a) Berichten Sie über Ihre Heimatstadt.

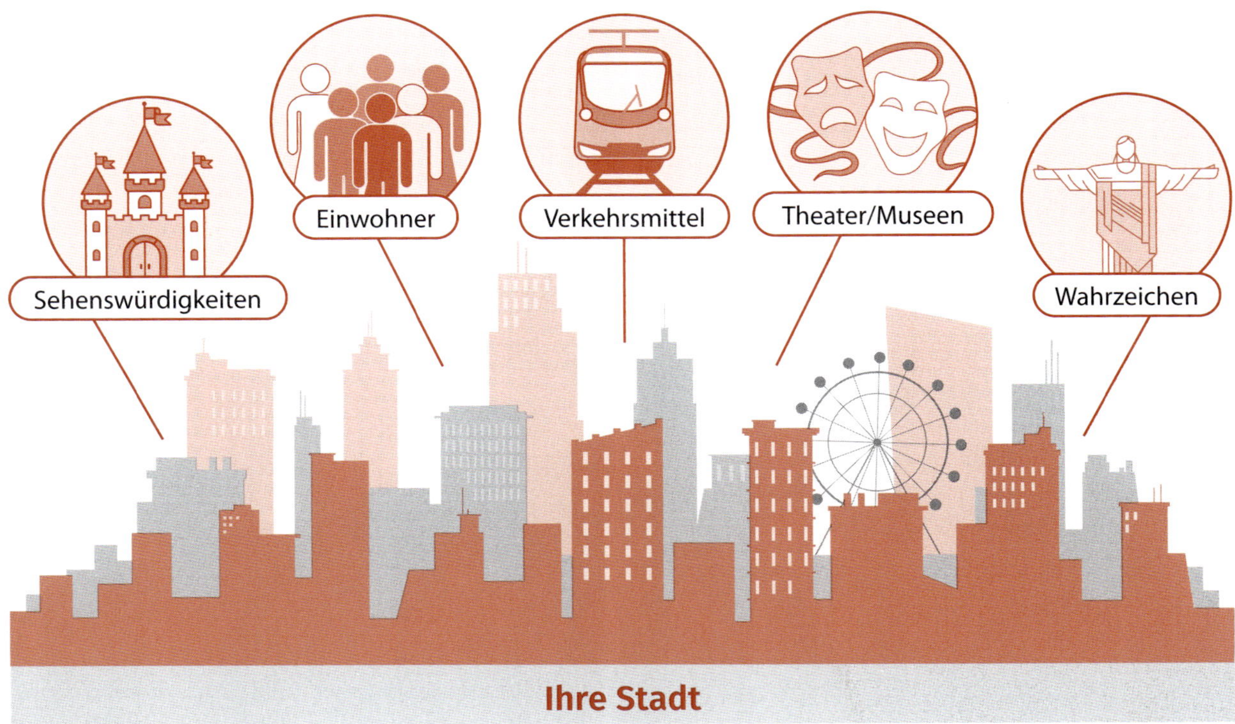

b) Wählen Sie eine Reisegruppe aus und stellen Sie ein Tagesprogramm für die Besucher Ihrer Heimatstadt zusammen.

- eine Gruppe deutscher Studenten
- eine Gruppe von älteren Menschen
- Freunde von Ihnen, die in einer anderen Stadt wohnen

am Morgen ▪ am Vormittag ▪ am Nachmittag ▪ in der Nacht ▪ zuerst ▪ danach ▪ am Schluss …

- Ich schlage vor, dass wir *(uns … treffen/uns … ansehen/… besuchen)* …
- Ich würde Ihnen gerne *(zeigen)*.
- *(Wir)* müssen unbedingt *(besichtigen/sehen)*.
- Eine wichtige Sehenswürdigkeit ist …
- … ist ein Wahrzeichen der Stadt …

c) Schreiben Sie deutschen Freunden eine E-Mail.

- Laden Sie Ihre Freunde zu einem Besuch in Ihrer Heimatstadt ein.
- Nennen Sie eine Übernachtungsmöglichkeit.
- Schlagen Sie ein Tagesprogramm vor.

Wissenswertes *(fakultativ)*

B1 Mystische Orte in Deutschland

a) Der Brocken: Von Hexen und dem Teufel. Ordnen Sie die Wörter den Zeichnungen zu.

die Hexe ▪ der Teufel ▪ der Besen ▪ der Scheiterhaufen ▪ das Moor ▪ die Klippe ▪ der Gipfel

1. ....
2. ....
3. ....
4. ....
5. ....
6. ....
7. ....

1

2

3

BROCKEN
1142 m

4

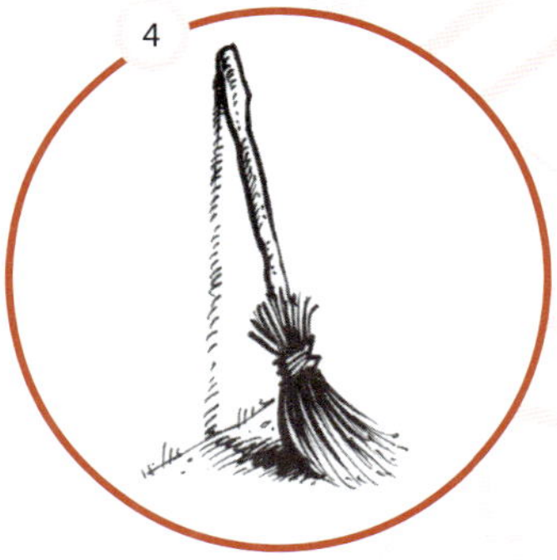

5

6

7

b) Wissen Sie, wo Hexen und Teufel Hochzeit feiern?
Wenn nicht, dann lesen und hören Sie den folgenden Text.

Traumreisen in die Vergangenheit

Die Walpurgisnacht[1] ist die Nacht vom 30. April zum 1. Mai. In dieser Nacht, wenn der letzte Schnee getaut ist, ziehen Teufel und Hexen auf den Brocken und feiern ein großes Fest. Diesen Ort haben die Hexen gut ausgewählt, denn an 306 Tagen im Jahr steht der Gipfel des Berges im Nebel. Man kann ihn nur ganz selten sehen.

Der Brocken ist mit 1 142 Metern der höchste Berg in Norddeutschland. Er liegt im Harz[2], in der Nähe des Ortes Wernigerode. Heute ist der Brocken eines der schönsten Reiseziele in Deutschland, vor vielen hundert Jahren war er ein Ort des Grauens.

Wer früher zu Fuß auf den Berg stieg, musste sehr vorsichtig sein. Der Aufstieg zum Brocken war gefährlich. Man konnte sehr leicht Klippen herunterstürzen oder in das Moor geraten. Und gerade weil der Brocken so gefährlich war, hatte er eine magische Anziehungskraft. Die Germanen glaubten, dass in der Nacht zum ersten Mai der Gott Donar und die Göttin Freya auf dem Brocken Hochzeit gefeiert und den Frühling gezeugt haben. Dieses Ereignis haben die Germanen jedes Jahr gefeiert.

Im 8. Jahrhundert begann der Siegeszug des Christentums und die alten germanischen Götter wurden zu Dämonen, Hexen und Teufeln. Frauen, die noch immer an die vorchristliche Götterwelt glaubten, bekämpfte die Kirche als Hexen. Die Vertreter der Kirche meinten, die Hexen würden auf ihren Besen zum Hexentanzplatz fliegen und dort mit dem Teufel eine Party feiern. Viele Menschen fanden als Hexen auf dem Scheiterhaufen den Tod. 1609 hat in Wernigerode die letzte Hexenverbrennung stattgefunden.

Heute besuchen unzählige Touristen den Hexentanzplatz in dem kleinen Ort Thale und bewundern den germanischen Opferstein. Auf den Brocken kann man sehr bequem mit einer kleinen Bergbahn, der „Harzquerbahn“, fahren.

Es gibt aber noch mehr Geschichten über den Harz zu erzählen. Zur Zeit der DDR (1949–1990) war der Brocken für Besucher komplett gesperrt. Mit zwei großen Abhöranlagen haben der Staatssicherheitsdienst der DDR und der sowjetische Geheimdienst den Brocken zur Spionage genutzt. Erst am 3. März 1994 verließ der letzte russische Soldat den Brocken.

1 Walpurgisnacht → Der Name kommt von der heiligen Walpurga (der Beschützerin der Hexen).
2 Harz = Mittelgebirge in Norddeutschland

B2 Textarbeit: Wortschatz

Suchen Sie die richtigen Erklärungen.

(1) die Walpurgisnacht
(2) der Brocken
(3) Der Schnee ist getaut.
(4) Teufel ziehen auf den Brocken.
(5) der Gipfel des Berges
(6) ein Ort des Grauens
(7) Der Ort hat eine magische Anziehungskraft.
(8) Dämonen
(9) unzählige Touristen
(10) germanischer Opferstein
(11) Der Brocken war komplett gesperrt.

(a) Dort ist etwas Schreckliches passiert.
(b) Viele Leute wollen ihn sehen.
(c) die Spitze des Berges
(d) Stein aus der germanischen Zeit
(e) Nacht zum ersten Mai
(f) böse Geister
(g) Niemand durfte ihn besuchen.
(h) Teufel gehen/steigen auf den Brocken.
(i) viele Touristen
(j) höchster Berg in Norddeutschland
(k) Der Schnee ist zu Wasser geworden.

B3 Informationen aus dem Text

Was ist richtig, was ist falsch? Kreuzen Sie an.

		richtig	falsch
1.	Der Brocken ist heute ein attraktives Reiseziel.	☐	☐
2.	Man kann den Brocken nur einige Tage im Jahr sehen.	☐	☐
3.	Früher war der Aufstieg zum Gipfel gefährlich.	☐	☐
4.	Mit dem Sieg des Christentums wurde der Glaube an die germanischen Götter bestraft.	☐	☐
5.	Viele Touristen haben in der DDR den Brocken besucht.	☐	☐

B4 Fragen zum Text

Beantworten Sie die Fragen in ganzen Sätzen.

■ Wann ist die Walpurgisnacht? *Die Walpurgisnacht ist die Nacht zum ersten Mai.*

1. Wie viele Tage Nebel gibt es auf dem Brocken?
   ....
2. Wie hoch ist der Brocken?
   ....
3. In welchem Gebirge befindet sich der Brocken?
   ....
4. War der Aufstieg zum Brocken früher leicht?
   ....
5. Was konnte passieren, wenn man auf den Brocken stieg?
   ....
6. Was haben die Germanen jedes Jahr gefeiert?
   ....
7. Wann begann der Siegeszug des Christentums?
   ....
8. Wann fand die letzte Hexenverbrennung statt?
   ....

B5 Noch zwei mystische Orte

a) Lesen und hören Sie die Texte.

2.08

Die Externsteine

13 Felsen stehen am Fuß des Teutoburger Waldes in der Nähe von Horn-Bad Meinberg. Auf ihren Wänden kann man Zeichen und Figuren sehen, geheimnisvoll und rätselhaft[1]. Die Wissenschaftler wissen bis heute nicht genau, was sie bedeuten. Sind die Steine ein uraltes Zentrum der nordischen Mythologie oder haben die Menschen mit den Steinen die Sterne erklärt? Die Steine schweigen[2].

Das Teufelsmoor (Worpswede)

Es weht kein Wind. Man hört nichts. Es ist kein sehr freundlicher Ort. Im Moor wartet der Tod. Menschen, die man hier im Moor findet, sind selten friedlich gestorben[3].

Im 18. Jahrhundert hat König Georg III. den Befehl gegeben, das Moor nutzbar zu machen. Danach haben Arbeiter aus dem Moor Torf gewonnen. Mit Torf kann man zum Beispiel heizen. Sie erzählten die Geschichte, dass nachts im Moor Gespenster spazieren gehen. Man sagt, es sind die Toten, die im Moor keine Ruhe finden.

1 Etwas ist geheimnisvoll/rätselhaft. = Man kann es nicht erklären.
2 schweigen = nicht reden/nichts sagen
3 Sie sind selten friedlich gestorben. = Sie sind wahrscheinlich Opfer eines Mörders.

b) Was passt zusammen?
Verbinden Sie. Orientieren Sie sich am Text.

(1) Steine	(a) finden keine Ruhe
(2) Gespenster	(b) geben
(3) Tote	(c) weht
(4) kein Wind	(d) gehen spazieren
(5) einen Befehl	(e) heizen
(6) das Moor	(f) schweigen
(7) mit Torf	(g) nutzbar machen

c) Beschreiben Sie die Lage der drei mystischen Orte.

der Norden ▪ der Süden ▪ der Osten ▪ der Westen ▪ die Mitte

○ … liegt/ist im Osten
im Südosten
in der Mitte Deutschlands.

B6 „Gruselige" Sätze

- Welche Sätze wirken auf Sie sehr/wenig/gar nicht „mystisch"?
- Welche Sätze finden Sie gruselig?
- Haben Sie so etwas Ähnliches schon mal in einem Film gesehen?

Hexen fliegen auf ihrem Besen.
Hexen feiern mit dem Teufel eine Party.
Auf den Wänden der Steine sind geheimnisvolle und rätselhafte Zeichen.
Niemand weiß, was die Zeichen bedeuten.
Im Moor wartet der Tod.
Gespenster gehen nachts im Moor spazieren.
Die Toten im Moor finden keine Ruhe.

B7 Mystische Orte in Ihrem Heimatland

Berichten Sie.

- Gibt es in Ihrem Heimatland auch mystische Orte?
- Wo sind diese Orte?
- Was ist an den Orten rätselhaft oder geheimnisvoll?
- Gibt es viele Besucher oder Touristen an diesen Orten?

Lokalangaben

Richtungsangaben

Wohin fahren/gehen Sie?

nach	nach Hause		
	Länder ohne Artikel:	nach Deutschland/Italien/Frankreich …
	Städte und Kontinente:	nach München/Europa …
	Himmelsrichtungen:	nach Osten/Süden …
in	in die Kirche/die Schule/das Restaurant	
	Länder mit Artikel	
	– feminine Länder:	in die Schweiz
	– maskuline Länder:	in den Sudan
	– Länder im Plural:	in die Vereinigten Staaten
an	an das Fenster	
	Wasser:	an die Nordsee/die Ostsee …
auf	auf den Aussichtsturm	
	Inseln:	auf eine einsame Insel auf die Kanarischen Inseln …
zu	Menschen:	zu meinen Eltern/Oma und Opa
	Richtung:	zum Bahnhof/Unterricht

C1 Ergänzen Sie die Länder. Achten Sie auf die Präpositionen.

■ Ich fahre *nach England*, weil ich besser Englisch lernen will.

1. Wir fahren ……………………, weil wir in den Alpen Ski fahren möchten.
2. Christina macht eine Reise ……………………, weil ihre Freunde in Teheran wohnen.
3. Letztes Wochenende bin ich …………………… geflogen. Ich habe meinen ältesten Sohn in Venedig besucht.
4. Nächsten Sommer fliegen wir ganz bestimmt ……………………, weil New York unsere Lieblingsstadt ist.
5. Ich würde gern …………………… reisen, weil ich schon sehr viel Schönes über Basel und Genf gehört habe.
6. Wir müssen nächstes Jahr unbedingt …………………… fahren. Ich möchte gerne Istanbul sehen.
7. Ich plane eine Reise ……………………, weil ich einmal auf den Straßen von Casablanca spazieren gehen möchte. Wie damals Humphrey Bogart.

C2 Ergänzen Sie die Präpositionen und, wo nötig, den Artikel.

1. Bitte fahren Sie mich ………………… Bahnhof.
2. Zuerst muss ich ………………… Zahnarzt, dann ………………… meinen Eltern gehen.
3. Kannst du mir Aspirintabletten mitbringen, wenn du ………………… Apotheke gehst?
4. Weißt du schon, wann du ………………… Spanien fährst?
5. Ich weiß noch nicht, ob ich heute Abend ………………… Theater oder ………………… Kino gehe.
6. Hast du gehört, dass Ingrid eine Reise ………………… Paris gewonnen hat?
7. Wir fahren im Oktober ………………… Ägypten, meine Kinder möchten die Pyramiden sehen.
8. Mama, ich will heute nicht ………………… Schule gehen. Darf ich zu Hause bleiben?

C3 Ergänzen Sie die Sätze frei.

1. Wenn ich allein sein möchte, gehe ich ....
2. Mit meinen Freunden gehe ich oft ....
3. Ich gehe gar nicht gerne ....
4. Ich würde nie .... fahren, denn es ist gefährlich.
5. Wenn ich mich amüsieren möchte, dann gehe ich meistens ....

Die Nomengruppe

Deklination der Adjektive

	Singular			Plural
	maskulin	feminin	neutral	
Nominativ	der Tisch großer Tisch der große Tisch ein großer Tisch	die Jacke rote Jacke die rote Jacke eine rote Jacke	das Zimmer kaltes Zimmer das kalte Zimmer ein kaltes Zimmer	die Bücher alte Bücher die alten Bücher meine alten Bücher
Akkusativ	den Tisch großen Tisch den großen Tisch einen großen Tisch			
Dativ	dem Tisch großem Tisch dem großen Tisch einem großen Tisch	der Jacke roter Jacke der roten Jacke einer roten Jacke	dem Zimmer kaltem Zimmer dem kalten Zimmer einem kalten Zimmer	den Büchern alten Büchern den alten Büchern meinen alten Büchern
Genitiv	des Tisches großen Tisches des großen Tisches eines großen Tisches		des Zimmers kalten Zimmers des kalten Zimmers eines kalten Zimmers	der Bücher alter Bücher der alten Bücher meiner alten Bücher

Im Genitiv und Dativ enden nach bestimmtem und unbestimmtem Artikel alle Adjektive auf *-en*.

C4 Berichten Sie über das Urlaubswetter und ergänzen Sie die Adjektive.

Wir hatten im Urlaub …

- ■ schön *schönes* Wetter
1. stark .... Regen
2. heftig .... Gewitter *(Pl.)*
3. herrlich .... Sonne
4. schlecht .... Wetter
5. warm .... Nächte *(Pl.)*
6. stürmisch .... Tage *(Pl.)*
7. unerträglich .... Hitze
8. eisig .... Kälte

C5 Was nimmt Adriane in den Urlaub mit, was lässt sie zu Hause? Ergänzen Sie die Endungen der Artikel und der Adjektive, wenn nötig.

Sie nimmt … mit.				Sie lässt … zu Hause.			
■	d*en*	blau*en*	Bikini,	6.	ihr………	schwarz………	Pullover,
1.	d………	rot………	Sommerkleid,	7.	d………	altmodisch………	Videokamera,
2.	ihr………	neu………	Kopfhörer *(Pl.)*,	8.	d………	alt………	Jeans,
3.	d………	groß………	Sonnenbrille,	9.	d………	silbern………	Trinkbecher,
4.	d………	klein………	Regenschirm,	10.	d………	blau………	Handschuhe,
5.	ein………	spannend………	Buch	11.	d………	dick………	Reiseführer

C6 Ergänzen Sie die Adjektive.

a) Laura hatte im Urlaub viel Pech. Ergänzen Sie Lauras Reisebericht. Überlegen Sie, ob das Adjektiv eine Endung hat oder nicht.

dunkel ▪ furchtbar ▪ klein ▪ langweilig ▪ laut ▪ schlecht ▪ inkompetent

Meine Tochter und ich haben in einem ganz *schlechten* Hotel übernachtet. Unser Zimmer war sehr ………………… und ………………… mit einem ………………… Ausblick auf die Müllcontainer hinter dem Hotel! Das Ehepaar im Nachbarzimmer war sehr …………………, der Mann und die Frau haben sich jeden Abend gestritten. Ich habe mich für den Golfkurs angemeldet, aber der Lehrer war total …………………. Das Animationsprogramm für Kinder fand meine Tochter ………………….

b) Das wünscht sich Laura. Ergänzen Sie die Adjektive mit antonymer Bedeutung und – wo nötig – den unbestimmten Artikel.

Das nächste Mal möchte ich in *einem besseren* Hotel übernachten. Ich nehme dort …………… ………………… und ………………… Zimmer mit einem ………………… Ausblick. Hoffentlich habe ich dort ………………… Nachbarn. Ich möchte wieder einen Golfkurs machen, aber diesmal mit …………… ………………… Lehrer! Das Hotel muss natürlich auch ………………… Animationsprogramme für Kinder anbieten. Wenn ich so ein Hotel nicht finde, bleiben meine Tochter und ich nächsten Sommer zu Hause!

C7 Welches Adjektiv passt?

a) Suchen Sie mögliche Adjektive. Achten Sie auf die Adjektivendungen.

japanisch ▪ berühmt ▪ nett ▪ gemütlich ▪ schön ▪ preiswert ▪ langweilig ▪ unfreundlich ▪ ruhig ▪ elegant ▪ verkehrsreich ▪ laut ▪ stimmungsvoll ▪ alt ▪ spannend ▪ lustig ▪ interessant

ein ………………………………………………………………… Restaurant

ein ………………………………………………………………… Ort

ein ………………………………………………………………… Film

………………………………………………………………… Menschen

eine ………………………………………………………………… Straße

b) Beantworten Sie die Fragen mit den Adjektiven aus Teil a).

1. In was für einem Restaurant würden Sie gern essen?

....

2. Wo möchten Sie Ihr Wochenende verbringen?

....

3. Für welche Filme interessieren Sie sich?

....

4. Mit wem würden Sie gern Urlaub machen?

....

5. Wo würden Sie gern wohnen? *(Straße)*

....

C8 Ergänzen Sie die Artikel. Welches Wort hat einen anderen Artikel?

■ *der*	Sturm – Wind – Schnee – Sonne – Regen	*die Sonne*
1.	Auto – Flugzeug – Zug – Schiff	....
2.	Hotel – Zimmer – Essen – Rezeption – Bad	....
3.	Sonnencreme – Kamera – Tablette – Mückenspray	....
4.	Hitze – Wetter – Wolke – Wärme – Kälte	....
5.	Fernseher – Computer – Internetanschluss – Telefon	....
6.	Strand – Meer – Swimmingpool – Golfplatz	....

C9 Ergänzen Sie in dem Dialog die fehlenden Nomen und die Endungen der Artikel. Hören Sie den Text danach zur Kontrolle.

2.09

Sonnencreme ▪ Koffer ▪ Aspirintabletten ▪ Regen ▪ Gewitter ▪ Regenschirm ▪ Flugzeug ▪ Regenkleidung ▪ Laptop ▪ Mückenspray ▪ Reisepass

Frau Sommer: Liebling, hast du *den Koffer* schon gepackt? Wir müssen in zwei Stunden fahren. D.......... ....(1) fliegt um 18.00 Uhr.

Herr Sommer: Ja, ich bin fertig.

Frau Sommer: Hast du d.......... ....(2) eingepackt? Ich möchte mich unbedingt sonnen.

Herr Sommer: Ja.

Frau Sommer: Im Hotel gibt es kein Internet, oder?

Herr Sommer: Nein, ich glaube nicht. Es liegt ganz einsam in den Bergen.

Frau Sommer: Dann brauchen wir kein.......... ....(3) und haben endlich etwas Zeit für uns. Hast du d.......... ....(4) gegen die Mücken und d.......... ....(5) gegen meine Kopfschmerzen?

Herr Sommer: Ja, Schatz, ich habe alles.

Frau Sommer: Ich habe gehört, dass es in Schottland oft ....(6) und .... (7) gibt. Hast du auch ein.......... ....(8) und ....(9) eingepackt?

Herr Sommer: Ja, Schatz. Und hast du eigentlich dein........ ....(10) vom Bürgeramt abgeholt?

Frau Sommer: Oh mein Gott, das habe ich vergessen! Ich war in der letzten Woche einfach zu beschäftigt …

Ergänzen Sie das Online-Formular.

Frank Kühn will sich bei einer Reiseagentur im Internet anmelden. Er möchte dort eine Reise buchen und von der Agentur immer neue Informationen über günstige Angebote bekommen. Frank ist Student, er ist nicht verheiratet und mag weite Reisen und das Abenteuer, am liebsten in Südamerika oder Asien. Frank hat nur ein geringes Stipendium und kann nur in den Semesterferien verreisen.

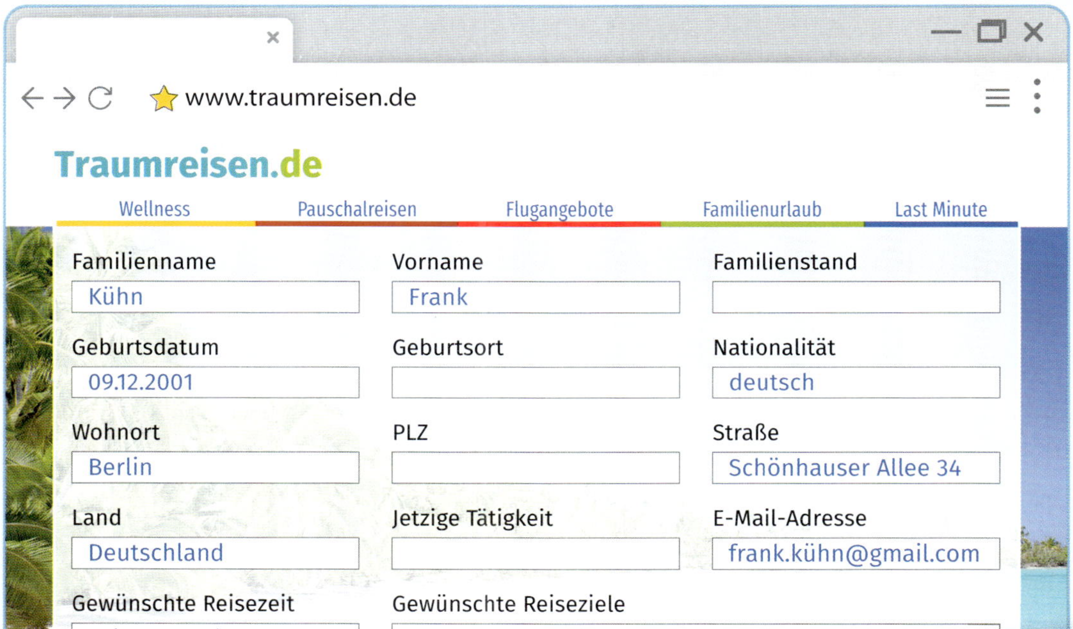

www.traumreisen.de

Traumreisen.de

Wellness | Pauschalreisen | Flugangebote | Familienurlaub | Last Minute

Familienname	Vorname	Familienstand
Kühn	Frank	
Geburtsdatum	**Geburtsort**	**Nationalität**
09.12.2001		deutsch
Wohnort	**PLZ**	**Straße**
Berlin		Schönhauser Allee 34
Land	**Jetzige Tätigkeit**	**E-Mail-Adresse**
Deutschland		frank.kühn@gmail.com
Gewünschte Reisezeit	**Gewünschte Reiseziele**	
Februar und August		

Preiswünsche — Ich interessiere mich für
- ☐ preiswerte Reisen
- ☐ Reisen im mittleren Preisbereich
- ☐ exklusive Reisen

Möchten Sie Informationen über besondere Angebote?
☐ ja ☐ nein

STUDENTENAUSWEIS | INTERNATIONAL IDENTITY CARD
Name, Vorname: Frank Kühn
geboren am: 09.12.2001 in: Dresden
Adresse: Schönhauser Allee 34, 10435 Berlin
Frank Kühn

Sätze: Gründe und Gegengründe *(Kausal- und Konzessivsätze)*

Weil wir kein schönes Hotel hatten, hat uns der Urlaub nicht gefallen.
→ Nebensätze mit weil geben einen Grund an. Im Hauptsatz steht eine *erwartete Folge*.

Obwohl wir kein schönes Hotel hatten, hat uns der Urlaub gefallen.
→ Nebensätze mit obwohl geben einen Gegengrund an. Im Hauptsatz steht eine *nicht erwartete Folge*.

Satzbau

Hauptsatz		Nebensatz	
Der Urlaub hat uns gut gefallen,		obwohl wir kein schönes Hotel hatten.	
	konjugiertes Verb an Position II	Subjunktion	konjugiertes Verb am Satzende
Nebensatz		**Hauptsatz**	
Obwohl wir kein schönes Hotel hatten,		hat uns der Urlaub gut gefallen.	
Subjunktion	konjugiertes Verb am Satzende	konjugiertes Verb leitet den Hauptsatz ein	

C11 Formen Sie die Sätze mit *obwohl* oder *weil* um.

■ Ich würde gern in Spanien arbeiten, aber ich kann kein Spanisch.
Obwohl ich kein Spanisch kann, würde ich gern in Spanien arbeiten.

1 Carla bekommt diese Stelle sicher nicht, denn sie hat keinen Hochschulabschluss.

....

....

....

2 Mein Mann hat seit zwei Tagen Fieber, aber er will nicht zum Arzt gehen.

....

....

....

3 Er interessiert sich für die englische Kultur, denn er ist mit einer Engländerin verheiratet.

....

....

....

4 Paul und Paula haben zehn Jahre lang in den USA gelebt, aber sie waren nie im Grand Canyon.

....

....

....

5 Mein Sohn kann noch nicht lesen, aber er interessiert sich jetzt schon für Bücher.

....

....

....

6 Herr Probst hat sehr wenig Zeit, aber er möchte sich mit Ihnen unbedingt treffen.

....

....

....

7 Flugtickets kaufen wir am liebsten im Internet, denn wir können die Preise vergleichen.

....

....

....

C12 Welche Satzverbindung passt? Wählen Sie aus.

1. weil ▪ wenn ▪ dass — Ich wäre gern Millionär, ... ich dann nie mehr arbeiten müsste.
2. denn ▪ ob ▪ obwohl — Wissen Sie, ... Frau Lukas schon zurückgekommen ist?
3. aber ▪ denn ▪ und — Meine Frau hat eine sehr gute Krankenversicherung, ... sie kostet auch viel!
4. weil ▪ obwohl ▪ wenn — .... ich einige Monate in Deutschland verbringen könnte, würde ich die Sprache schnell erlernen.
5. weil ▪ obwohl ▪ denn — .... Judith mehr verdienen möchte, sucht sie eine neue Stelle.
6. obwohl ▪ weil ▪ wenn — .... er sehr viel Geld hat, spendet er nie für Hilfsorganisationen.
7. weil ▪ ob ▪ dass — Hast du gewusst, ... Vera im Juni heiratet?
8. oder ▪ denn ▪ aber — Ich würde Sie gern zum Kaffee einladen, ... ich habe kein Geld dabei.

Rückblick

Wichtige Redemittel

Hier finden Sie die wichtigsten Redemittel des Kapitels.

Zweisprachige Redemittellisten finden Sie hier: **www.schubert-verlag.de/wortschatz**

Reisen allgemein

eine Reise auswählen/buchen ▪ in einem *(4-Sterne-)* Hotel wohnen/übernachten ▪ Das Hotel liegt direkt *(am Strand)*, *(15)* km *(vom Strand)* entfernt. ▪ Das Hotel bietet/verfügt über *(einen Wellnessbereich)*. ▪ Alle Zimmer sind *(komfortabel)* eingerichtet. ▪ Ich reise am liebsten mit *(dem Auto)*. ▪ Ich finde im Urlaub *(die Landschaft/das Wetter)* besonders wichtig. ▪ Wir fahren jedes Jahr nach …/in die …

Ein Gespräch über eine Reise und Reisewünsche führen

▪ Ich habe gehört, Sie waren im Urlaub.

▪ Ja, wir waren *(zwei Wochen)* in *(Spanien)*, auf *(den Kanarischen Inseln)*.

▪ Toll! Wir planen gerade unseren nächsten Urlaub. Wir wissen aber noch nicht, wohin wir reisen.

▪ Ich kann Ihnen *(Griechenland/die Ostsee)* empfehlen. Dort ist es *(nicht so warm)*. *(Deutschland)* hat einen großen Vorteil: …

▪ Gibt es dort auch schöne Hotels?

▪ Ja, wir haben in einem sehr schönen Hotel direkt am Strand gewohnt. Das war gar nicht so teuer. Wir haben für … Tage … Euro pro Person bezahlt. Wenn Sie mal im Internet recherchieren, dann finden Sie sicher viele Informationen über das Hotel.

▪ Ich sehe mir das heute Abend auf jeden Fall mal im Netz an. Danke für den Tipp.

Ärger im Verkehr

im Stau stehen ▪ *(Das Flugzeug)* hat Verspätung. ▪ *(einen Zug)* verpassen

Wetter

Es ist *(teilweise)* sonnig. ▪ Die Sonne scheint. ▪ Es ist *(teilweise)* bewölkt. ▪ In … regnet es *(leicht/stark)*. ▪ Heute Abend erwarten wir *(ein)* Gewitter. ▪ Es ist stürmisch. ▪ Die Temperaturen liegen bei …/zwischen … ▪ Die Tageshöchsttemperatur beträgt …

Städtereisen

ein Museum besuchen ▪ in die Oper/ins Theater gehen ▪ in einem Restaurant essen ▪ im Stadtpark spazieren gehen ▪ mit dem Helikopter über die Stadt fliegen ▪ eine Stadtrundfahrt machen ▪ durch die Stadt laufen ▪ in den Zoo gehen ▪ Andenken kaufen ▪ Postkarten schreiben ▪ abends in eine Bar/eine Disco gehen ▪ Sehenswürdigkeiten besichtigen

Ein Tagesprogramm planen:
Ich würde *(heute Vormittag)* gerne *(ins Museum gehen)*. ▪ Wie wäre es mit *(einem Museumsbesuch)*? ▪ Wir könnten doch *(ins Museum gehen)*. ▪ Ich schlage vor, *(dass wir ins Museum gehen)*.

D2 Kleines Wörterbuch der Verben

Unregelmäßige Verben

Infinitiv	3. Person Singular Präsens	3. Person Singular Präteritum	3. Person Singular Perfekt
aussteigen einsteigen umsteigen	er steigt aus er steigt ein er steigt um	er stieg aus er stieg ein er stieg um	er ist ausgestiegen er ist eingestiegen er ist umgestiegen
bieten *(das Hotel)*	es bietet	es bot	es hat geboten
fliegen	er fliegt	er flog	er ist geflogen
frieren	er friert	er fror	er hat gefroren
geraten *(ins Moor)*	er gerät	er geriet	er ist geraten
mitnehmen *(etwas)*	er nimmt mit	er nahm mit	er hat mitgenommen
schweigen	er schweigt	er schwieg	er hat geschwiegen
schwimmen	er schwimmt	er schwamm	er ist geschwommen
sehen	er sieht	er sah	er hat gesehen
stattfinden *(eine Feier)*	sie findet statt	sie fand statt	sie hat stattgefunden
steigen *(auf einen Berg)*	er steigt	er stieg	er ist gestiegen
verlassen *(einen Ort)*	er verlässt	er verließ	er hat verlassen

Einige regelmäßige Verben

Infinitiv	3. Person Singular Präsens	3. Person Singular Präteritum	3. Person Singular Perfekt
bedeuten *(etwas)*	es bedeutet	es bedeutete	es hat bedeutet
buchen *(eine Reise)*	er bucht	er buchte	er hat gebucht
glauben	er glaubt	er glaubte	er hat geglaubt
reisen *(abreisen/anreisen)*	er reist	er reiste	er ist gereist
regieren	er regiert	er regierte	er hat regiert
regnen	es regnet	es regnete	es hat geregnet
reservieren	er reserviert	er reservierte	er hat reserviert
schmecken *(etwas)*	es schmeckt	es schmeckte	es hat geschmeckt
schneien	es schneit	es schneite	es hat geschneit
stürmen	es stürmt	es stürmte	es hat gestürmt
übernachten	er übernachtet	er übernachtete	er hat übernachtet
verfügen *(über eine Minibar)*	es verfügt	es verfügte	es hat verfügt
zeugen *(ein Kind)*	er zeugt	er zeugte	er hat gezeugt

D3 Evaluation

Überprüfen Sie sich selbst.

Ich kann	gut	nicht so gut
Ich kann Informationen in Reiseprospekten verstehen.	☐	☐
Ich kann über meine Reisegewohnheiten berichten.	☐	☐
Ich kann über meinen letzten Urlaub berichten und das Hotel beschreiben.	☐	☐
Ich kann über das Wetter sprechen.	☐	☐
Ich kann Verkehrsdurchsagen verstehen.	☐	☐
Ich kann mich entschuldigen, wenn ich nicht pünktlich bin.	☐	☐
Ich kann touristische Informationen über eine Stadt verstehen und Informationen über meine Heimatstadt geben.	☐	☐
Ich kann Vorschläge für ein Tagesprogramm machen und darauf reagieren.		
Ich kann einfache Formulare verstehen und ausfüllen.	☐	☐
Ich kann kurze Texte über mystische Orte verstehen. *(fakultativ)*	☐	☐

Kapitel 6

Tiere und Menschen

Kommunikation

- Über Tiere und Haustiere berichten
- Empfehlungen geben
- Personen und Verwandtschaftsverhältnisse beschreiben
- Über zwischenmenschliche Beziehungen sprechen
- Ein Partygespräch führen
- Über Freude und Ärger sprechen
- Jemanden loben oder kritisieren

Wortschatz

- Tiere im Zoo, in der Natur, zu Hause
- Menschen: Aussehen und Charakter
- Familienmitglieder und zwischenmenschliche Beziehungen
- Lob und Kritik

Große und kleine Tiere

A1 Tiere

Wie heißen diese Tiere? Hören Sie die Namen der Tiere und ordnen Sie die Wörter den richtigen Bildern zu. Arbeiten Sie in Kleingruppen.

die Biene ▪ die Katze ▪ das Pferd ▪ der Frosch ▪ die Spinne ▪ der Fisch ▪ die Schlange ▪ das Huhn ▪ der Vogel ▪ die Kuh ▪ der Hund ▪ der Gepard ▪ das Nashorn ▪ die Schildkröte ▪ die Ameise ▪ die Mücke ▪ die Giraffe ▪ der Elefant ▪ das Nilpferd ▪ der Wal ▪ das Schaf ▪ der Schmetterling ▪ die Maus ▪ das Reh ▪ das Kaninchen

1 ....

2 ....

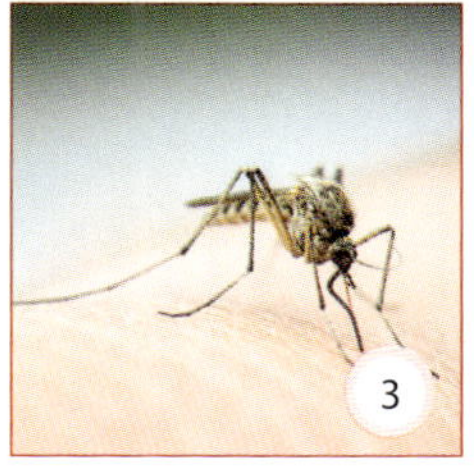

3 ....

4 ....

5 ....

6 ....

7 ....

8 ....

9 *die Biene*

10 ....

11 ....

12 ....

13 ....

14 ....

15 ....

16 ....

17 ....

18 ....

19 ....

20 ....

21 ....

22 ....

23 ....

24 ....

25 ....

A2 Diskussion: Tiere

Diskutieren Sie in Gruppen über die Fragen. Nutzen Sie, wenn nötig, ein Wörterbuch. Präsentieren Sie die wichtigsten Diskussionsergebnisse im Plenum.

- Welche Tiere sind Haustiere?
- Welche Tiere nutzen Menschen wirtschaftlich, z. B. zur Herstellung von Nahrung?
- Welche Tiere gibt es in Ihrem Heimatland in der Natur?

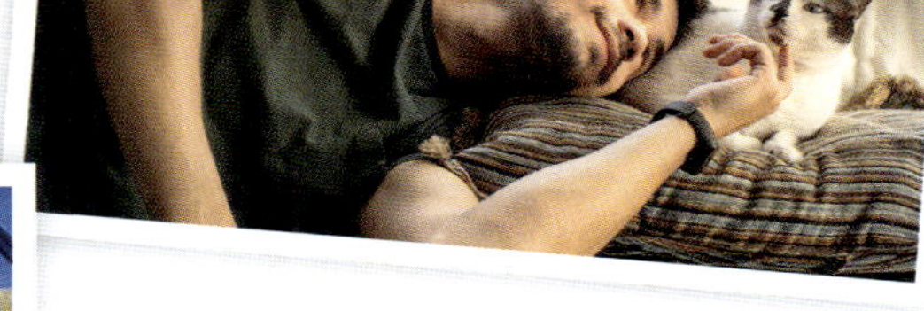

- Mögen Sie Tiere? Wenn ja, welche? Was ist Ihr Lieblingstier?
- Gehen Sie manchmal in den Zoo?
- Sehen Sie gern Tiersendungen? *(Dokumentarfilme, Tierfilme, Tierserien …)*
- Vor welchen Tieren haben Sie Angst?

A3 Umfrage

2.11

Hören Sie die Interviews und ergänzen Sie die Tabelle.

	Wie oft geht sie/er in den Zoo?	Was ist ihr/sein Lieblingstier?	Vor welchen Tieren hat sie/er Angst?
Herr Lohse	....	....	....
Brigitte	....	....	....
Matthias	....	....	....

A4 Kleines Tier-Quiz

Was ist richtig? Diskutieren Sie in Kleingruppen und vergleichen Sie anschließend Ihre Ergebnisse mit anderen. Nutzen Sie, wenn nötig, ein Wörterbuch. Sie können auch im Internet nach den richtigen Antworten suchen.

1. Welches Tier wird am ältesten?
   a) ☐ der Grönlandwal
   b) ☐ der Stör (Fisch)
   c) ☐ die Riesenschildkröte
2. Welches Tier ist am längsten?
   a) ☐ die Anakonda (Riesenschlange)
   b) ☐ der Blauwal
   c) ☐ die Riesenkrake
3. Welches Tier springt am höchsten?
   a) ☐ die Katze
   b) ☐ der Delfin
   c) ☐ der Puma
4. Was ist das größte Tier der Welt?
   a) ☐ die Giraffe
   b) ☐ der Elefant
   c) ☐ das Nashorn
5. Was ist das gefährlichste Tier für die Menschen?
   a) ☐ das Nilpferd
   b) ☐ das Krokodil
   c) ☐ eine Sandotter (Schlange)
6. Was ist das giftigste Tier der Welt?
   a) ☐ eine Seeanemone
   b) ☐ ein Frosch
   c) ☐ eine Schlange
7. Wer läuft am schnellsten?
   a) ☐ der Gepard
   b) ☐ der Strauß
   c) ☐ der Hund

Ich glaube, … *(wird am ältesten)*.
Ich bin mir sicher/Ich weiß genau, dass …

A5 Gefährliche Tiere

Lesen und hören Sie den folgenden Text.

Die giftigsten Tiere der Welt

In der Schweiz, in Österreich oder in Deutschland muss man sich keine Sorgen machen, dort kriechen und fliegen kaum giftige Tiere herum. Wer wirklich gefährlichen Tieren nahekommen will, muss nach Australien fahren. Die Australier sind stolz darauf, dass auf ihrem Kontinent die meisten Gifttiere leben. Wer Glück (oder Pech) hat, begegnet dort den giftigsten Schlangen, Spinnen und Quallen der Welt.

Aber welches Tier ist nun das giftigste? Welches Kriterium nehmen wir? Zum Beispiel das Kriterium, wie viele Menschen schon durch das Gift gestorben sind? Dann wäre die Biene das giftigste Tier in Deutschland. Rund 20 Menschen sterben in Deutschland im Jahr am Gift einer Biene, weil sie allergisch auf das Bienengift reagieren. Doch das interessiert die Wissenschaftler nicht. Ihr Kriterium ist die Wirksamkeit des Giftes.

Das giftigste Tier der Welt sieht wenig spektakulär aus. Es hat keine Giftzähne, keinen bedrohlichen Stachel; es kann sich nicht einmal richtig bewegen – eigentlich sieht es gar nicht wie ein Tier aus. Es ist die Krustenanemone. Ihr Gift – das Palytoxin – ist das wirksamste und tödlichste Gift. Nicht alle Krustenanemonen produzieren es; nur eine Gruppe in einer Lagune bei der Hawaii-Insel Maui und einige Exemplare bei Tahiti sind bekannt.

Der farbenprächtige Pfeilgiftfrosch kommt auf Platz zwei. Er lebt in Südamerika. Mit seinem Gift haben die Ureinwohner in Südamerika ihre Pfeile eingerieben und damit eine biologische Wunderwaffe entwickelt. Es ist bis heute ein Rätsel, wie die Frösche dieses Gift produzieren oder woher sie es nehmen. Ihr Gift ist zehnmal wirksamer als das Gift der giftigsten Schlange.

Die giftigste Schlange unseres Planeten belegt Platz drei: die Inland-Taipan. Die größte Giftmenge bei einem Biss der rund 2,5 Meter langen Schlange ist 110 mg. Theoretisch könnte sie damit 250 000 Mäuse töten. Die Schlange ist sehr selten und sie lebt in menschenleeren Gebieten in Australien.

A6 Informationen aus dem Text

Was ist richtig, was ist falsch? Kreuzen Sie an.

		richtig	falsch
1.	Die meisten giftigen Tiere leben in Australien.	☐	☐
2.	Das Kriterium bei der Wahl des giftigsten Tieres ist die Anzahl der Opfer.	☐	☐
3.	Das giftigste Tier der Welt sieht sehr gefährlich aus.	☐	☐
4.	Das Gift des Pfeilgiftfrosches ist zehnmal giftiger als das Gift der Inland-Taipan.	☐	☐
5.	Heute weiß man genau, wie der Frosch das Gift produziert.	☐	☐
6.	Die giftigste Schlange der Welt hat schon viele Menschen getötet.	☐	☐

A7 Textarbeit: Wortschatz

Suchen Sie die passenden Erklärungen.

unauffällig ▪ herstellen ▪ keine Angst haben ▪ die ursprüngliche Bevölkerung ▪ liegt auf dem dritten Platz ▪ Es ist nicht bekannt. ▪ etwa/ungefähr ▪ bunte

1. sich keine Sorgen machen → ……………………
2. wenig spektakulär aussehen → ……………………
3. der farbenprächtige Frosch → ……………………
4. die Ureinwohner → ……………………
5. Es ist ein Rätsel. → ……………………
6. Gift produzieren → ……………………
7. Die Schlange belegt Platz drei. → ……………………
8. Die Schlange ist rund 2,5 Meter lang. → ……………………

A8 Textrekonstruktion

Schreiben Sie Sätze. Achten Sie auf die Reihenfolge der Satzglieder und die Verbformen.

■ in Deutschland – kaum giftige Tiere – herumfliegen

In Deutschland fliegen kaum giftige Tiere herum.

1. in Australien – die meisten giftigen Tiere – leben
……………………
2. dort – den giftigsten Schlangen, Spinnen und Quallen – man – begegnen – können
……………………
3. welches Tier – das giftigste – sein ?
……………………
4. in Deutschland – im Jahr – etwa 20 Menschen – am Gift einer Biene – sterben
……………………
5. sie – auf Bienengift – allergisch – reagieren
……………………
6. Wissenschaftler – für die Wirksamkeit des Giftes – sich interessieren
……………………
7. die Krustenanemone – das wirksamste Gift – haben
……………………
8. den zweiten Platz – der Pfeilgiftfrosch – belegen
……………………
9. auf Platz drei – die 2,50 Meter lange Inland-Taipan – kommen
……………………

Komparation der Adjektive

⇨ Teil C Seite 180

Positiv	Komparativ	Superlativ
billig	billiger	am billigsten/der billigste
alt	älter	am ältesten/der älteste
teuer	teurer	am teuersten/der teuerste
	→ -er	→ -st
Sonderformen		
gut	besser	am besten/der beste
hoch	höher	am höchsten/der höchste
viel	mehr	am meisten/der meiste

Der Gepard ist das schnellste Tier.
↳ mit Nomen

Der Gepard läuft am schnellsten.
↳ ohne Nomen

Vergleiche

Das Gift des Frosches ist zehnmal wirksamer als das Gift der Schlange.
↳ Adjektiv im Komparativ → *als*

Das Gift der Schlange ist genauso wirksam wie das Gift des Skorpions.

Das Gift des Frosches ist zehnmal so wirksam wie das Gift der Schlange.
↳ Adjektiv im Positiv → *wie*

A9 Spitzenreiter

Ergänzen Sie die Adjektive im Superlativ und im Komparativ.
Nutzen Sie, wenn nötig, ein Wörterbuch.

■ Die *giftigste* Schlange der Welt ist die Inland-Taipan. *(giftig)*
Sie ist *giftiger als* die grüne Baumschlange.

1. Das .... Gift bei Tieren heißt Palytoxin. *(wirksam)*
   Das Gift der Krustenanemone ist .... das Gift des Pfeilgiftfrosches.
2. Das .... Tier ist der Gepard. *(schnell)*
   Er ist .... der Strauß.
3. Die Riesenschildkröte ist das .... Tier. *(alt)*
   Sie wird .... der Grönlandwal.
4. Der Delfin springt am .... *(hoch)*
   Er springt .... der Puma.
5. Das .... Tier ist der Blauwal. Er kann 33 Meter lang werden. *(lang)*
   Er ist .... der Riesenkrake.
6. Die .... Giraffe war 5,88 Meter. *(groß)*
   Die Giraffe wird .... ein Elefant.
7. Das .... Insekt der Welt ist der Goliathkäfer. Er wiegt 110 Gramm. *(schwer)*
   Er ist viel .... ein Marienkäfer.
8. Das .... Säugetier ist eine Fledermaus, die sogenannte Hummelfledermaus. *(klein)*
   Sie ist nur 3 cm lang. Sie ist .... die Spitzmaus.

Von Tieren und Menschen

Haustiere

Berichten Sie.

- Haben Sie ein Haustier? Warum? Warum nicht?
- Glauben Sie, dass ein Haustier eine positive Wirkung auf den Menschen haben kann?

Geld kosten
nicht in den Urlaub fahren können
eine Allergie haben

- Tiere können helfen gegen … + Akkusativ *(Krankheiten)*
- Sie sind gut gegen … + Akkusativ *(Einsamkeit, Stress)*
- Sie können eine positive Wirkung haben auf … + Akkusativ *(unser Leben/unsere Gefühle)*

Mensch und Tier

Lesen und hören Sie den Text.

Haustiere haben positive Wirkung

Menschen und Tiere leben schon immer zusammen, in manchen Regionen sehr intensiv, in manchen Regionen weniger intensiv. In vielen Familien leben die Tiere nicht als Nutztiere, sondern als Haustiere. Sie sind der Freund und Begleiter des Menschen und das aus gutem Grund: Nach neuesten wissenschaftlichen Untersuchungen haben Haustiere eine positive Wirkung auf das Wohlbefinden und die Gesundheit ihrer Besitzer.

Es ist nachgewiesen, dass Menschen mit Haustieren seltener an Schlafstörungen und Kopfschmerzen leiden. Für ältere und alleinlebende Menschen sind Haustiere ein gutes Mittel gegen die Einsamkeit, denn sie haben durch die Tiere das Gefühl, dass sie jemand braucht.

Man sagt sogar, dass das Zusammenleben mit Haustieren zu einer höheren emotionalen Intelligenz führt, das heißt, dass man Gefühle besser erkennen und darauf reagieren kann.

Vor allem im Bereich der Stressbewältigung bieten Haustiere positive Unterstützung. Besonders die alltäglichen Kleinigkeiten beeinflussen die Stimmung und die körperliche Gesundheit. Durch Stress entstehen oft Krankheiten. Ein Haustier kann helfen, Misserfolge in der Partnerschaft, Probleme im Beruf oder Ärger im Straßenverkehr zu bewältigen. Tierhalter selbst sehen sich als kontaktfreudiger, lebensfroher und zufriedener als andere Menschen.

A12 Textarbeit

Was passt zusammen? Verbinden Sie die Satzteile.

(1) Menschen und Tiere leben → (d)	(a) seltener an Kopfschmerzen.
(2) Haustiere haben	(b) gegen die Einsamkeit.
(3) Menschen mit Haustieren leiden	(c) oft Krankheiten.
(4) Haustiere sind ein gutes Mittel	(d) schon immer zusammen.
(5) Das Zusammenleben mit Haustieren führt	(e) Haustiere positive Unterstützung.
(6) Im Bereich der Stressbewältigung bieten	(f) eine positive Wirkung auf die Gesundheit.
(7) Durch Stress entstehen	(g) Probleme im Beruf zu bewältigen.
(8) Ein Haustier kann helfen,	(h) zu einer höheren emotionalen Intelligenz.

A13 Fragen zum Text

Beantworten Sie die Fragen in ganzen Sätzen.

1. Was sind die Haustiere für den Menschen? ……………………………………
2. Worauf haben Haustiere eine positive Wirkung? ……………………………………
3. Worunter leiden Menschen mit Haustieren seltener? ……………………………………
4. Wogegen hilft ein Haustier bei älteren Menschen? ……………………………………
5. Welche Intelligenz wird durch das Zusammenleben mit Haustieren höher? ……………………………………
6. Was entsteht durch Stress? ……………………………………
7. Wie sehen sich die Tierhalter selbst? ……………………………………

A14 Körperliche Beschwerden

Welches Wort passt zur Definition?

Schlafstörung ▪ Kopfschmerzen ▪ Stress ▪ Krankheiten ▪ Stimmung ▪ Einsamkeit

1. Man kann nicht schlafen: ……………………………
2. Man ist allein: ……………………………
3. Der Kopf tut weh: ……………………………
4. Man ist immer nervös, aufgeregt: ……………………………
5. Grippe oder Halsschmerzen sind: ……………………………
6. Ein Synonym für Laune oder Atmosphäre: ……………………………

A15 Antonyme

Wie heißt das Gegenteil? Ordnen Sie zu.

(1) die Krankheit	(a) der Erfolg
(2) der Stress	(b) die Freude
(3) das Alleinleben	(c) die Ruhe
(4) der Ärger	(d) die Gesundheit
(5) der Misserfolg	(e) das Zusammenleben

A16 Tipps gegen körperliche Beschwerden

Formulieren Sie Tipps gegen Schlafstörungen, Kopfschmerzen und Stress.

viel Wasser trinken ▪ weniger arbeiten ▪ abends keinen Kaffee trinken ▪ nicht so viel fernsehen ▪ tagsüber nicht schlafen ▪ abends keinen Sport treiben ▪ die Arbeit besser organisieren ▪ …

○ Man sollte …/Sie sollten …

Empfehlungen ⇨ Teil C Seite 184

Man *sollte* viel Wasser trinken.
Sie *sollten* viel Wasser trinken.
Wenn Sie oft Kopfschmerzen haben, *sollten* Sie viel Wasser trinken.

→ Empfehlungen gibt man im Deutschen oft mit *sollten*. (Konjunktiv II von *sollen*)

Grüße von Judith

Lesen Sie die E-Mail von Judith und markieren Sie das richtige Wort.

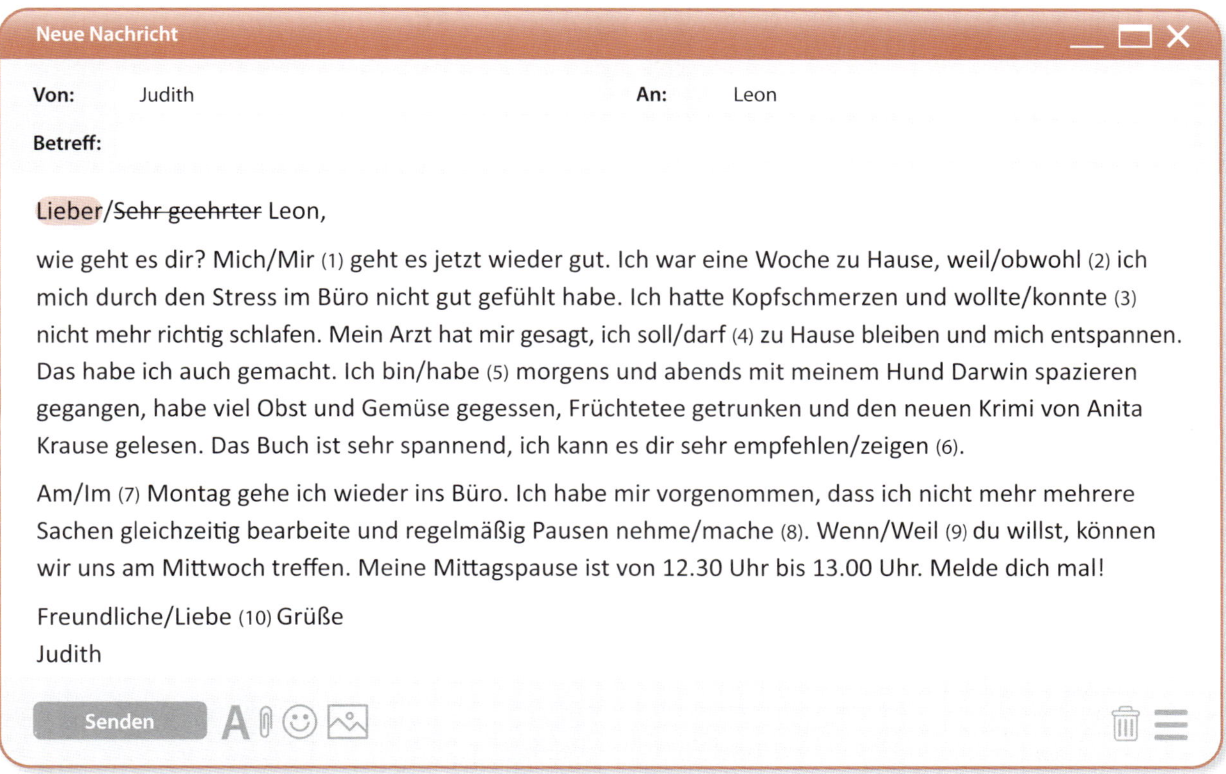

Neue Nachricht

Von: Judith **An:** Leon

Betreff:

Lieber/~~Sehr geehrter~~ Leon,

wie geht es dir? Mich/Mir (1) geht es jetzt wieder gut. Ich war eine Woche zu Hause, weil/obwohl (2) ich mich durch den Stress im Büro nicht gut gefühlt habe. Ich hatte Kopfschmerzen und wollte/konnte (3) nicht mehr richtig schlafen. Mein Arzt hat mir gesagt, ich soll/darf (4) zu Hause bleiben und mich entspannen. Das habe ich auch gemacht. Ich bin/habe (5) morgens und abends mit meinem Hund Darwin spazieren gegangen, habe viel Obst und Gemüse gegessen, Früchtetee getrunken und den neuen Krimi von Anita Krause gelesen. Das Buch ist sehr spannend, ich kann es dir sehr empfehlen/zeigen (6).

Am/Im (7) Montag gehe ich wieder ins Büro. Ich habe mir vorgenommen, dass ich nicht mehr mehrere Sachen gleichzeitig bearbeite und regelmäßig Pausen nehme/mache (8). Wenn/Weil (9) du willst, können wir uns am Mittwoch treffen. Meine Mittagspause ist von 12.30 Uhr bis 13.00 Uhr. Melde dich mal!

Freundliche/Liebe (10) Grüße

Judith

Senden

Menschen

Das Aussehen

Beschreiben Sie die Personen auf den Fotos.

- rote, graue, schwarze, *(dunkel)*blonde Haare haben
- ein rundes, ovales Gesicht haben
- eine schlanke, normale, kräftige Figur haben
- ungefähr … Jahre alt sein
- formelle/informelle/sportliche Kleidung tragen
- lächeln, freundlich/grimmig *(in die Kamera)* schauen
- eine Brille tragen

Personenbeschreibung

Beschreiben Sie eine Person aus Ihrer Familie oder aus Ihrem Freundeskreis.

A20 Die liebe Familie

a) Meine Familie. Lesen Sie die Wörter laut.

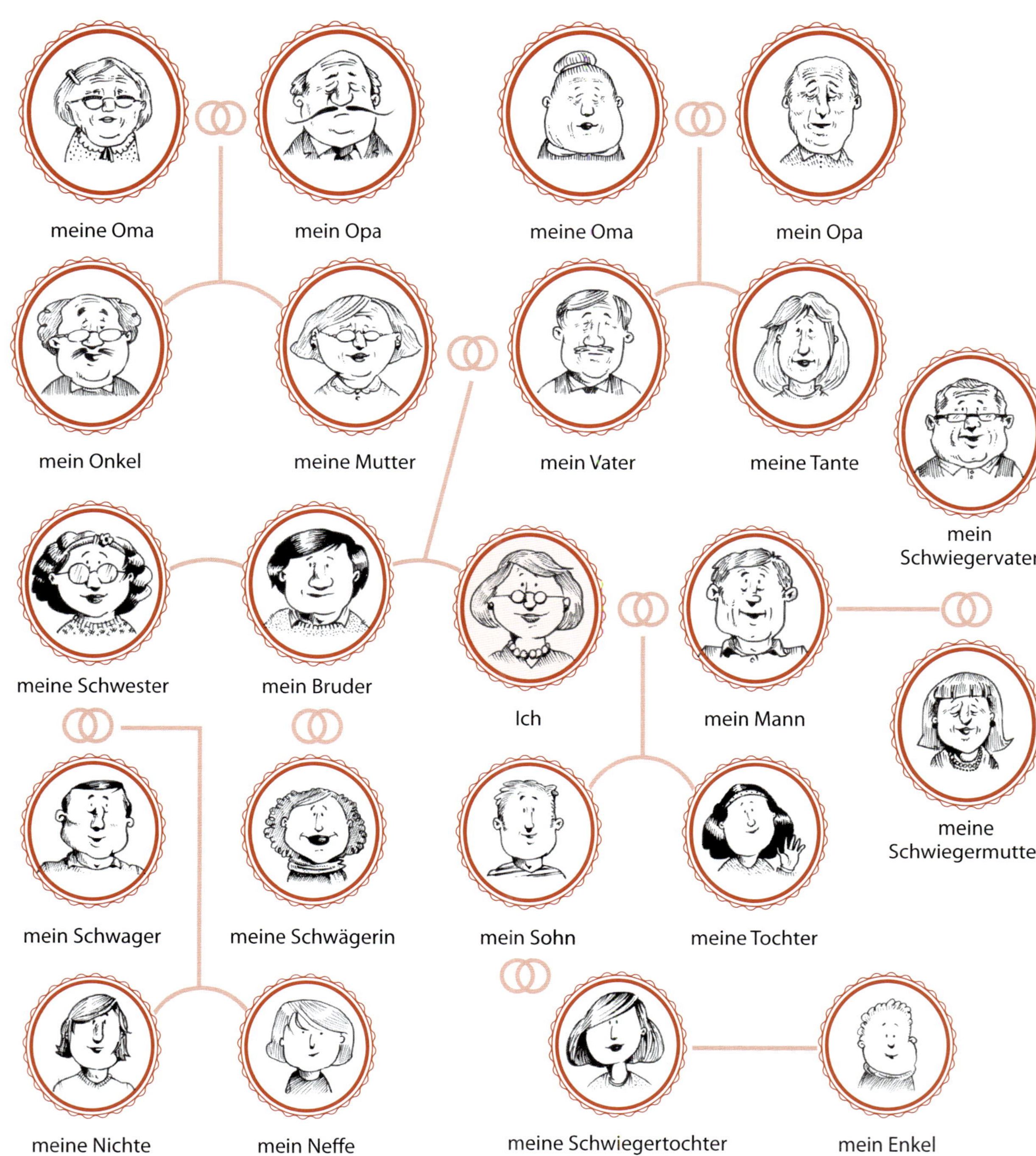

b) Wer ist das? Finden Sie die richtige Bezeichnung.

■ Er ist der Bruder meiner Mutter. = *mein Onkel*
1. Sie ist die Schwester meines Vaters. = ...
2. Er ist der Vater meines Mannes. = ...
3. Sie ist die Frau meines Bruders. = ...
4. Sie ist die Mutter meines Mannes. = ...
5. Sie ist die Mutter meines Vaters. = ...
6. Er ist der Mann meiner Schwester. = ...

A21 Interview

Fragen Sie Ihre Nachbarin/Ihren Nachbarn und berichten Sie selbst.

- Haben Sie eine große Familie?
- Wer gehört alles zu Ihrer Familie?
- Haben Sie regelmäßig Familientreffen oder Familienfeiern? Was feiern Sie? *(Geburtstage, Hochzeiten …)*
- Mögen Sie Familienfeiern?
- Wer in Ihrer Familie hat Ihnen oft geholfen, wenn Sie Probleme hatten?
- Wer hat Ihnen bei den Hausaufgaben geholfen?
- Mit wem haben Sie als Kind die meiste Zeit verbracht?
- Mit wem sind Sie als Kind gern in den Urlaub gefahren?

A22 Eigenschaften

a) Lesen und hören Sie die Eigenschaften. Nutzen Sie, wenn nötig, ein Wörterbuch.

humorvoll ▪ empathisch/einfühlsam ▪ konfliktfähig ▪ intelligent/klug ▪ geduldig ▪ optimistisch ▪ tolerant ▪ fleißig ▪ ehrlich ▪ treu ▪ zuverlässig ▪ ordentlich ▪ freundlich ▪ höflich ▪ hilfsbereit

b) Diskutieren Sie in kleinen Gruppen.

Welche Eigenschaften halten Sie für wichtig:

1. bei einem guten Freund/einer guten Freundin — *Ein guter Freund/Eine gute Freundin sollte* ………………………… *sein.*
2. bei einer Kollegin/einem Kollegen — …………………………
3. bei einer/einem Vorgesetzten — …………………………
4. in einer Partnerschaft — *Eine Partnerschaft funktioniert gut, wenn beide Partner* ………………………… *sind.*

c) Ergänzen Sie das Adjektiv mit antonymer Bedeutung aus a).

- ▪ ungeduldig — *geduldig*
1. dumm — ……………
2. chaotisch — ……………
3. faul — ……………
4. humorlos — ……………
5. pessimistisch — ……………

Pläsier	=	Freude
Gewissheit	=	Sicherheit

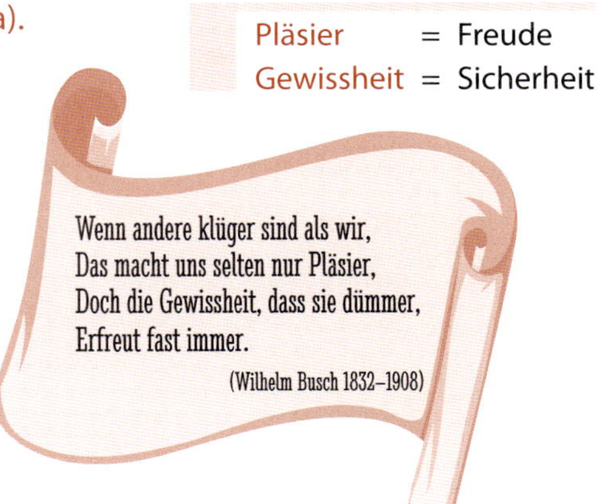

A23 Phonetik: Endungen: -ich und -ig [ç]

Hören und wiederholen Sie.

-ich/-ig [ç]	Übung:
zuverlässig – geduldig – freundlich – fleißig – sportlich – weiblich – wichtig – höflich – langweilig – ordentlich	Sandra wünscht sich einen beruflich erfolgreichen Partner. Außerdem muss er sportlich, fleißig, ordentlich, höflich, geduldig und freundlich sein.

A24 Kriterien bei der Suche nach einer Partnerin/einem Partner in der Schweiz

Beschreiben Sie die Grafik und vergleichen Sie die Ergebnisse mit Ihren Angaben aus A22 b).

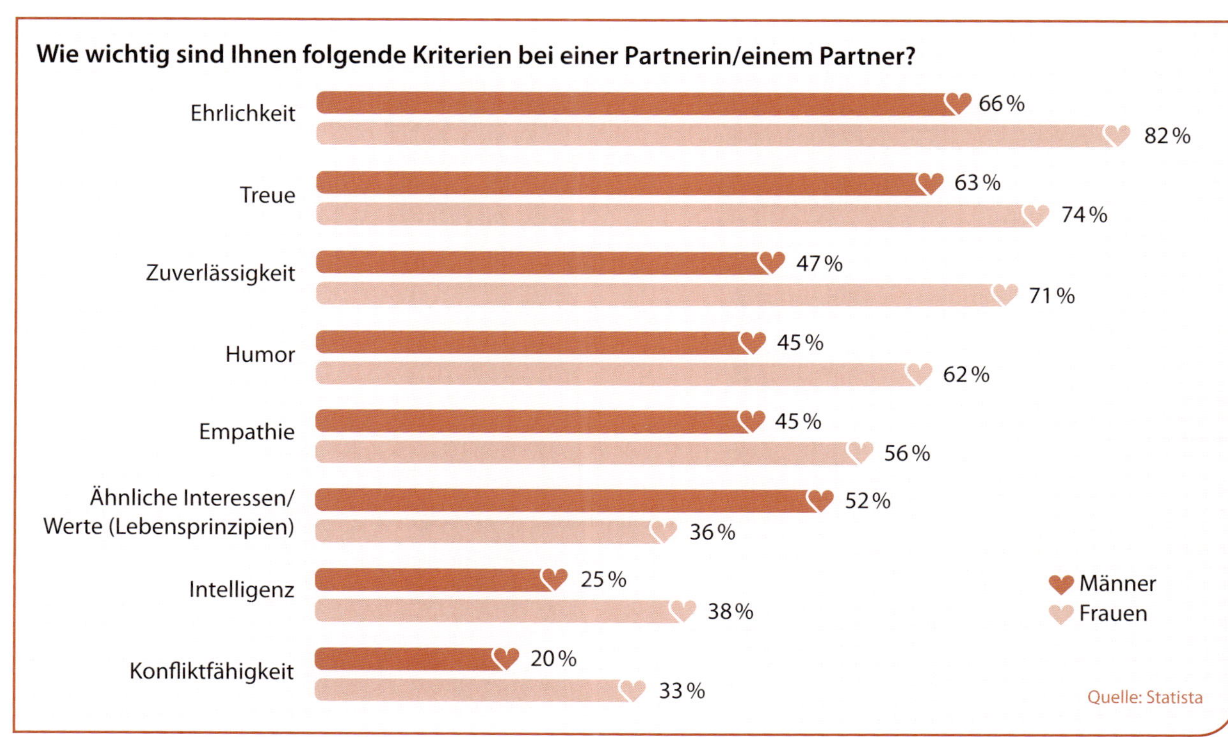

- Die Schweizer/Schweizerinnen finden … am wichtigsten, *(sehr)* wichtig/legen großen Wert auf …
- Das ist bei mir genauso/ganz anders.
- Ich lege mehr/weniger Wert auf …

A25 Über die Liebe …

a) Lesen Sie die Wendungen.

jemanden lieben
sich verlieben in …
zusammenleben mit …
jemanden heiraten
verheiratet sein
die Ehe, das Ehepaar, der Ehepartner
die Partnerschaft
eine glückliche Ehe/Partnerschaft führen

sich von jemandem trennen
sich scheiden lassen
geschieden sein

b) Was bedeuten die beiden Sprichwörter?

- Gibt es diese Sprichwörter auch in Ihrer Muttersprache?

„Gleich und Gleich gesellt sich gern."

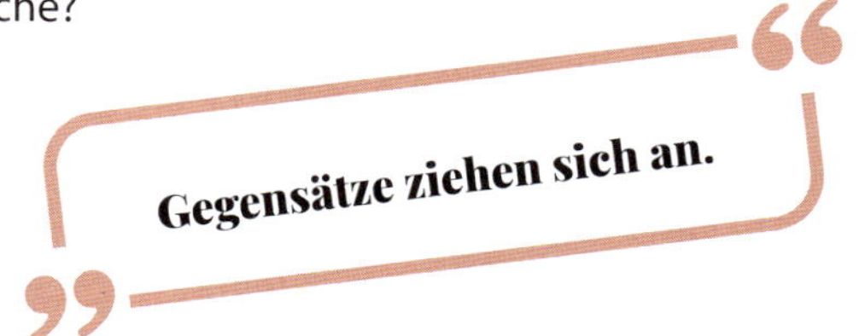

- Menschen mit gleichem/ähnlichem Charakter …
- Menschen mit unterschiedlichem Charakter …

A26 Eine glückliche Partnerschaft

Lesen und hören Sie den Text.

„Gegensätze ziehen sich an“ oder „Gleich und Gleich gesellt sich gern“?

Welches Sprichwort ist richtig: „Gegensätze ziehen sich an“ oder „Gleich und Gleich gesellt sich gern“? Wirkt sich Gegensätzlichkeit oder Gleichheit positiver auf eine Partnerschaft aus?

Zur Beantwortung dieser Frage haben Wissenschaftler aus Mannheim und Köln 6 000 Paare interviewt. Das Resultat ihrer Untersuchungen ist für viele nicht überraschend: Die besten Chancen auf eine glückliche Partnerschaft haben Menschen, die sich ähnlich sind. Nach Meinung der Wissenschaftler funktioniert das Zusammenleben vor allem dann gut, wenn es eine Ähnlichkeit bei Eigenschaften in den Kategorien Verträglichkeit und Gewissenhaftigkeit gibt. Zur Verträglichkeit gehören Freundlichkeit und Empathie, zur Gewissenhaftigkeit zählen Charaktereigenschaften wie Ordentlichkeit oder Pünktlichkeit. Außerdem spielen ähnliche Interessen und Werte eine wichtige Rolle.

In einigen Punkten kann Ähnlichkeit aber auch Nachteile haben, meinen die Forscher. Wenn zum Beispiel zwei gesprächige Menschen oder zwei sehr dominante Persönlichkeiten zusammenleben, kann diese Gleichheit die Partnerschaft negativ beeinflussen.

Weitere Studien mit Teilnehmern aus Deutschland, Großbritannien und Australien, die das gleiche Thema untersucht haben, kamen zu anderen Ergebnissen. Bei der Befragung von über 10 000 Paaren hatten mehr als zwei Drittel der Partner bzw. Partnerinnen unterschiedliche Eigenschaften.

Die Studien ergaben zudem[1], dass in vielen guten Beziehungen Ähnlichkeit nicht so wichtig ist wie ein anderer Faktor: gegenseitiger Respekt. Respektvolles Verhalten bedeutet, dass man andere mit ihren Stärken und Schwächen akzeptiert und miteinander auf Augenhöhe[2] kommuniziert. Und das kann man lernen. Vielleicht liegt hier das Geheimnis eines glücklichen Zusammenlebens.

1 zudem = außerdem
2 auf Augenhöhe = gleichwertig

A27 Textarbeit

Was passt zusammen? Verbinden Sie die Satzteile.

1. Studien zum Thema glückliche Beziehung
   - a) ☐ zeigen alle das gleiche Ergebnis.
   - b) ☐ kommen zu unterschiedlichen Resultaten.
   - c) ☐ lösen das Geheimnis des glücklichen Zusammenlebens.
2. Beste Chancen auf eine glückliche Partnerschaft haben nach Meinung der Wissenschaftler aus Mannheim und Köln
   - a) ☐ Menschen mit unterschiedlichem Charakter.
   - b) ☐ Menschen, die in einigen Kategorien ähnliche Eigenschaften haben.
   - c) ☐ Menschen mit vielen gleichen Eigenschaften.
3. Weitere Studien kommen zu dem Ergebnis, dass
   - a) ☐ Ähnlichkeit eine wichtige Rolle spielt.
   - b) ☐ Partner die gleichen Werte haben müssen.
   - c) ☐ Respekt die Grundlage für eine gute Beziehung ist.
4. Respekt
   - a) ☐ kann man nicht lernen.
   - b) ☐ heißt: viel reden.
   - c) ☐ bedeutet, dass man positive und negative Seiten von anderen akzeptiert.

A28 Fragen zum Text

Beantworten Sie die Fragen in ganzen Sätzen.

1. Zu welchem Resultat kamen die Wissenschaftler aus Mannheim und Köln?

   ....

   ....

2. Welche Eigenschaften gehören zu Verträglichkeit und Gewissenhaftigkeit?

   ....

   ....

3. Welche Faktoren spielen außerdem eine Rolle?

   ....

   ....

4. Wann kann es zu Problemen in der Partnerschaft kommen?

   ....

   ....

5. Was sagen andere Studien über den Punkt Ähnlichkeit?

   ....

   ....

6. Was ist nach Meinung der Autoren besonders wichtig?

   ....

   ....

A29 Textarbeit: Wortschatz

a) Verben. Ergänzen Sie die Verben in der richtigen Form. Arbeiten Sie zu zweit.

auswirken ▪ akzeptieren ▪ gehören ▪ ergeben ▪ zählen ▪ interviewen ▪ funktionieren ▪ spielen ▪ kommen ▪ beeinflussen ▪ lernen ▪ bedeuten

■ Gleichheit *wirkt* sich positiv auf eine Partnerschaft *aus*.

1. Wissenschaftler haben 6 000 Paare ....
2. Das Zusammenleben .... bei Ähnlichkeiten in den Kategorien Verträglichkeit und Gewissenhaftigkeit besonders gut.
3. Zur Verträglichkeit .... Freundlichkeit und Empathie, zur Gewissenhaftigkeit .... Charaktereigenschaften wie Ordentlichkeit oder Pünktlichkeit.

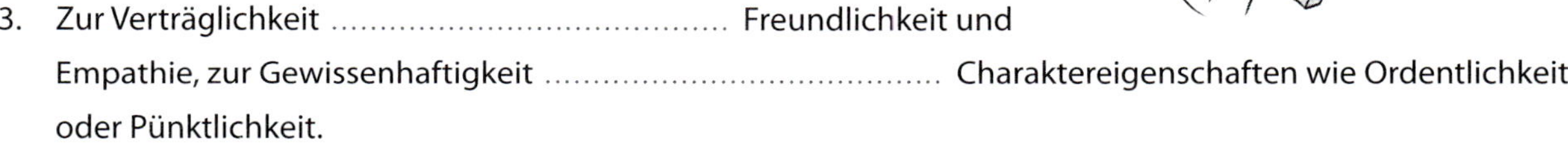

4. Außerdem .... ähnliche Interessen und Werte eine wichtige Rolle.
5. In einigen Punkten kann Ähnlichkeit aber die Partnerschaft negativ ....
6. Weitere Studien .... zu anderen Ergebnissen.
7. Die Studien .... zudem, dass in vielen guten Partnerschaften Ähnlichkeit nicht so wichtig ist.
8. Respektvolles Verhalten .... Kommunikation auf Augenhöhe.
9. Man muss andere mit ihren Stärken und Schwächen ....
10. Respekt kann man ....

b) Nomen. Ergänzen Sie: *-heit, -keit, -ung, -schaft, -nis, -e*.
Suchen Sie, wenn nötig, die Wörter im Text.

■ die Ähnlich*keit*
1. die Gleich.................
2. die Untersuch.................
3. die Befrag.................
4. die Partner.................
5. die Eigen.................
6. die Freundlich.................
7. die Gewissenhaftig.................
8. die Pünktlich.................
9. die Persönlich.................
10. das Ergeb.................
11. das Geheim.................
12. die Stärk.................
13. die Schwäch.................

c) Äußern Sie sich kurz zum Text. Was fanden Sie interessant/(nicht) überraschend?

○ Mich hat *(nicht)* überrascht, dass .../Ich habe *(nicht)* erwartet, dass .../Ich fand besonders interessant, dass ...

A30 Etwas näher beschreiben

a) Lesen Sie die Sätze und den Hinweis.

1. Die besten Chancen auf eine glückliche Partnerschaft haben Menschen, die sich ähnlich sind.

2. Weitere Studien, die das gleiche Thema untersucht haben, kamen zu anderen Ergebnissen.

Hinweis:
Die unterstrichenen Sätze sind Relativsätze. Sie beschreiben Personen oder Sachen näher.

b) Ergänzen Sie die Sätze.

Der Mann, der mir gefällt, …	Die Frau, die mir gefällt, …
Der Mann, den ich suche, …	Die Frau, die ich suche, …
Der Mann, von dem ich träume, …	Die Frau, von der ich träume, …

muss: einen guten Charakter haben ▪ beruflich erfolgreich/fleißig/ordentlich/freundlich/empathisch/klug … sein ▪ Interessen/Werte/Eigenschaften haben wie ich ▪ …

darf: nicht unfreundlich/faul/dumm/egoistisch sein ▪ …

Relativsätze ⇨ Teil C Seite 185

Der Mann, der mir gefällt, … — Nominativ
Der Mann, den ich suche, … — Akkusativ
Der Mann, von dem ich träume, … — Dativ

Die Frau, die mir gefällt, … — Nominativ
Die Frau, die ich suche, … — Akkusativ
Die Frau, von der ich träume, … — Dativ

Der Relativsatz ist ein Attribut. Er steht rechts vom Nomen.

A31 Partygespräch

2.17

a) Hören Sie ein Gespräch auf einer Party.
Beantworten Sie während des Hörens oder danach die folgenden Fragen.

1. Seit wann arbeitet Claudia bei KARGO? ……………………
2. Was ist Oskar von Beruf? ……………………
3. Welchen Familienstand hat Oskar? ……………………
4. Was war das Problem mit Oskars Ex-Frau? ……………………
5. Was kann Claudia nicht so gut? ……………………
6. Wann treffen sich die beiden? ……………………

b) Spielen Sie kurze Partygespräche.

Sind Sie eine Freundin/ein Freund von …? ▪ Und wo arbeiten Sie? ▪ Was machen Sie beruflich? ▪ Sind Sie verheiratet/ledig …? ▪ Sie sprechen sehr gut Deutsch. Wo haben Sie das gelernt? ▪ Welche Musik hören Sie gern? ▪ Schmeckt Ihnen der Wein? ▪ Wie finden Sie das Essen hier? ▪ Was essen Sie denn gern? ▪ Haben Sie schon den neuen Film … im Kino gesehen? ▪ Interessieren Sie sich für moderne Kunst? ▪ …

A32 Ärger und Freude

a) Worüber freuen Sie sich? Worüber ärgern Sie sich?
Fragen Sie Ihre Nachbarin/Ihren Nachbarn und berichten Sie.

Blumen ▪ nette Kollegen ▪ Müll auf der Straße ▪ unfreundliche Mitmenschen ▪ Telefonmarketing ▪ nicht Bitte oder Danke sagen ▪ Bedienungsanleitungen ▪ Internet-Werbung ▪ Sonnenschein ▪ Unpünktlichkeit ▪ leere Autobahnen ▪ Menschen, die bei Rot über die Straße gehen ▪ pünktliche Züge ▪ aggressive Autofahrer ▪ …

- Ich freue/ärgere mich über …
- Wenn …, dann freue/ärgere ich mich.
- Manchmal …, darüber freue/ärgere ich mich.

b) Lesen Sie zum Vergleich den folgenden Text.

Worüber ärgern sich die Europäer?

Es ist nicht die Politik, worüber sich die Europäer am meisten ärgern, das ist das Ergebnis einer Umfrage in 17 europäischen Ländern.

An der Spitze der Ärgernisse stehen: Müll auf der Straße, unfreundliche Mitmenschen und aggressive Autofahrer. Danach folgen Telefonmarketing, Bedienungsanleitungen und Internet-Werbung. Erst auf Platz zehn steht die Unpünktlichkeit.

Interessant sind einige nationale Besonderheiten: Zum Beispiel mögen es 80 Prozent der Briten und Franzosen nicht, wenn Leute nicht Bitte oder Danke sagen, in Russland dagegen ist das Fehlen von Bitte und Danke kein Grund zum Ärgern. In Deutschland finden es viele Leute nicht gut, wenn jemand an einer Ampel bei Rot über die Straße geht. Darüber regt sich im Nachbarland Niederlande niemand auf.

A33 Die richtigen Worte: Lob und Kritik

a) Welche Reaktion wirkt sehr positiv, positiv, negativ und sehr negativ? Ordnen Sie zu.

Das hast du/haben Sie prima gemacht! ▪ Das finde ich ganz toll. ▪ Vielleicht solltest du/sollten Sie das nächste Mal … ▪ Ich bin begeistert! ▪ Was hast du/haben Sie denn gemacht? ▪ Das gefällt mir gut. ▪ Mach/Machen Sie weiter so! ▪ Hör/Hören Sie sofort damit auf! ▪ Mach/Machen Sie das nie wieder! ▪ Könntest du/Könnten Sie bitte das nächste Mal …

....
....
....

....
....
....

....
....
....

....
....
....

b) Reagieren Sie. Verwenden Sie die Redemittel aus Teil a).

- Jemand hat Ihren Schreibtisch aufgeräumt.
- Jemand hat eine Prüfung mit gutem Resultat bestanden.
- Jemand kommt zu Besprechungen und Terminen immer zu spät.
- Jemand hat sich Ihr Auto geliehen und Sie nicht gefragt.
- Jemand singt für Sie ein Geburtstagslied, kann aber nicht gut singen.
- Jemand hat für Sie einen Kuchen gebacken.

Redepartikeln

Was hast du denn gemacht?	denn →	in der Frage
Das ist doch mein Auto! Das ist ja schrecklich!	doch/ja →	in Aussage- oder Ausrufesätzen

Redepartikeln gehören zur gesprochenen Sprache. Sie haben keine wichtige Bedeutung, man kann sie auch weglassen. Wenn man sie verwendet, bekommt der Satz einen bestimmten emotionalen Ausdruck.

Zum Beispiel kann man …

Überraschung ausdrücken:	Was hast du denn gemacht? Was ist denn hier los? Das ist ja schrecklich!
oder Ärger:	Das weißt du doch! Kommen Sie doch her und sehen Sie sich das an!
oder Interesse:	Wann ist denn deine Prüfung?
oder man erwartet eine positive Reaktion:	Das ist doch toll, oder?

A34 Sätze mit Emotionen

Verstärken Sie den emotionalen Ausdruck mit Redepartikeln.

- Was ist los? — *Was ist denn los?*

1. Was machen wir heute? ....
2. Wann kommt dein Bruder? ....
3. Das ist der Kaffee von gestern. ....
4. Wo kommst du her? ....
5. Das ist ein wunderschönes Bild. ....
6. Das kann nicht wahr sein! ....
7. Was machen Sie in meinem Büro? ....
8. Wo steht Ihr Auto? ....
9. Schau mal, das ist Helenes Motorrad! ....
10. Wann beginnt die Besprechung? ....

A35 Partyvorbereitungen

Führen Sie ein kurzes Gespräch zu zweit. Sie wollen mit Ihren Freunden eine Party organisieren. Jeder von Ihnen hat ein Blatt mit Ideen. Sprechen Sie darüber und finden Sie eine Lösung für die Party.

- Ich schlage vor, dass wir *(in einem Restaurant feiern …)*.
- Wir könnten …
- Ist das denn *(nicht zu teuer, zu formell …)*?
- Ich glaube, es ist besser, wenn wir *(in meiner Wohnung feiern …)*.

Ort: in einem Restaurant
Zeit: 18.00 bis 23.00 Uhr
Essen und Trinken: im Restaurant

Ort: zu Hause, 3-Zimmer-Wohnung
Zeit: ab 20.00 Uhr
Essen und Trinken: Jeder bringt etwas mit.

Wissenswertes *(fakultativ)*

B1 Insekten

Wer ist das? Ordnen Sie zu.

die Mücke ▪ die Hummel ▪ die Fliege ▪ die Biene ▪ die Wespe

1 ....

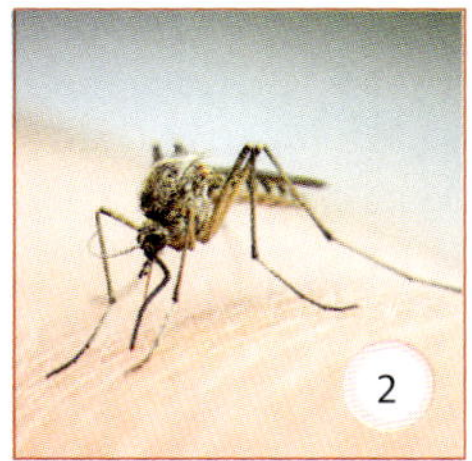
2 ....

3 ....

4 ....

5 ....

B2 Interview

Fragen Sie Ihre Nachbarin/Ihren Nachbarn und berichten Sie selbst.

- Mögen Sie Insekten?
- Haben Sie Angst vor Insekten?
- Womit stechen Bienen? Mit dem Stachel, mit den Beinen oder mit dem Mund?
- Hat Sie schon mal eine Mücke, eine Biene oder eine Wespe gestochen?
- Womit stechen Mücken? Mit dem Rüssel oder mit den Beinen?
- Haben Sie eine Strategie gegen Mückenstiche?

B3 Insektenstiche

Lesen und hören Sie den folgenden Text.

Wer sticht am gemeinsten?

Wen stechen die Mücken?
Viele Jahre haben Ärzte gegen Mückenstiche Vitamin B1 empfohlen. Doch das half nur der Pharmaindustrie, Schutz gegen Mücken bringt Vitamin B1 nicht. Wenn man zum Beispiel in Afrika oder Asien lebt, wo Mücken gefährliche Krankheiten übertragen, muss man Kleidung tragen, die Arme und Beine bedeckt, und unter einem Moskitonetz schlafen. Interessant ist, dass Mücken nicht alle Menschen gleich oft stechen. Lieblingsopfer von Mücken sind Menschen mit einem hohen Cholesterinanteil* im Blut. Das riechen die Mücken.

Was lieben die Bienen?
Ein Bienenstich oder ein Wespenstich kann starke Schmerzen erzeugen. Ein Bienenstich ist ungefähr 2,5 Millimeter tief. Aber das tut nicht weh. Weh tut das Gift, das die Bienen mit ihrem Stachel im Menschen hinterlassen. Ungefähr 0,8 bis 4 Prozent der Bevölkerung haben eine Insektengiftallergie. Das ist wirklich gefährlich, denn im Durchschnitt sterben 20 Menschen im Jahr an Bienengift. Bienen lieben Süßspeisen, Fleisch und Wurst. Am Kaffeetisch auf dem Balkon sollte man am besten offene Speisen abdecken. Auch in offene Gläser oder Flaschen mit süßen Getränken fliegen Bienen gerne. Und: Bienen lieben den Geruch von süßem Parfüm! Wenn Sie eine Biene gestochen hat, können Sie den Schmerz mit einer Zitrone oder Zwiebel lindern. Oder Sie legen etwas Eis auf den Stich, das hilft auch.

Können Hummeln stechen?
Die dicke Hummel gilt als der friedlichste Sommergast am Kaffeetisch. Viele Menschen denken, Hummeln können nicht stechen. Aber das ist ein Irrtum! Hummeln können genauso stechen wie Bienen oder Wespen. Doch der Stich einer Hummel ist weniger schmerzhaft, denn die Hummeln nehmen ihren Stachel nach dem Stich wieder mit. So gelangt weniger Gift in den menschlichen Körper.

* Cholesterin = chemische Verbindung im Gewebe

B4 Textarbeit

a) Ergänzen Sie die fehlenden Präpositionen.

im (2 ×) ▪ auf ▪ von ▪ an ▪ gegen ▪ in ▪ unter ▪ mit

1. Viele Jahre haben Ärzte .... Mückenstiche Vitamin B1 empfohlen.
2. Wenn man zum Beispiel .... Afrika oder Asien lebt, muss man Kleidung tragen, die den Körper bedeckt, und .... einem Moskitonetz schlafen.
3. Das Gift, das die Bienen .... ihrem Stachel .... Menschen hinterlassen, tut sehr weh.
4. .... Durchschnitt sterben 20 Menschen im Jahr .... Bienengift.
5. Am Kaffeetisch .... dem Balkon sollte man am besten offene Speisen abdecken.
6. Bienen lieben den Geruch .... süßem Parfüm!

b) Welches Verb passt? Ordnen Sie zu.

stechen ▪ riechen ▪ übertragen ▪ abdecken ▪ tragen ▪ lindern ▪ erzeugen

1. Mücken können gefährliche Krankheiten ....
2. Man muss Kleidung ....
3. Mücken wollen nicht alle Menschen gleich oft ....
4. Sie können den Cholesterinanteil im Blut ....
5. Ein Bienenstich kann einen starken Schmerz ....
6. Man sollte offene Speisen auf dem Balkon ....
7. Man kann den Schmerz mit einer Zitrone ....

B5 Man sollte …/Sie sollten …

Geben Sie Empfehlungen zum Schutz vor Insekten.

Wenn man sich vor Insektenstichen schützen will, sollte man …

Kleidung ▪ unter einem Moskitonetz ▪ Essen auf dem Balkon ▪ keine süßen Parfüms ▪ Flaschen mit süßen Getränken

schlafen ▪ gut zumachen ▪ tragen ▪ abdecken ▪ benutzen

B6 Die Mücken

Lesen Sie einen Teil aus dem Gedicht. (Das ganze Gedicht können Sie hören.)

Die Mücken

…
Sie fliegen auf und nieder
Im Abendsonnenglanz
Und singen feine Lieder
Bei ihrem Hochzeitstanz.
Du gehst zu Bett um zehne,
Du hast zu schlafen vor,
Dann hörst du jene Töne
Ganz dicht an deinem Ohr.
Drückst du auch in die Kissen
Dein wertes Angesicht,
Dich wird zu finden wissen
Der Rüssel, welcher sticht.
…

(Wilhelm Busch 1832–1908)

Adjektive

Komparation der Adjektive

		Positiv	Komparativ	Superlativ
Normalform		billig	billiger	am billigsten/der billigste
a → ä	warm – lang – kalt – hart – alt	warm kalt	wärmer kälter	am wärmsten/der wärmste am kältesten/der kälteste
o → ö	groß	groß	größer	am größten/der größte
u → ü	jung – kurz	jung	jünger	am jüngsten/der jüngste
Adjektive auf:	*-er* *-el*	teuer dunkel	teurer dunkler	am teuersten/der teuerste am dunkelsten/der dunkelste
Adjektive auf:	*-sch/-s/-ß/-z* *-d/-t*	frisch intelligent	frischer intelligenter	am frischesten/der frischeste am intelligentesten/der intelligenteste
Sonderformen		gut viel gern hoch nah	besser mehr lieber höher näher	am besten/der beste am meisten/der meiste am liebsten/der liebste am höchsten/der höchste am nächsten/der nächste

Vergleiche

Das Gift des Frosches ist zehnmal wirksamer als das Gift der Schlange.
→ Adjektiv im Komparativ → *als*

Das Gift der Schlange ist genauso wirksam wie das Gift des Skorpions.
Das Gift des Frosches ist zehnmal so wirksam wie das Gift der Schlange.
→ Adjektiv im Positiv → *wie*

C1 Vergleichen Sie. Bilden Sie Sätze wie im Beispiel.

■ eine Giraffe und eine Maus *(groß – klein)*
Eine Giraffe ist größer als eine Maus. Eine Maus ist kleiner als eine Giraffe.

1. eine Schnecke und einen Gepard *(langsam – schnell)*
   ....
   ....
   ....
2. einen Wal und einen Haifisch *(lang – kurz)*
   ....
   ....
   ....
3. ein Faultier und eine Biene *(faul – fleißig)*
   ....
   ....
   ....
4. die Nordsee und den Bodensee *(tief – flach)*
   ....
   ....
   ....
5. den Berliner Dom und das Empire State Building *(niedrig/klein – hoch)*
   ....
   ....
   ....
6. Norwegen und Spanien *(kalt – warm)*
   ....
   ....
   ....

C2 Ergänzen Sie das richtige Adjektiv im Komparativ.

warm ▪ ungefährlich ▪ spannend ▪ schnell ▪ hoch ▪ höflich ▪ preiswert ▪ leicht ▪ freundlich ▪ groß

■ Das Buch ist so langweilig.
Hast du vielleicht ein *spannenderes* Buch für mich?

spannenderes Buch =
spannend + *er* (Komparativ) + *es* (Adjektivendung)

1. Das ist ein Regionalzug. Der fährt sehr langsam.
   Ich nehme lieber einen .... Zug.
2. Die Hose ist sehr teuer. Haben Sie vielleicht auch eine .... Hose?
3. Der Mantel ist sehr schwer. Ich möchte lieber einen .... Mantel.
4. Das Wasser trinke ich nicht. Es ist zu kalt.
   Haben Sie auch .... Wasser?
5. Die Bedienung ist sehr unfreundlich. Ich hätte gern eine .... Bedienung.
6. Eine Schlange als Haustier! Das ist sehr gefährlich.
   Kannst du dir nicht ein .... Haustier kaufen?
7. Meine Wohnung ist sehr klein. Ich würde lieber in einer .... Wohnung wohnen.
8. Mein Gehalt ist sehr niedrig. Ich hätte gern ein .... Gehalt.
9. Mein Chef ist unhöflich. Ich wünsche mir einen .... Chef.

C3 Peter und Paul möchten viel verändern. Suchen Sie das Gegenteil und ergänzen Sie die Adjektive im Komparativ.

■ Paul arbeitet zu viel.	Er würde gern *weniger* arbeiten.
1. Peter findet sich zu dick.	Er wäre gern ....
2. Paul kocht schlecht.	Er würde gern .... kochen.
3. Peter ist manchmal zu pessimistisch.	Er wäre gern ....
4. Paul ist manchmal ist faul.	Manchmal wäre er gern ....
5. Peter ist oft zu chaotisch.	Er wäre gern ....
6. Manchmal ist Paul zu ernst.	Er wäre gern ....
7. Peter und Paul sind oft unzufrieden.	Sie wären gern ....

C4 Bildliche Vergleiche. Diese Vergleiche beschreiben etwas besonders bildhaft. Bilden Sie Adjektive wie im Beispiel.

■ Das Haus ist weiß wie Schnee.	Das Haus ist *schneeweiß*.
1. Das Steak ist weich wie Butter.	Es ist ....
2. Er reagierte schnell wie ein Blitz.	Er reagierte ....
3. Ihre Argumente sind scharf wie ein Messer.	Sie sind ....
4. Der Mann ist schon so alt wie ein Stein.	Er ist ....
5. Michael ist ein Opportunist, er ist glatt wie ein Aal.	Michael ist ....
6. Er zeigt keine Gefühle, er ist kalt wie Eis.	Er ist ....
7. Manche Menschen sind dumm wie Stroh.	Manche Menschen sind ....

C5 Unnützes Wissen. Ergänzen Sie das passende Adjektiv.

teuerste ▪ schnellste ▪ meistgesprochene ▪ älteste ▪ berühmteste ▪ neuesten ▪ seltensten ▪ größte ▪ häufigsten

1. Die .... gelbe Karte im Fußball bekam 1992 der britische Fußballspieler Vinnie Jones – für ein Foul nach drei Sekunden.
2. Die 13 ist die am .... gezogene Zahl im deutschen Lotto, am .... fällt die 32.
3. Der .... Flughafen in Europa ist London-Heathrow.
4. In den .... Donald-Duck-Büchern gibt es jetzt auch Handys.
5. Die .... Sprache der Welt ist Putonghua (Amtssprache in China).
6. Der .... amerikanische Verbrecher hieß Al Capone. Ihn kennt jedes Kind.
7. Die .... Einkaufsstraße der Welt ist die Champs-Élysées in Paris. Dort gibt man wirklich viel Geld aus.
8. Das .... synthetische Parfüm ist Chanel No. 5. Es ist aus dem Jahr 1921.

Nomengruppe

C6 Wie heißen diese Kleidungsstücke? Nennen Sie auch den Artikel.

1 
....

2 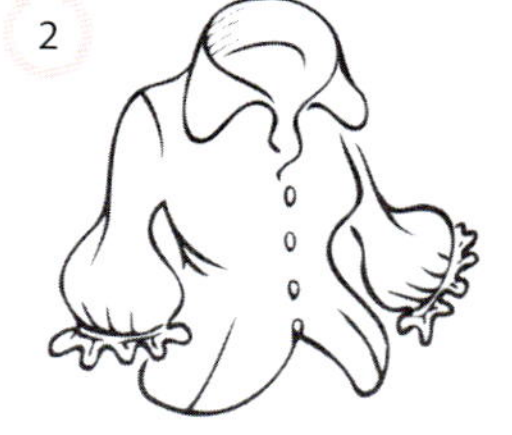
....

3 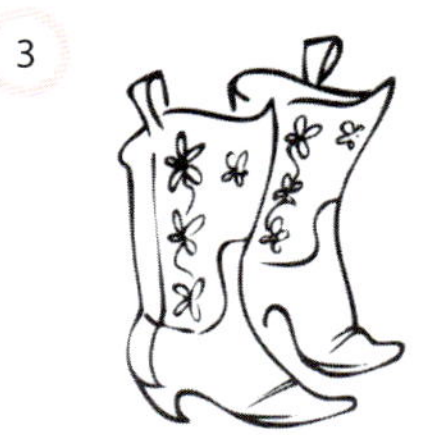
....

4 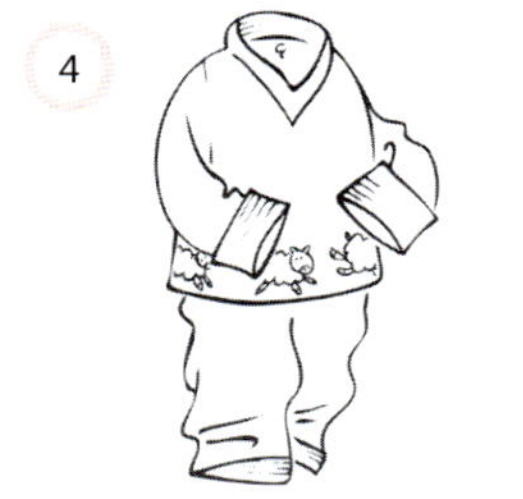
....

5 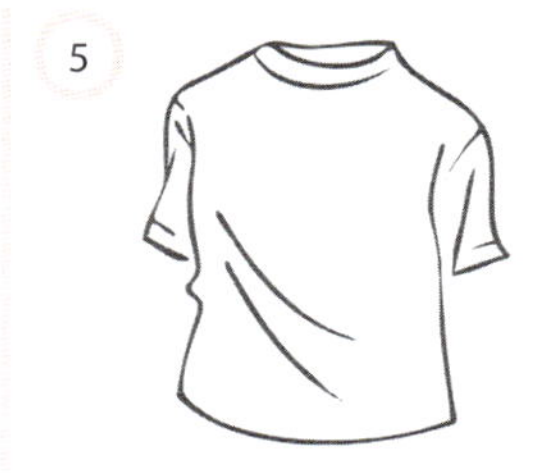
....

6 
....

7 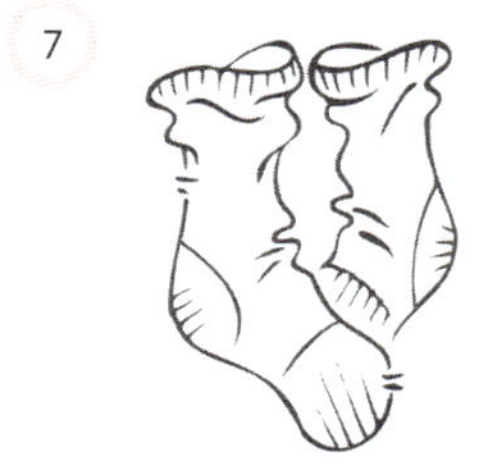
....

8 
....

9 
....

10 
....

11 
....

12 
....

C7 Ergänzen Sie die Adjektivendungen.

- Oskar trägt immer einen alt*en* Mantel.

1. Ich mag die rot......... Schuhe und den grün......... Bikini nicht.
2. Der teur......... Anzug von Armani steht dir wirklich gut!
3. Der Dieb trug eine schwarz......... Maske und weiß......... Socken.
4. Susanne hat sich schon wieder ein neu......... Kleid gekauft.
5. Warum nimmst du den warm......... Schlafanzug und den dick......... Pullover nicht mit in den Winterurlaub?
6. Frau Klein hat heute wieder eine schön......... Bluse an, aber die Bluse passt nicht zu dem kariert......... Rock!
7. Mit den alt......... Sachen willst du zu dem wichtig......... Vorstellungsgespräch gehen?

8. Die weiß......... Hemden, die schwarz......... Hose und die blau......... Winterjacke müssen in die Reinigung.

C8 Beschreiben Sie die Personen.

- klein/mittelgroß/groß/schlank/kräftig sein
- eine gestreifte Krawatte/eine Fliege/eine Latzhose/einen Gürtel/einen Anzug/Arbeitskleidung … tragen
- einen Bart/einen Schnauzbart haben

C9 Was charakterisiert diese Leute?

Bilden Sie Sätze.

- die Puppe *(groß – Nase)* *Die Puppe hat eine große Nase.*

1. du *(wunderschön – Lächeln)* ....
2. die Sängerin *(fantastisch – Stimme)* ....
3. Herr Weber *(ziemlich dick – Bauch)* ....
4. das Fotomodel *(oval – Gesicht)* ....
5. die Tänzerin *(lang – Beine)* ....
6. der Minister *(rot – Bart)* ....
7. Maria *(braun – Augen)* ....
8. der Schauspieler *(muskulös – Körper)* ....

Verben

Empfehlungen

Man sollte viel Wasser trinken.
Du solltest viel Wasser trinken.
Sie sollten viel Wasser trinken.
Wenn Sie oft Kopfschmerzen haben, sollten Sie viel Wasser trinken.

→ Empfehlungen gibt man im Deutschen oft mit *sollten*.
(Konjunktiv II von *sollen*)

Singular	ich	sollte
	du	solltest
	er/sie/es	sollte
Plural	wir	sollten
	ihr	solltet
	sie	sollten
formell	Sie	sollten

C10 **Formulieren Sie Empfehlungen: Wenn …, sollten Sie/solltest du …**

■ Wenn es zu dunkel ist, *(Licht – einschalten)* sollten Sie das Licht einschalten.

1 Wenn Sie Probleme haben, *(mit – Chef – sprechen)*

....

....

2 Wenn Sie sich über Ägypten informieren wollen, *(Reiseführer – lesen)*

....

....

3 Wenn du frierst, *(Pullover – anziehen)*

....

....

4 Wenn du schnell in Hamburg sein willst, *(mit – Intercity-Express – fahren)*

....

....

5 Wenn das Zimmer zu unordentlich ist, *(es – aufräumen)*

....

....

6 Wenn Sie Chinesisch lernen wollen, *(Sprachkurs – besuchen)*

....

....

7 Wenn du abnehmen willst, *(weniger essen)*

....

....

8 Wenn du immer müde bist, *(mehr Sport – treiben)*

....

....

9 Wenn das Essen nicht schmeckt, *(sich beschweren)*

....

....

10 Wenn du jeden Tag zu spät kommst, *(früher – aufstehen)*

....

....

11 Wenn Sie diese Tabletten einnehmen, *(nicht – Auto fahren)*

....

....

C11 Wiederholen Sie die Verben mit präpositionalem Objekt. Ergänzen Sie die passenden Präpositionen.

■	Ich fürchte mich *vor* giftigen Schlangen.	sich fürchten	*vor*
1.	Die Europäer ärgern sich .... unfreundliche Mitmenschen.	sich ärgern	....
2.	Manche Menschen leiden .... Schlafstörungen.	leiden	....
3.	Träumen Sie auch .... Mücken und Bienen?	träumen	....
4.	Ich freue mich .... pünktliche Züge.	sich freuen	....
5.	Martina hat sich .... ihrem Mann getrennt.	sich trennen	....
6.	Sie hat sich .... den Tennislehrer verliebt.	sich verlieben	....
7.	Denken Sie oft .... den Sommerurlaub?	denken	....
8.	Streiten Sie sich manchmal .... Ihrem Nachbarn?	sich streiten	....
9.	Ludwig gratuliert seiner Freundin .... Geburtstag.	gratulieren	....
10.	Interessieren Sie sich .... moderne Kunst?	sich interessieren	....
11.	Erinnern Sie sich noch .... Ihre erste Liebe?	sich erinnern	....

Sätze

Relativsätze

Mit einem Relativsatz beschreibt man Personen oder Sachen näher.
Der Relativsatz ist ein Attribut. Er steht rechts vom Nomen.

Das Relativpronomen richtet sich in Genus und Numerus nach dem Bezugswort, im Kasus nach der Stellung im Relativsatz.

Der Mann, der mir gefällt, …
↑ Nominativ

Der Mann, den ich suche, …
Der Mann, in den ich mich verliebt habe, …
↑ Akkusativ

Der Mann, dem ich gefallen möchte, …
Der Mann, von dem ich träume, …
↑ Dativ

Die Frau, die mir gefällt, …
↑ Nominativ

Die Frau, die ich suche, …
Die Frau, in die ich mich verliebt habe, …
↑ Akkusativ

Die Frau, der ich gefallen möchte, …
Die Frau, von der ich träume, …
↑ Dativ

Relativpronomen

	Singular			Plural
	maskulin	feminin	neutral	
Nominativ	der	die	das	die
Akkusativ	den	die	das	die
Dativ	dem	der	dem	denen

C12 Ergänzen Sie die Relativpronomen.

Ich suche einen Mann, ... einen interessanten Beruf hat.
.... meine Freundinnen mögen.
mit .... ich Tennis spielen kann.
.... die gleiche Musik hört wie ich.

Ich möchte Kollegen, mit .... ich oft lachen kann.
.... immer hilfsbereit sind.
.... ich vertrauen kann.

Ich suche eine Wohnung, ... ein großes Wohnzimmer hat.
.... im Erdgeschoss liegt.
in .... ich Walzer tanzen kann.

Ich möchte gern ein Auto, ... 200 km/h fährt.
mit .... ich überall parken kann.
in .... ich komfortabel sitzen kann.
.... ein gelbes Dach hat.

Ich suche eine Freundin, über .... ich mich nie ärgere.
mit .... ich über alles reden kann.

C13 Wer oder was ist das? Ergänzen Sie wie im Beispiel.

- Mozart *ist ein Komponist, den man kennen muss.*

1. Picasso ....
2. Berlin ....
3. Marlene Dietrich ....
4. Albert Einstein ....
5. Mahatma Gandhi ....
6. Siemens ....

C14 Ergänzen Sie die Relativpronomen.

- Ist das der Mann, von *dem* du mir erzählt hast?

1. Ist das die Frau, ... ihren Mann im Internet gefunden hat?
2. Ist das das Gift, ... so tödlich ist?
3. Ist das das Haus, ... dir so gut gefällt?
4. Ist das der Mann, mit .... du die ganze Nacht getanzt hast?
5. Ist das die Millionärin, ... die Penthousewohnung gehört?
6. Sind das die Kollegen, über .... du dich immer so ärgerst?
7. Ist das der Blumenstrauß, über .... du dich so gefreut hast?
8. Ist das der Tennislehrer, in .... sich Martina verliebt hat?
9. Ist das das Hotel, in .... du schon übernachtet hast?
10. Sind das die Kolleginnen, mit .... du zusammenarbeitest?

Präpositionen

Präpositionen mit dem Akkusativ *(Wiederholung)*

bis (ohne Artikel)	Der Zug fährt bis München.	*(lokal)*
durch	Wir fahren durch die Türkei. Ich habe es durch Zufall erfahren.	*(lokal)* *(kausal)*
für	Ich brauche das Geld für meine Miete. Die Blumen sind für meine Frau.	*(final)* *(final)*
gegen	Die Tabletten helfen gegen Kopfschmerzen. Das Auto fuhr gegen einen Baum. Ich komme gegen 8.00 Uhr.	*(kausal)* *(lokal)* *(temporal)*
ohne	Ohne Brille kann ich nichts sehen.	*(modal)*
um	Die Besprechung beginnt um 9.00 Uhr. Wir sind um die Kirche (herum)gegangen.	*(temporal)* *(lokal)*

C15 Ergänzen Sie die Präpositionen aus der Übersicht. Manchmal gibt es mehrere Lösungen.

■ Wann kommt ihr? *Um/Gegen* 19.00 Uhr.

1. Schutz .... Mücken bringt Vitamin B1 nicht.
2. Wir fahren .... Österreich nach Italien.
3. Die Kinder saßen .... das Lagerfeuer herum.
4. Haustiere sind gut .... Einsamkeit.
5. .... meinen Fotoapparat fahre ich nicht in den Urlaub.
6. .... wen ist der Teddybär? .... meine Kollegin, sie hat ein Kind bekommen.
7. .... die Tiere haben einsame Menschen das Gefühl, dass sie jemand braucht.
8. Kannst du .... Fernseher leben?
9. Wir fahren am Freitag nur .... Freiburg.
10. Ich habe bei der Bank einen Kredit .... ein neues Auto aufgenommen.
11. Meine Arbeitszeit beginnt .... 9.00 Uhr.

C16 Präpositionen mit Dativ oder Akkusativ. Ergänzen Sie die passende Präpositionalgruppe.

für viele Menschen ▪ zu anderen Ergebnissen ▪ Nach Meinung ▪ mit ihren Stärken und Schwächen ▪ auf eine Partnerschaft ▪ Zur Beantwortung ▪ in den Kategorien

Was wirkt sich positiver .... (1) aus: Gegensätzlichkeit oder Gleichheit? .... (2) dieser Frage haben Wissenschaftler aus Mannheim und Köln 6 000 Paare befragt. Das Resultat der Untersuchung ist .... (3) nicht überraschend. Das Zusammenleben funktioniert am besten, wenn es eine Ähnlichkeit bei Eigenschaften .... (4) Verträglichkeit und Gewissenhaftigkeit gibt. Außerdem spielen ähnliche Interessen und Werte eine wichtige Rolle. Weitere Studien kamen .... (5). .... (6) dieser Wissenschaftler ist Ähnlichkeit nicht so wichtig. Viel wichtiger ist es, dass man andere .... (7) akzeptiert.

Rückblick

Wichtige Redemittel

Hier finden Sie die wichtigsten Redemittel des Kapitels.

Zweisprachige Redemittellisten finden Sie hier: **www.schubert-verlag.de/wortschatz**

Tiere

(oft) in den Zoo gehen ▪ gegen/für das Konzept des Zoos sein ▪ ein Lieblingstier haben ▪ *(Affen/Fische/Bären)* mögen ▪ sich für *(wilde/giftige)* Tiere interessieren ▪ Angst vor *(Spinnen)* haben ▪ das giftigste/gefährlichste/schnellste/größte/älteste/längste Tier sein ▪ *(nicht)* bedrohlich aussehen ▪ das wirksamste/tödlichste Gift haben ▪ an einem Gift/durch ein Tier sterben ▪ in menschenleeren Gebieten leben ▪ Eine Biene/Mücke kann Menschen stechen. ▪ allergisch auf *(ein Gift)* reagieren

Haustiere:
Freund und Begleiter des Menschen sein ▪ gegen *(Krankheiten)*/bei *(Misserfolgen)* helfen ▪ gut gegen *(Einsamkeit, Stress)* sein ▪ eine positive Wirkung auf *(unser Leben/unsere Gefühle)* haben ▪ die Stimmung beeinflussen ▪ Ärger leichter bewältigen ▪ zu einer höheren emotionalen Intelligenz führen

Empfehlungen

Bei *(Kopfschmerzen/Schlafstörungen)* sollten Sie/solltest du *(viel Wasser trinken)*.

Menschen: Aussehen

jemand hat … *(lange)* Haare ▪ rote, graue, schwarze, *(dunkel)*blonde Haare ▪ ein *(rundes)* Gesicht ▪ eine *(große)* Nase ▪ *(kleine)* Ohren ▪ *(blaue)* Augen ▪ *(rote)* Lippen ▪ einen *(schwarzen)* Bart ▪ einen *(langen)* Hals ▪ *(lange)* Arme und Beine ▪ *(große)* Hände und Füße ▪ einen *(muskulösen)* Körper ▪ eine schlanke, normale, kräftige, sportliche Figur …

jemand … lächelt ▪ schaut freundlich/grimmig *(in die Kamera)*

Menschen: Charakter

jemand ist … humorvoll ▪ empathisch/einfühlsam ▪ konfliktfähig ▪ intelligent/klug ▪ geduldig ▪ optimistisch ▪ pessimistisch ▪ tolerant ▪ fleißig ▪ faul ▪ ehrlich ▪ treu ▪ zuverlässig ▪ ordentlich ▪ chaotisch ▪ freundlich ▪ höflich ▪ hilfsbereit ▪ pünktlich ▪ gewissenhaft

Menschen: Beziehungen

Partnersuche:
(großen/keinen) Wert legen auf: Ehrlichkeit, Treue, Zuverlässigkeit, Humor, Empathie, ähnliche Interessen/Werte, Konfliktfähigkeit

Zusammenleben:
sich verlieben in … ▪ jemanden lieben ▪ zusammenleben mit … ▪ jemanden heiraten ▪ verheiratet sein ▪ eine glückliche Ehe/Partnerschaft führen

sich von jemandem trennen ▪ sich scheiden lassen ▪ geschieden sein

Gründe für glückliche Beziehungen:
die Gegensätzlichkeit/die Gleichheit/die Ähnlichkeit ▪ sich *(positiv)* auf eine Partnerschaft auswirken ▪ eine Beziehung *(negativ)* beeinflussen ▪ eine Frage beantworten ▪ Paare/Teilnehmer befragen ▪ Die Resultate/Untersuchungsergebnisse sind nicht überraschend. ▪ die besten Chancen auf eine glückliche Partnerschaft haben ▪ Es gibt eine Ähnlichkeit bei bestimmten Eigenschaften. ▪ Zur Verträglichkeit/Gewissenhaftigkeit gehören/zählen *(Freundlichkeit, Ordentlichkeit)*. ▪ Interessen und Werte spielen eine wichtige Rolle. ▪ Nachteile haben ▪ zu einem anderen Ergebnis kommen ▪ gegenseitiger Respekt/respektvolles Verhalten ▪ andere mit ihren Stärken und Schwächen akzeptieren ▪ auf Augenhöhe miteinander kommunizieren

Ärger und Freude

sich über Müll auf der Straße ärgern ▪ sich freuen ▪ unfreundliche Mitmenschen ▪ aggressive Autofahrer ▪ Bedienungsanleitungen ▪ Werbung ▪ Unpünktlichkeit ▪ menschliches Verhalten

Lob und Kritik

Lob:
Das gefällt mir gut. ▪ Das hast du/haben Sie prima gemacht! ▪ Mach/Machen Sie weiter so! ▪ Das finde ich ganz toll. ▪ Ich bin begeistert!

Kritik:
Vielleicht solltest du/sollten Sie das nächste Mal … ▪ Könntest du/Könnten Sie bitte das nächste Mal …? ▪ Was hast du/haben Sie denn gemacht? ▪ Hör/Hören Sie sofort damit auf! ▪ Mach/Machen Sie das nie wieder!

D2 Kleines Wörterbuch der Verben

Unregelmäßige Verben

Infinitiv	3. Person Singular Präsens	3. Person Singular Präteritum	3. Person Singular Perfekt
(gut) aussehen	sie sieht aus	sie sah aus	sie hat ausgesehen
beschreiben *(etwas)*	sie beschreibt	sie beschrieb	sie hat beschrieben
denken	sie denkt	sie dachte	sie hat gedacht
einreiben *(den Pfeil mit Gift)*	sie reibt ein	sie rieb ein	sie hat eingerieben
entstehen *(eine Krankheit)*	sie entsteht	sie entstand	sie ist entstanden
ergeben *(eine Studie)*	sie ergibt	sie ergab	sie hat ergeben
erkennen *(etwas/jemanden)*	sie erkennt	sie erkannte	sie hat erkannt
leiden *(unter Stress)*	sie leidet	sie litt	sie hat gelitten
nachweisen *(etwas)*	sie weist nach	sie wies nach	sie hat nachgewiesen
riechen	sie riecht	sie roch	sie hat gerochen
stechen *(die Mücke)*	sie sticht	sie stach	sie hat gestochen
übertragen *(eine Krankheit)*	sie überträgt	sie übertrug	sie hat übertragen

Einige regelmäßige Verben

Infinitiv	3. Person Singular Präsens	3. Person Singular Präteritum	3. Person Singular Perfekt
beeinflussen *(etwas/jemanden)*	sie beeinflusst	sie beeinflusste	sie hat beeinflusst
behaupten *(das Gegenteil)*	sie behauptet	sie behauptete	sie hat behauptet
bewältigen *(Ärger)*	sie bewältigt	sie bewältigte	sie hat bewältigt
entwickeln *(etwas)*	sie entwickelt	sie entwickelte	sie hat entwickelt
führen *(eine gute Ehe)*	sie führt	sie führte	sie hat geführt

herstellen *(Kontakte)*	sie stellt her	sie stellte her	sie hat hergestellt
interviewen *(Paare/Teilnehmer)*	sie interviewt	sie interviewte	sie hat interviewt
lauten *(das Ergebnis)*	es lautet	es lautete	es hat gelautet
lieben	sie liebt	sie liebte	sie hat geliebt
lindern *(Schmerzen)*	es lindert	es linderte	es hat gelindert
produzieren	sie produziert	sie produzierte	sie hat produziert
schützen *(sich/jemanden, vor)*	sie schützt sich	sie schützte sich	sie hat sich geschützt
suchen *(eine Partnerin)*	sie sucht	sie suchte	sie hat gesucht
testen *(etwas/jemanden)*	sie testet	sie testete	sie hat getestet

D3 Evaluation

Überprüfen Sie sich selbst.

Ich kann	gut	nicht so gut
Ich kann einige Tiere nennen und etwas über Tiere und Haustiere erzählen.	☐	☐
Ich kann einfache Texte über Tiere verstehen.	☐	☐
Ich kann Empfehlungen geben.	☐	☐
Ich kann Personen beschreiben.	☐	☐
Ich kann über zwischenmenschliche Beziehungen sprechen.	☐	☐
Ich kann einfache Texte über Beziehungen und Charaktereigenschaften verstehen.	☐	☐
Ich kann auf einer Party Dialoge verstehen und einfache Gespräche führen.	☐	☐
Ich kann sagen, worüber ich mich ärgere und worüber ich mich freue.	☐	☐
Ich kann jemanden loben oder kritisieren.	☐	☐
Ich kann einen Text über Insekten verstehen. *(fakultativ)*	☐	☐

Kapitel 7

Wohnen und Essen

Kommunikation

- Eine Traumwohnung beschreiben
- Über die eigene Wohnsituation berichten
- Über Wohnformen diskutieren
- Einen Handwerker bestellen
- Über Essgewohnheiten berichten
- Rezepte lesen
- Essen im Restaurant bestellen
- Zeit- und Ortsangaben formulieren

Wortschatz

- Wohnung
- Wohnungsumgebung
- Möbel
- Garten
- Kräuter und Gemüse
- Essen
- Restaurantbesuch

Wohnen

A1 Traumwohnung

a) Beschreiben Sie Ihre Traumwohnung.

Ich würde gern …	in einem eigenen Haus ▪ in einer großen Villa ▪ in einer Penthousewohnung ▪ in einem Reihenhaus ▪ in einer Wohnung in einem Hochhaus ▪ …	wohnen.
Ich brauche *(unbedingt)* …	*(vier)* Zimmer ▪ einen *(sonnigen)* Balkon ▪ einen Garten ▪ eine *(helle)* Küche ▪ ein *(großes)* Badezimmer ▪ …	
Die Wohnung/Das Haus sollte …	in einer Großstadt ▪ in einer Kleinstadt ▪ im Grünen ▪ im Stadtzentrum ▪ am Stadtrand ▪ auf dem Land ▪ …	sein/liegen.

2.20

b) Hören Sie die Radiosendung und ergänzen Sie die Tabelle.

	Wo liegt die Traumwohnung?	Was muss die Wohnung unbedingt haben?
Kirsten	....	....
Martin	....	....
Alexandra	....	....

A2 Leben in der Stadt: Wohnungssuche

a) Diskutieren Sie in kleinen Gruppen/mit Ihrer Nachbarin/Ihrem Nachbarn.

- Welche Faktoren sind bei der Auswahl einer neuen Wohnung am wichtigsten?
- Was soll eine Stadt ihren Bürgern bieten?

Sicherheit ▪ Sauberkeit ▪ Schule und Kindergarten ▪ öffentliche Verkehrsmittel (Bushaltestelle/U-Bahn-Station) ▪ Arbeitsplatz/Universität in der Nähe der Wohnung ▪ Restaurants/Kneipen ▪ gute Einkaufsmöglichkeiten (viele Geschäfte/Einkaufszentren) ▪ vielfältiges Kulturangebot (Theater/Kino) ▪ gutes Freizeitangebot für die ganze Familie (Sporthalle/Schwimmbad/Fußballplatz) ▪ Krankenhaus/Arztpraxis ▪ Grünanlagen/Stadtparks

1. Was ist für Sie selbst wichtig?
2. Haben sich Ihre Kriterien in den letzten Jahren geändert?
3. Was ist für eine ältere Dame, eine alleinerziehende Mutter oder eine Studentin/einen Studenten wichtig? Wählen Sie eine Person aus.

- Für mich ist/wäre … am wichtigsten.
- Ich finde … nicht so wichtig wie …
- Ich finde … wichtiger als …
- Der Arbeitsplatz sollte nicht so weit weg/in der Nähe sein.

b) Beschreiben Sie die Grafik und vergleichen Sie diese mit Ihren eigenen Kriterien.

- Das Thema der Grafik ist …
- *(71)* Prozent der Stadtbewohner/der Bürger finden … am wichtigsten.
- … ist auch sehr wichtig.
- Danach folgt/folgen …
- Weniger wichtig ist/sind …

A3 Vergleichen Sie die Wohnungen.

Welche Wohnung ist besser für die ältere Dame, die alleinerziehende Mutter und Sie selbst?

- Für die ältere Dame würde ich die *(erste)* Wohnung nehmen, denn/weil …

WOHNUNG 1

Zimmer:	2
Bad:	1
Küche:	offen
Balkon:	1
Wohnfläche:	58,67 m²
Etage:	4
Miete (kalt):	476,– €
Nebenkosten:	123,– €
Kaution:	952,– €
Lage:	Stadtzentrum gute Einkaufsmöglichkeiten

WOHNUNG 2

Zimmer:	3
Bad/WC:	2
Küche:	offen
Terrasse:	1
Wohnfläche:	105,34 m²
Etage:	Erdgeschoss
Miete (kalt):	745,– €
Nebenkosten:	243,– €
Kaution:	1 490,– €
Lage:	Stadtrand Schule, Kinderspielplatz

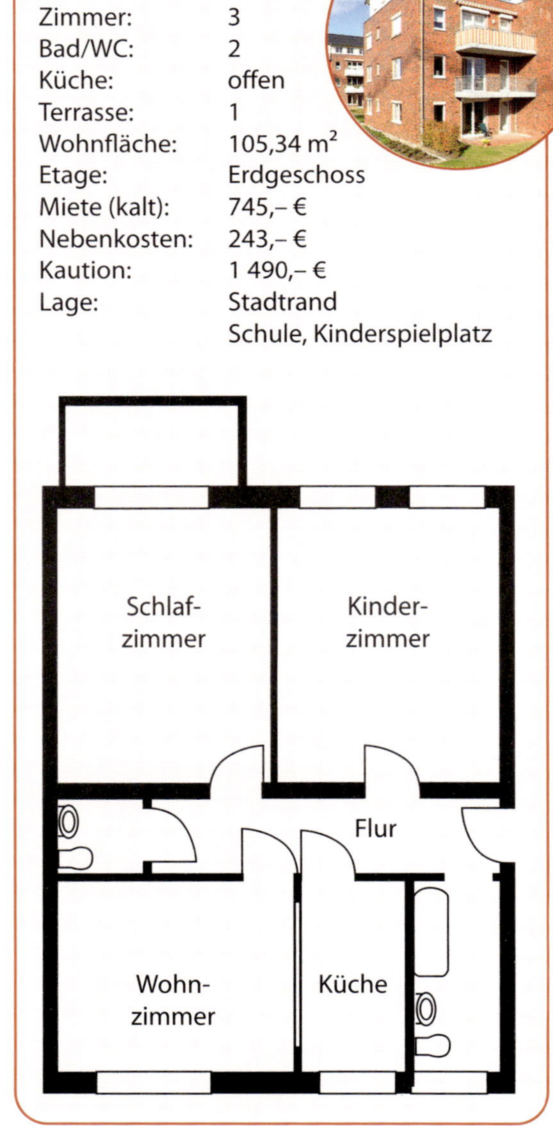

WOHNUNG 3

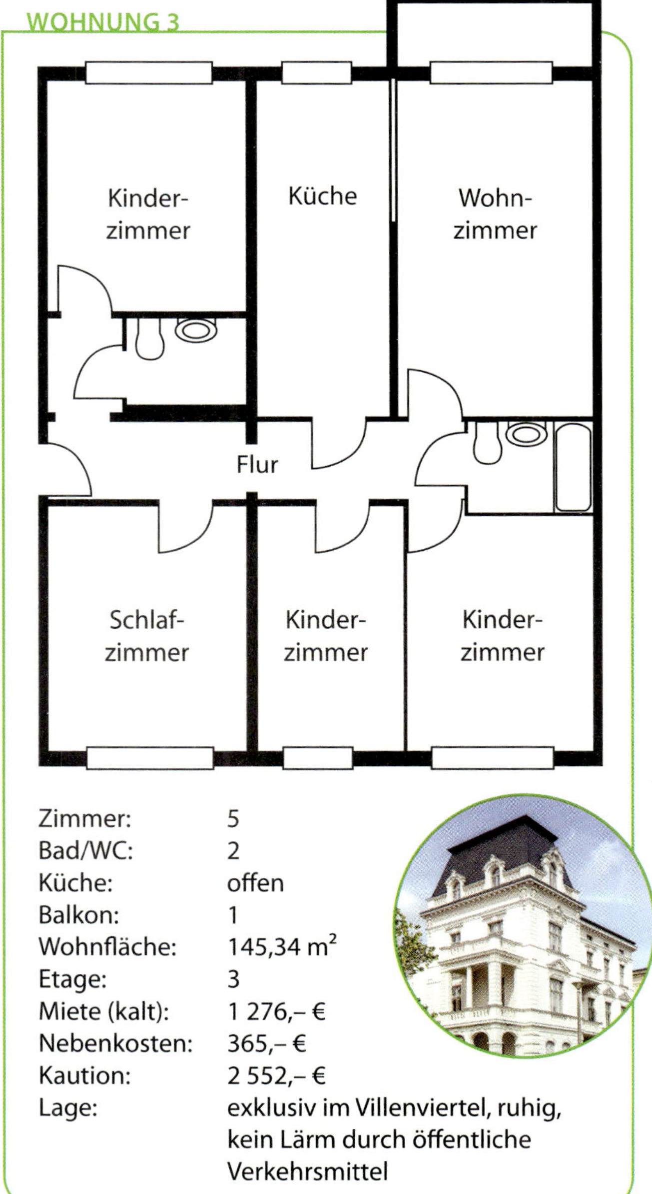

Zimmer:	5
Bad/WC:	2
Küche:	offen
Balkon:	1
Wohnfläche:	145,34 m²
Etage:	3
Miete (kalt):	1 276,– €
Nebenkosten:	365,– €
Kaution:	2 552,– €
Lage:	exklusiv im Villenviertel, ruhig, kein Lärm durch öffentliche Verkehrsmittel

A4 E-Mail an eine Freundin/einen Freund

Sie sind zum Studium bzw. für eine neue Arbeitsstelle in eine fremde Stadt gezogen.

- Schreiben Sie eine E-Mail an eine Freundin/einen Freund. Berichten Sie etwas über Ihre neue Wohnung, die Lage und wo Sie arbeiten bzw. studieren. Verwenden Sie etwa 60 Wörter.

A5 Wo haben Sie früher gewohnt?

a) Lesen Sie zuerst zwei Beispiele.

In meiner Kindheit wohnte ich in einem Einfamilienhaus. Es stand in einem kleinen Ort am Stadtrand. Mein Bruder und ich hatten ein gemeinsames Zimmer. Das fand ich sehr anstrengend. Vor dem Fenster konnte ich unseren Hof mit den Hühnern sehen. Sie waren damals meine Lieblingstiere. Im Nachbarhaus wohnte mein bester Freund, Thomas. In der Nähe unseres Hauses lag eine Wiese, dort spielten wir oft Fußball.

Als ich ein Kind war, wohnte ich in einer Großstadt. Unsere Wohnung lag im Stadtzentrum, im elften Stock eines Hochhauses. In der Straße gab es viele Geschäfte, Restaurants und ein Kino. Ich hatte mein eigenes Zimmer. Meine Eltern haben es sehr schön eingerichtet. Die Wände waren rot und blau, das gefiel meinen Freunden sehr gut. Sie wohnten alle in der Gegend und kamen oft zu Besuch. Als ich 14 Jahre alt war, zogen wir in eine andere Stadt. Mein Vater hatte eine andere Arbeitsstelle gefunden.

b) Schreiben Sie einen kurzen Text.

- Als ich ein Kind war/In meiner Kindheit/ Vor … Jahren wohnte ich in …
- Unser Haus/Unsere Wohnung war …
- In unserer Straße gab es … und …
- In der Nähe des Hauses lag*(en)*/befand*(en)* sich …
- Mein Zimmer …
- Ich wohnte dort *(nicht)* gern, weil …
- Als ich … Jahre alt war, sind wir nach … umgezogen.

Temporalsätze ⇨ Teil C Seite 210

Als ich ein Kind war, wohnte ich in einer Großstadt.
Wenn ich älter bin, kaufe ich mir ein Haus auf dem Land.

	Vergangenheit	**Gegenwart und Zukunft**
einmal	**als** **Als** ich ein Kind war, …	**wenn** **Wenn** ich älter bin, …
mehrmals/immer	**wenn** Immer **wenn** ich in München war, …	**wenn** Immer **wenn** ich in München bin, …

c) Ergänzen Sie frei.

1. Als ich sechs Jahre alt war, ……………………
2. Als ich noch zur Schule ging, ……………………
3. Als ich studierte/einen Beruf lernte, ……………………
4. Wenn ich über 70 bin, ……………………

Allein oder zusammen wohnen

a) Lesen und hören Sie den Text.

Der Trend zum Single-Haushalt

Nach Angaben des Statistischen Bundesamtes leben in Deutschland 41 Prozent der Bevölkerung allein. In Großstädten ist der Anteil noch viel höher: In Hamburg sind 54 Prozent der Wohnungen Single-Haushalte. Bei den Singles handelt es sich aber nicht nur um junge Menschen, über ein Drittel ist älter als 64 Jahre.

Die gleiche Entwicklung kann man auch in anderen Ländern beobachten. Vor allem im Norden Europas gibt es viele Menschen, die das Alleinleben bevorzugen. Schweden ist mit einem Anteil von 52 Prozent Spitzenreiter bei den Single-Wohnungen. Im Süden Europas, zum Beispiel in Portugal, wohnen nur 20 Prozent der Bevölkerung allein. Ein Grund dafür ist vermutlich, dass viele junge Leute noch bei ihren Eltern wohnen. Das Wohnen im „Hotel Mama" bietet den jungen Menschen große finanzielle Vorteile.

b) Bilden Sie Sätze zu den Zahlen im Text.

- ■ 41 Prozent — *41 Prozent der Bevölkerung lebt in Deutschland allein.*

1. 54 Prozent ....
2. Über ein Drittel ....
3. 52 Prozent ....
4. 20 Prozent ....

c) Welches Verb passt? Ordnen Sie zu.

beobachten ▪ bieten ▪ sein ▪ bevorzugen

1. eine Entwicklung ....
2. Spitzenreiter ....
3. das Alleinleben ....
4. finanzielle Vorteile ....

d) Diskutieren Sie in kleinen Gruppen und berichten Sie.

- Wie wohnen die Menschen in Ihrem Heimatland? *(allein – in kleinen Familien – in großen Familien)*
- Wo wohnen Studierende und ältere Menschen? *(bei den Eltern/Kindern – in einem Studentenwohnheim/ Seniorenheim – in einer Wohngemeinschaft – in einer eigenen Wohnung)*

e) Spielen Sie kurze Dialoge. Formulieren Sie Argumente und Gegenargumente für das Alleinleben und das Zusammenwohnen.

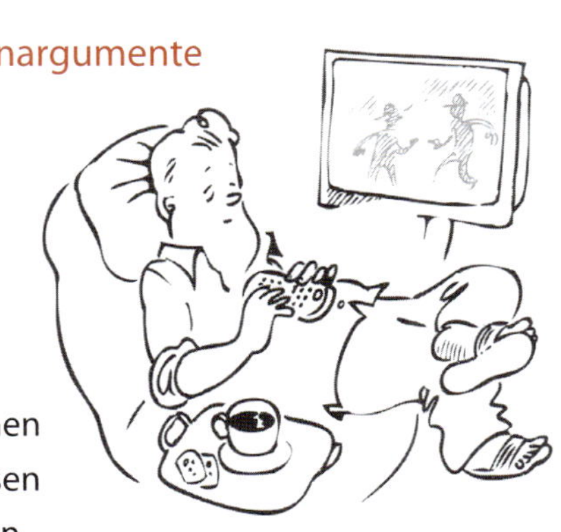

■ seine Ruhe haben – sich mit anderen unterhalten können

A: Wenn man alleine wohnt, hat man seine Ruhe. Das ist doch toll!
B: Wenn man mit jemandem zusammenwohnt, kann man sich abends unterhalten. Das ist auch schön/Das finde ich gut.

1. die Hausarbeit alleine machen – sich die Hausarbeit teilen können
2. das Fernsehprogramm selbst wählen – ein Fußballspiel zusammen sehen
3. in Ruhe lernen oder Musik hören – Rücksicht auf andere nehmen müssen
4. nicht jeden Tag kochen müssen – zusammen kochen und essen können
5. alles alleine bezahlen müssen – sich die Kosten teilen können
6. machen können, was man will – sich manchmal streiten

A7 Wie Singles wohnen

a) Lesen Sie den Text.

Sind Singles unordentlich?

Denken Sie auch, dass es in Single-Wohnungen unordentlich aussieht? Eine Online-Umfrage sagt das Gegenteil: 79 Prozent der Singles gaben an, dass sie Ordnung zu Hause sehr wichtig finden, 38 Prozent meinten, bei ihnen ist es so sauber, dass man vom Fußboden essen kann, und 18 Prozent haben eine professionelle Reinigungskraft zur Unterstützung. Fast alle Befragten räumen auf, wenn Besuch kommt. Man weiß ja nie, ob vielleicht die Traumpartnerin oder der Traumpartner vor der Wohnungstür steht.

b) Was steht im Text? Ergänzen Sie die Sätze.

1. 79 Prozent der Singles finden ....
....
2. 38 Prozent halten ihre Wohnung für so sauber, dass ....
....
3. 18 Prozent haben ....
....
4. Viele Singles räumen auf, wenn ....
....

c) Was machen Sie gern/nicht gern? Berichten Sie.

aufräumen ▪ sauber machen ▪ das Geschirr spülen/abwaschen ▪ Wäsche waschen und bügeln ▪ das Bad reinigen ▪ Staub saugen

A8 Das Wohnzimmer von Otto

Otto erwartet seine Traumfrau zu Besuch und möchte seine Wohnung umräumen. Helfen Sie ihm.

a) Beschreiben Sie das Zimmer.

das Sofa ▪ der Sofatisch ▪ der Esstisch ▪ der Stuhl ▪ die Lampe ▪ der Blumentopf ▪ das Fensterbrett ▪ der Fernseher ▪ die Spielkonsole ▪ die CDs ▪ der Teller ▪ die Fernbedienung ▪ die Kaffeetasse ▪ das Weinglas ▪ die Sportschuhe ▪ das Handtuch ▪ die Socken ▪ das Gamepad ▪ …

○ Das Sofa steht in der Mitte/vor dem Fernseher/neben dem Esstisch …

b) Machen Sie Veränderungsvorschläge.

○ Ich würde das Sofa an die Wand stellen. …

Verben mit Lokalangaben ⇨ Teil C Seite 207

wo? + Dativ	wohin? + Akkusativ
Die Flasche steht im Kühlschrank.	Ich stelle die Flasche in den Kühlschrank.
Der Brief liegt auf dem Tisch.	Ich lege den Brief auf den Tisch.
Das Bild hängt an der Wand.	Ich hänge das Bild an die Wand.

Wechselpräpositionen *(Wiederholung)*

in – auf – an – über – neben – unter – zwischen – hinter – vor

A9 Selbst machen oder einen Fachmann bestellen?

a) Bilden Sie Sätze über Otto.

Das kann er selbst machen:	Das kann er nicht selbst machen:
die Glühlampe wechseln	die Waschmaschine reparieren
ein Bild aufhängen	eine Garage bauen
die Wände neu streichen	ein neues Waschbecken anbauen
den Garten in Ordnung bringen	das Wohnzimmer tapezieren
ein Holzregal bauen	eine neue Steckdose anbringen
die Fenster putzen	das Dach reparieren

○ Otto kann … selbst …

○ Otto kann … nicht selbst …

b) Und Sie? Was können Sie selbst machen und wozu brauchen Sie einen Fachmann?

Dachdecker ▪ Maler ▪ Maurer ▪ Elektriker ▪ Klempner ▪ Monteur ▪ Zimmermann ▪ Gärtner ▪ Fensterputzer

■ die Glühlampe wechseln
Ich kann die Glühlampe nicht selbst wechseln.
Dazu brauche ich einen Elektriker.
Ich kann die Glühlampe selbst wechseln.

1. ein Bild aufhängen
…………………………………………
…………………………………………

2. die Waschmaschine reparieren
…………………………………………
…………………………………………

3. die Wände neu streichen
…………………………………………
…………………………………………

4. das Wohnzimmer tapezieren
…………………………………………
…………………………………………

5. eine Garage bauen
…………………………………………
…………………………………………

6. den Garten in Ordnung bringen
…………………………………………
…………………………………………

7. ein neues Waschbecken anbauen
…………………………………………
…………………………………………

8. ein Holzregal bauen
…………………………………………
…………………………………………

9. das Dach reparieren
…………………………………………
…………………………………………

10. eine neue Steckdose anbringen
…………………………………………
…………………………………………

11. die Fenster putzen
…………………………………………
…………………………………………

A10 Reparaturen und Ordnung im Haushalt

a) Rufen Sie an. Vereinbaren Sie einen Termin mit einem Fachmann.

1. Sie möchten Ihre Wohnung neu streichen lassen. Rufen Sie einen Maler an.
2. Ihr Waschbecken und der Wasserhahn sind kaputt. Sie brauchen einen Klempner.
3. In Ihrem Garten wächst überall das Unkraut. Sie möchten einen Gärtner.
4. Sie haben einen neuen Elektroherd gekauft. Ein Elektriker soll den Herd anschließen.
5. Ihre Waschmaschine ist mal wieder kaputt. Rufen Sie einen Waschmaschinenmonteur an.
6. Jemand hat Ihnen wertvolles Holz zum Geburtstag geschenkt. Sie möchten, dass ein Zimmermann Ihnen aus dem Holz ein schönes Regal baut.

b) Spielen Sie kurze Dialoge wie im Beispiel.

Wir müssen mal die Wände neu streichen.

Ich habe keine Lust, die Wände neu zu streichen.
Ich habe keine Zeit, die Wände neu zu streichen.
Ich habe nicht vor, die Wände neu zu streichen. Sie gefallen mir so, wie sie sind.

- Meine Mutter kommt zu Besuch. Wir müssen die Wohnung sauber machen.
- Kannst du mal meine Hemden bügeln?
- Kochst du Spaghetti zum Abendbrot?
- Wäschst du heute noch meine Socken?
- Oma kommt morgen. Räumst du bitte dein Zimmer auf?
- Wir müssen den Garten in Ordnung bringen.

Infinitiv mit *zu* ⇨ Teil C Seite 210

Ich habe keine Lust, die Wände neu ***zu*** streichen.

→ Der Infinitiv mit *zu* steht oft nach **Verben und Wendungen** wie

vorhaben	ich habe keine Lust	es ist leicht
versprechen	ich habe keine Zeit	es ist schwer
bitten	ich habe die Absicht	es ist erlaubt
empfehlen	ich habe den Wunsch	es ist verboten

A11 Wünsche und Pläne

Beantworten Sie die folgenden Fragen.

bügeln ▪ Geschirr abwaschen ▪ kochen ▪ Wäsche waschen ▪ Staub saugen ▪ das Bad sauber machen ▪ etwas selbst reparieren ▪ die Wände streichen ▪ im Garten arbeiten ▪ laute Musik hören ▪ Partys feiern ▪ …

1. Welche Hausarbeiten wollen Sie am Wochenende machen?
   Ich habe vor, ……………………………………………
2. Was müssen Sie am Wochenende machen, haben aber keine Zeit oder keine Lust dazu?
   Ich habe keine Zeit, ……………………………………………
   Ich habe keine Lust, ……………………………………………
3. Was sind Ihre Pläne für die Zukunft? *(z. B. Reparaturen/neue Möbel/neue Farben für die Wände)*
   Ich habe die Absicht, in diesem Jahr oder im nächsten Jahr ……………………………………………
4. Was ist in Ihrem Haus/Ihrer Wohnung verboten?
   Es ist verboten, ……………………………………………

A12 Phonetik: Konsonantenverbindungen – ng [ŋ] und nk [ŋk]

Hören und wiederholen Sie.

Wohnung [ŋ]	Bank [ŋk]
Man spricht nur das nasale *n*. Das *g* spricht und hört man nicht.	Man spricht das nasale *n* und das *k*.
Zeitung – Übung – Wohnung – Prüfung – Lösung – Ausbildung – Vorlesung – jung – langweilig – singen – anfangen	Bank – Dank – Schrank – Geschenk – krank – denken – danken

Übung:

Der Junge ist noch in der Ausbildung.
Die Übung ist langweilig.
Inge denkt an ihre neue Wohnung.
Ich danke dir für das Geschenk.

Ein Garten in der Stadt

A13 Im Gartenverein

a) Lesen und hören Sie den folgenden Text.

Das Paradies am Rande der Stadt

Sie suchen ein grünes Gartenparadies am Rande der Stadt, wo Sie sich am Wochenende auf einem Stück Wiese sonnen oder Ihr eigenes Gemüse anbauen können? Dann müssen Sie zuerst, wie so oft in Deutschland, einem Verein beitreten, genauer gesagt einem Kleingartenverein. Denn nur Vereinsmitglieder haben die Chance, einen Garten zu mieten.

Die Idee, sich im Grünen vom Stress der Arbeit zu erholen, ist schon alt. Sie stammt aus dem Jahre 1861 von den Ärzten und Pädagogen Ernst Hauschild und Daniel Schreber. Von Dr. Daniel Gottlob Moritz Schreber haben die Kleingärten auch ihren Namen Schrebergärten bekommen. Die historische Kleingartenanlage Dr. Schreber steht heute in Leipzig unter Denkmalschutz.

Vor allem in Zeiten wirtschaftlicher Not, z. B. nach dem Zweiten Weltkrieg, diente der Kleingarten nicht nur zur Erholung, sondern auch zum Überleben. Viele Kleingärtner bauten Gemüse an und ermöglichten ihrer Familie auf diese Weise eine bessere Ernährung.

Doch wer denkt, die Zeit des Kleingartens ist vorbei, der irrt sich. Junge Familien haben den Garten für sich entdeckt. Hier können die Kinder im Grünen spielen und das eigene Gemüse wächst nach dem eigenen Ökokonzept.

b) Was passiert im Kleingarten? Ergänzen Sie.

Man kann sich auf der Wiese ....

Man kann sich vom Stress der Arbeit ....

Man kann sein eigenes Gemüse ....

Die Kinder können im Grünen ....

A14 Fragen zum Text

Antworten Sie.

1. Wer kann einen Kleingarten mieten? ....
2. Aus welchem Jahr stammt die Idee des Kleingartens? ....
3. Was ist das Synonym zu *Kleingärten*? ....
4. Wozu diente der Kleingarten nach dem Zweiten Weltkrieg? ....
5. Wer nutzt die Kleingärten heute? ....

A15 Textarbeit: Wortschatz

Was passt zusammen? Ordnen Sie zu.

(1) Garten-	(a) -mitglied	(6) Gemüse	(f) spielen
(2) Klein-	(b) -paradies	(7) einen Garten	(g) erholen
(3) Vereins-	(c) -schutz	(8) im Grünen	(h) mieten
(4) Öko-	(d) -konzept	(9) sich vom Stress	(i) stehen
(5) Denkmal-	(e) -gärtner	(10) unter Denkmalschutz	(j) anbauen

A16 Interview

Fragen Sie Ihre Nachbarin/Ihren Nachbarn und berichten Sie selbst.

- Gibt es in Ihrem Heimatland auch solche Kleingärten? Wer nutzt sie?
- Wo kann man sich in Ihrem Heimatland in einer Großstadt erholen? Wo kann man sich sonnen? Wo kann man spazieren gehen?

Gesunde Ernährung

A17 Der Stolz der Kleingärtner: Gartenkräuter und Gartengemüse

Welche Kräuter und Gemüsesorten kennen Sie, welche mögen Sie?
Welche Kräuter verwendet man in Ihrem Heimatland?

a) Gartenkräuter

Dill, Schnittlauch, Rucola, Oregano, Koriander, Basilikum, Minze, Knoblauch, Thymian, Petersilie

b) Gemüse

Kopfsalat | Möhren | Zwiebeln | Tomaten

Zucchini | Sellerie | Gurken | Radieschen

A18 Ernähren Sie sich gesund?

Fragen Sie Ihre Nachbarin/Ihren Nachbarn und berichten Sie dann. Wie beurteilen Sie die Ernährung Ihrer Nachbarin/Ihres Nachbarn?

- Was isst/trinkst du/essen/trinken Sie …
  … zum Frühstück/zum Mittagessen/zum Abendbrot und zwischendurch?
  - Zum Frühstück esse/trinke ich …
  - Meine Nachbarin/Mein Nachbar isst/trinkt …
    Ich finde, sie/er ernährt sich *(sehr)* gesund/ungesund.
    Er/Sie sollte mehr *(Gemüse/Obst)* essen/mehr *(Wasser)* trinken …

A19 Wussten Sie, wie gesund Gemüse ist?

a) Lesen Sie den folgenden Text. Schlagen Sie unbekannte Wörter im Wörterbuch nach.

Deutsche essen viel Gemüse

Zusammen mit Kartoffeln isst man in Deutschland pro Tag durchschnittlich 400 Gramm Gemüse. Von keinem anderen Lebensmittel essen wir täglich so viel. Gemüse hat kaum Kalorien und Fett, aber es besitzt viele Vitamine (A, B2 und C), es versorgt uns mit Eisen und Magnesium. Ganz wichtig für unseren Körper sind auch die Farb- und Aromastoffe, die im Gemüse enthalten sind. Ihre Wirkung auf den Menschen hat man jahrelang nicht beachtet. Heute weiß man, dass die meisten bioaktiven Pflanzenstoffe Krebserkrankungen vorbeugen und das Immunsystem stärken. Hülsenfrüchte (Bohnen, Erbsen, Linsen, Sojabohnen) enthalten viel Eiweiß. Diese Lebensmittelgruppe steigert die Leistungsfähigkeit und versorgt den Organismus mit allen lebenswichtigen Wirkstoffen.

b) Was ist richtig, was ist falsch? Kreuzen Sie an.

	richtig	falsch
1. In Deutschland isst man mehr Gemüse als Fleisch oder andere Lebensmittel.	☐	☐
2. Gemüse ist sehr gesund, enthält aber auch viel Fett.	☐	☐
3. Über die Wirkung von Farb- und Aromastoffen weiß man nichts.	☐	☐
4. Wer viele Hülsenfrüchte isst, kann seine Leistungsfähigkeit verbessern.	☐	☐

A20 Kochen und Rezepte

a) Lesen das folgende Kochrezept.

Leipziger Allerlei – ein Gemüsegericht zum Nachkochen

Das *Leipziger Allerlei* ist ein traditionelles sächsisches Gemüsegericht. Die Rezepte, die man dafür z. B. im Internet finden kann, variieren. Eine Variante finden Sie hier.

Leipziger Allerlei

Zutaten

250 g junge Erbsen
250 g feine Möhren
250 g Bohnen
250 g Spargel
250 g Blumenkohl
250 g Kohlrabi
100 g Butter
⅛ l Brühe
⅛ l Sahne
1 Eigelb
Mehl
Salz
Muskat
Zucker
Petersilie

Zubereitung

Waschen Sie das Gemüse. Schneiden Sie den Kohlrabi, die Bohnen, die Möhren, den Spargel und den Blumenkohl in kleine Stücke. Geben Sie die Erbsen, Möhren, Bohnen und den Kohlrabi kurz in heißes Wasser. Kochen Sie den Blumenkohl und den Spargel getrennt in wenig Flüssigkeit mit etwas Butter. Würzen Sie das Gemüse mit Salz, Muskat und wenig Zucker und halten Sie das Gemüse warm.

Erhitzen Sie die Butter, geben Sie das Mehl dazu und später etwas Brühe. So entsteht eine dicke Soße. Verfeinern Sie die Soße mit Sahne. Wenn die Soße nicht mehr kocht, geben Sie das Eigelb dazu und würzen Sie sie mit Salz, Muskat und ein wenig Zucker.

Vermischen Sie das Gemüse mit der Soße. Bestreuen Sie das Gericht vor dem Servieren mit Petersilie.

Guten Appetit!

Im Original servierte man das *Leipziger Allerlei* mit Flusskrebsen. Heute serviert man es als Beilage zu Fleischgerichten.

b) Suchen Sie die Verben aus dem Text.

Gemüse kann man

....

....

in Wasser ....

mit Salz und Zucker ....

mit einer Soße ....

mit Petersilie ....

Soße kann man mit Sahne ....

c) Berichten Sie.

- Können Sie kochen oder backen?
  Wenn ja, was kochen oder backen Sie am liebsten?
- Wer kocht in Ihrer Familie am meisten?
- Was ist Ihr Lieblingsgericht?
- Was essen Sie überhaupt nicht?
- Stellen Sie ein typisches Gericht aus Ihrer Heimat vor.

A21 Im Restaurant

a) Hören Sie ein Gespräch in einem Restaurant und beantworten Sie die Fragen.

2.24

- Für wie viele Personen braucht Hubert einen Tisch? *für drei Personen*

1. Wo möchte Kerstin sitzen? ....
2. Was trinkt Katja? ....
3. Was trinkt Hubert? ....
4. Worauf hat Hubert Appetit? ....
5. Was isst Katja? ....
6. Was isst Kerstin? ....

b) Lesen Sie die Redemittel für einen Restaurantbesuch.

Kellner/Kellnerin	vor dem Essen	Was möchten Sie trinken? Was kann ich Ihnen bringen? Haben Sie schon gewählt?
	nach dem Essen	Hat es Ihnen geschmeckt? Waren Sie mit dem Essen zufrieden?

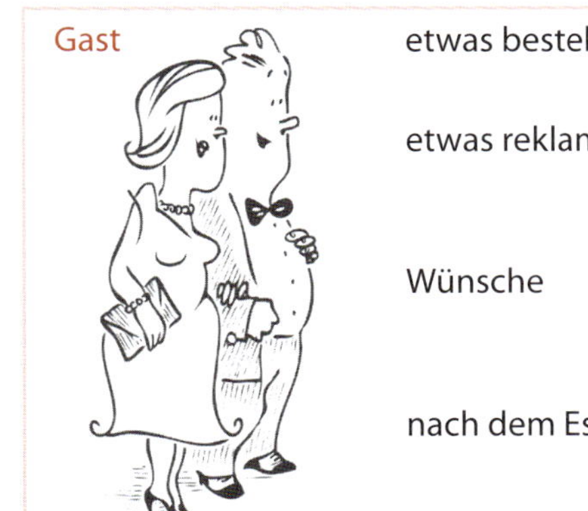

Gast	etwas bestellen	Ich hätte gern … ▪ Ich möchte … ▪ Ich nehme … ▪ Ich trinke … ▪ Könnte ich bitte noch *(ein Bier)* haben?
	etwas reklamieren	Haben Sie meine Bestellung vergessen? Das Essen ist kalt. Könnte ich bitte noch *(etwas Salz)* haben?
	Wünsche	Guten Appetit! *(zum Essen)* Prost! *(zum Bier)* Zum Wohl! *(zum Wein)*
	nach dem Essen	Das Essen war hervorragend/köstlich/sehr gut. Wir möchten dann zahlen. Wir hätten gern die Rechnung.

In Deutschland muss man dem Kellner/der Kellnerin sagen, dass man bezahlen möchte. Die Rechnung kommt nicht automatisch gleich nach dem Essen – das wäre unhöflich.

c) Spielen Sie kurze Dialoge im Restaurant.

Guten Tag. Möchten Sie etwas trinken?

Haben Sie schon etwas zum Essen gewählt?

Ja, ich hätte gern …

Ich nehme …

Hier ist eine Hilfe zur Auswahl der Speisen.

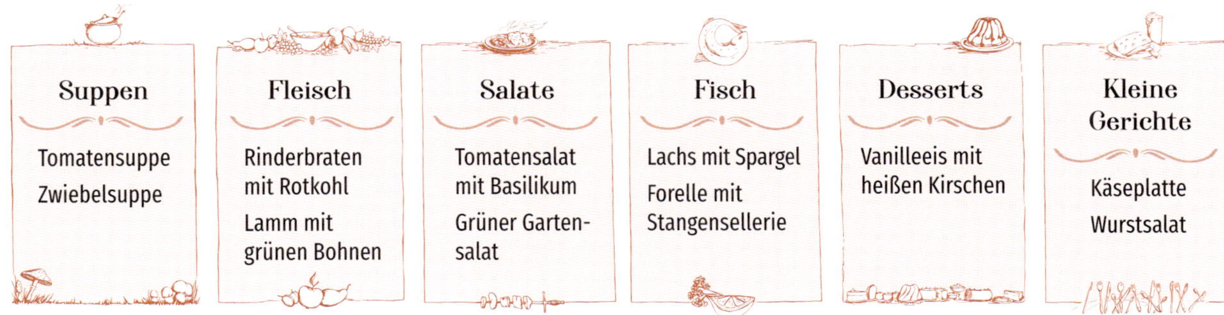

A22 Gründe und Gegengründe

a) Lesen Sie den Satz aus dem Hörtext.

- Du hast doch gerade gesagt, es hat so viel Fett. Trotzdem willst du jetzt das Schnitzel essen?

Gründe und Gegengründe

⇨ Teil C Seite 212

Pommes frites haben viel Fett, trotzdem **esse** ich sie gern.
Pommes frites haben viel Fett, ich **esse** sie trotzdem gern.

→ Sätze mit *trotzdem* verweisen auf den Gegengrund im ersten Hauptsatz.

Ich habe keinen Appetit, deshalb **möchte** ich jetzt nichts essen.
Ich habe keinen Appetit, ich **möchte** deshalb jetzt nichts essen.

→ Sätze mit *deshalb* verweisen auf den Grund im ersten Hauptsatz.

Das **konjugierte Verb** steht immer auf Position II.
Trotzdem und *deshalb* sind Adverbien. Sie haben keine feste Position.
Sie können vor oder hinter dem konjugierten Verb stehen.

b) Bilden Sie Sätze mit *trotzdem* und *deshalb* nach dem Beispiel.

- Jenny macht viele Diäten. Sie nimmt nicht ab.
  Jenny macht viele Diäten, trotzdem nimmt sie nicht ab/ sie nimmt trotzdem nicht ab.

1. Paul kann nicht kochen. Er geht oft ins Restaurant.

   ....

2. Marie mag kein Gemüse. Bei ihr gibt es jede Woche *Leipziger Allerlei*.

   ....

3. Alexandra ist Griechin. Sie würzt ihre Gerichte gern mit Petersilie, Basilikum und Thymian.

   ....

4. Morgen schreibt Katja einen Test. Sie lernt nicht.

   ....

5. Herr Krause ist krank. Er geht zur Arbeit.

   ....

6. Sie mag keine Tiere. Sie hat einen Hund.

   ....

7. Ich will heute Abend nicht alleine fernsehen. Ich gehe zur Party von Otto.

   ....

8. Ich will nicht jeden Morgen mit dem Auto im Stau stehen.
   Ich fahre mit der Straßenbahn.

   ....

9. Marcus mag die Großstadt. Er will ein Haus auf dem Land kaufen.

   ....

Wissenswertes *(fakultativ)*

B1 Farben

a) Ordnen Sie die Farben zu.

grün ▪ blau ▪ violett ▪ gelb ▪ orange ▪ rot

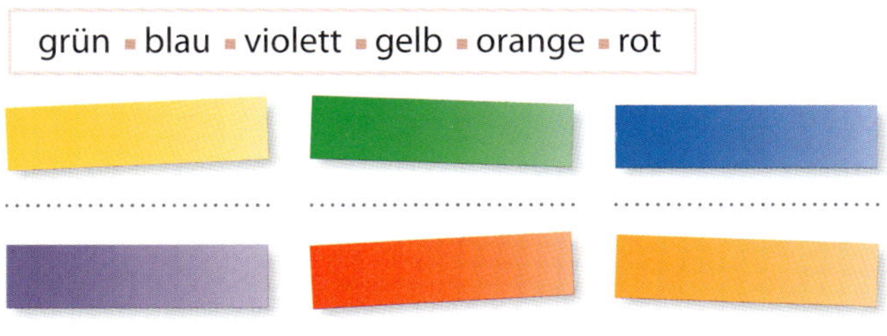

b) Was kann man miteinander kombinieren?

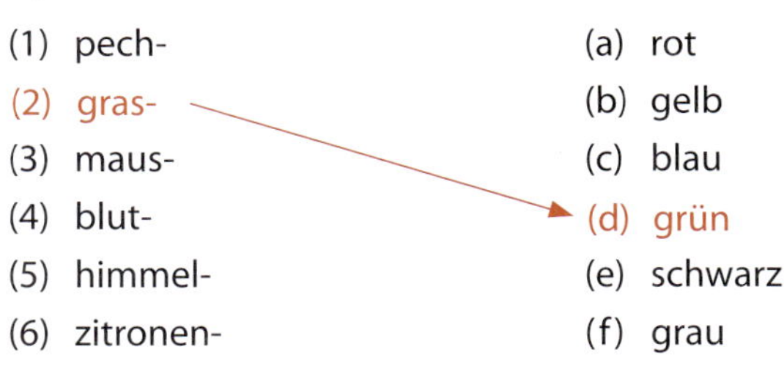

(1) pech-	(a) rot
(2) gras-	(b) gelb
(3) maus-	(c) blau
(4) blut-	(d) grün
(5) himmel-	(e) schwarz
(6) zitronen-	(f) grau

hell- und *dunkel-* kann man mit allen Farben kombinieren: hellrot, dunkelrot, hellblau …
knall- lässt sich mit Rot und Gelb kombinieren: knallrot, knallgelb (bedeutet eine sehr intensive Farbe)

B2 Ihre Farben

a) Berichten Sie.

- Welche Farbe haben die Wände in Ihrer Wohnung?
- Welche Farbe haben Ihre Möbel (das Sofa, die Küchenmöbel …)?
- Was ist Ihre Lieblingsfarbe? Welche Farbe mögen Sie überhaupt nicht?
- Achten Sie auf die Farbe beim Kauf von Lebensmitteln, Kleidung, Schuhen, Ihres Autos …?

b) Ergänzen Sie eine Farbe.

1. Ich fahre ein .... Auto.
2. Ich habe einen .... Pullover, ... Schuhe, einen .... Mantel, einen .... Koffer und ein .... Portemonnaie.
3. Ich trage gern .... Hemden/Blusen, ... Anzüge/Kleider, ... T-Shirts und .... Jeans.
4. Ich esse gerne .... Äpfel, ... Weintrauben und .... Spargel.

c) Farben in Ihrem Heimatland

- Welche Farbe hat in Ihrem Land ein Taxi/ein Polizeiauto/ein Feuerwehrauto/ein Krankenwagen …?
- Zu welchen Anlässen trägt man besondere Kleidung? (weiße/schwarze/bunte Kleidung …)

B3 Assoziationen

Mit welchen Farben verbinden Sie die folgenden Begriffe?

Achtung! ▪ Frische ▪ Liebe ▪ Gefahr ▪ Erholung ▪ Gift ▪ Umwelt ▪ Wasser ▪ Kälte ▪ Wärme ▪ Trauer ▪ Sonne

Der Einfluss der Farben

a) Glauben Sie, dass Farben unser Leben beeinflussen? Begründen Sie Ihre Meinung.

- Nein, das glaube ich nicht.
- Ja, Farben können Einfluss haben auf …
  (die Gesundheit/die Gefühle/das Wohlbefinden/die innere Ruhe/die Konzentration …)

b) Lesen Sie den folgenden Text. Schlagen Sie unbekannte Wörter im Wörterbuch nach.

Farben – wie mächtig sie sind

Mehr als 80 Prozent unserer Umwelt nehmen wir über unsere Augen wahr, das heißt, wir nehmen einen großen Teil der Welt auch über Farben wahr. Farben, so sagen Wissenschaftler, sind eine geheime Macht. Sie beeinflussen unser Denken, Fühlen und Handeln, ohne dass wir es merken. Das beweist unter anderem ein Versuch amerikanischer Psychologen: Die Versuchspersonen sollten Kaffee nach seinem Geschmack beurteilen – also mild, kräftig, würzig usw. Der Kaffee war in Kannen mit unterschiedlichen Farben, es war aber in jeder Kanne der gleiche Kaffee.

Das Ergebnis war überraschend: Den Kaffee aus der blauen Kanne fanden die Versuchspersonen besonders mild, den Kaffee aus der roten Kanne besonders kräftig und den Kaffee aus der braunen Kanne besonders stark. Mit diesem Wissen über die Wirkung von Farben arbeiten auch Lebensmittelhersteller. Deshalb steht im Supermarkt der milde Kaffee in einer hellgrünen oder hellblauen Verpackung.

Der deutsche Nationaldichter Johann Wolfgang von Goethe hat nicht nur Dramen und Gedichte geschrieben, er hat sich auch Gedanken über die Wirkung von Farben gemacht. Nach seiner Farbenlehre zählen Rot, Orange und Gelb zu den warmen Farben und Blau, Türkis (Cyan) und Violett zu den kalten Farben. Schon als Kind lernen wir, dass das Meer (auf Bildern immer blau dargestellt) kalt und eine brennende Kerze (meist rot gezeichnet) warm ist. Also Blau ist kalt, Rot ist warm. Auf diese Weise verbinden wir Gegenstände mit Farben und Empfindungen.

Psychologische Tests kamen zu dem Ergebnis, dass Menschen in einem blau gestrichenen Zimmer bereits bei 15 Grad Celsius frieren, in einem rot-orange gestrichenen Zimmer erst bei 12 Grad Celsius. Und doch, obwohl Blau für Kälte steht, ist es die Lieblingsfarbe der Deutschen. Der Grund: Blau steht auch für Meer, Entspannung, Sympathie, Treue und Frieden.

c) Was ist richtig, was ist falsch? Kreuzen Sie an.

		richtig	falsch
1.	Farben haben nur einen geringen Einfluss auf unser Denken, Fühlen und Handeln.	☐	☐
2.	Hersteller von Lebensmitteln nutzen die Wirkung von Farben.	☐	☐
3.	Johann Wolfgang von Goethe ist der Erfinder der Farben.	☐	☐
4.	Wir lernen schon als Kinder, was Farben bedeuten.	☐	☐
5.	Blaue Farben wirken kalt, rote und gelbe Farben wirken warm.	☐	☐
6.	Blau ist die Lieblingsfarbe der Deutschen, weil sie für Kälte steht.	☐	☐

d) Ergänzen Sie die passenden Verben in der richtigen Form.

beurteilen ▪ arbeiten ▪ wahrnehmen ▪ beeinflussen ▪ stehen ▪ beweisen ▪ zählen ▪ verbinden

1. Mehr als 80 Prozent unserer Umwelt .... wir über unsere Augen ....
2. Farben .... unser Denken, Fühlen und Handeln.
3. Ein Versuch amerikanischer Psychologen .... den Einfluss der Farben.
4. Die Versuchspersonen sollten Kaffee nach seinem Geschmack ....
5. Mit diesem Wissen über die Wirkung von Farben .... auch Lebensmittelhersteller.
6. Rot, Orange und Gelb .... zu den warmen Farben.
7. Auf diese Weise .... wir Gegenstände mit Farben und Empfindungen.
8. Obwohl Blau für Kälte ...., ist es die Lieblingsfarbe der Deutschen.

Verben

Verben mit Lokalangaben

wo? Wechselpräposition + Dativ	*wohin?* Wechselpräposition + Akkusativ
stehen ich stehe – ich stand – ich habe gestanden *Ich stehe **an** der Wand.*	**stellen** ich stelle – ich stellte – ich habe gestellt *Ich stelle **den Stuhl** **an** die Wand.*
liegen ich liege – ich lag – ich habe gelegen *Ich liege **im** Bett.*	**legen** ich lege – ich legte – ich habe gelegt *Ich lege **das Buch** **auf** den Tisch.*
sitzen ich sitze – ich saß – ich habe gesessen *Ich sitze **auf** dem Stuhl.*	**setzen** ich setze mich – ich setzte mich – ich habe mich gesetzt *Ich setze **mich** **auf** den Stuhl.*
hängen die Jacke hängt – die Jacke hing – die Jacke hat gehangen *Die Jacke hängt **an** der Garderobe.*	**hängen** ich hänge – ich hängte – ich habe gehängt *Ich hänge **die Jacke** **an** die Garderobe.*
→ unregelmäßige Verben	→ regelmäßige Verben Bei *stellen*, *legen* und *setzen* steht immer ein Akkusativobjekt. → transitive Verben

Wechselpräpositionen: in – auf – an – über – neben – unter – zwischen – hinter – vor

C1 Ergänzen Sie die Verben und antworten Sie im Perfekt. Orientieren Sie sich am Beispiel.

■ *(ich – Teppich – in, Wohnzimmer – legen)*
Wo *liegt* der Teppich?
Ich habe den Teppich ins Wohnzimmer gelegt.

1. *(Mutti – neue Lampe – über, Tisch – hängen)*
Wo .... die neue Lampe?
....

2. *(Kurt – Sessel – neben, Schreibtisch – stellen)*
.... der Sessel immer noch neben dem Bett?
....

3. *(Oma – Blumen – in, weiße Vase – stellen)*
.... die Blumen in der blauen Vase?
....

4. *(ich – Brief – in, Schublade – legen)*
.... der Brief noch auf dem Tisch?
....

5. *(er – Handtuch – in, Bad – hängen)*
.... das Handtuch noch über dem Stuhl?
....

6. *(ich – Teller – in, Küchenschrank – stellen)*
.... die Teller noch in der Geschirrspülmaschine?
....

C2 **Ergänzen Sie die Verben. Verwenden Sie *hängen, sitzen, setzen, liegen, legen, stehen, stellen.***

■ Auf dem weißen Stuhl *sitze* ich nicht gern.
1. Ich .... mich lieber auf den schwarzen Stuhl.
2. Die Katze .... im Garten und schläft.
3. Kommt Hans heute später? – Ja, er .... im Stau.
4. Wo ist mein Mantel? – Der .... an der Garderobe.
5. Martina, du kannst dich auf das Sofa ....
6. Ich .... mich nicht auf das Sofa.
   Auf dem Sofa .... der Hund.
7. Karin, kannst du bitte die Gläser auf den Tisch ....?
8. Wo sind denn die Gläser? – Sie .... im Küchenschrank.
9. Über dem Sofa .... immer noch dieses hässliche Bild!
10. Ich bin so müde. – Du kannst dich doch eine Stunde ins
    Bett ....

Nomen

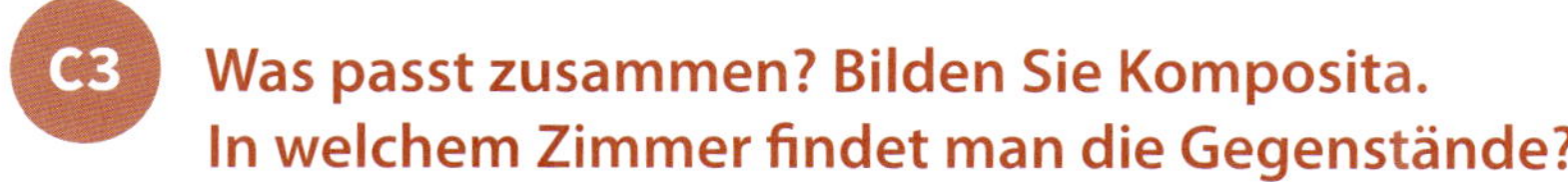

C3 **Was passt zusammen? Bilden Sie Komposita. In welchem Zimmer findet man die Gegenstände?**

a)

Schreibtisch-	-drucker
Heft-	-mappe
Laser-	-lampe
Dreh-	-stuhl
Dokumenten-	-klammer

Diese Gegenstände findet man im ....

b)

Geschirr-	-maschine
Koch-	-herd
Spül-	-spüler
Elektro-	-topf
Kaffee-	-mittel

Diese Gegenstände findet man in der ....

c)

Fernseh-	-lampe
Sofa-	-regal
Steh-	-ständer
Bücher-	-tisch
Zeitungs-	-gerät

Diese Gegenstände findet man im ....

C4 **Ergänzen Sie die Artikel. Welches Wort hat einen anderen Artikel?**

■	*der*	Stuhl – Tisch – Schrank – Bett	*das Bett*
1.	....	Bad – Wohnzimmer – Küche – Büro	....
2.	....	Gardine – Teppich – Vase – Lampe	....
3.	....	Garten – Lift – Balkon – Etage	....
4.	....	Geschirrspüler – Kaffeemaschine – Herd – Drucker	....
5.	....	Regal – Sofa – Bild – Pflanze	....
6.	....	Schule – Nähe – Lage – Verkehr	....
7.	....	Krankenhaus – Fußballplatz – Kino – Schwimmbad	....
8.	....	Universität – Sporthalle – Restaurant – Kneipe	....
9.	....	Einkaufsmöglichkeit – Freizeitangebot – Sicherheit – Sauberkeit	....

C5 Welches Lebensmittel passt nicht zum Obergriff?

1. Was ist kein Gemüse? Möhren – Sellerie – Bohnen – Erbsen – Spargel – Bananen – Blumenkohl
2. Was ist kein Obst? Weintrauben – Erdbeeren – Orangen – Tomaten – Himbeeren – Ananas – Zitronen
3. Was ist nicht aus Fleisch? Rinderbraten – Schweinebraten – Schnitzel – Lammbraten – Lachs – Gulasch

C6 Was sehen Sie auf dem Foto? Ergänzen Sie die Wörter mit Artikel.

1. ....
2. ....
3. ....
4. ....
5. ....
6. ....
7. ....
8. ....
9. ....
10. ....
11. ....
12. ....

C7 Was ist das? Beschreiben Sie die Gerichte wie im Beispiel.

■ Zaziki – griechische Soße – aus Joghurt, Olivenöl, Gurke und Knoblauch

Zaziki ist eine griechische Soße, die man aus Joghurt, Olivenöl, Gurke und Knoblauch zubereitet.

1. Sushi – japanische Spezialität – aus Reis, Gemüse und rohem Fisch

....

2. Weißwurst – typisch bayerische Wurst – aus Kalb- und Schweinefleisch

....

3. Borschtsch – ukrainische Suppe – aus Rindfleisch, roter Bete und Weißkohl

....

4. Zürcher Geschnetzeltes – Gericht aus der Schweiz – aus Kalbfleisch, Champignons, Zwiebeln und Sahne

....

....

5. Rindercarpaccio – italienische Vorspeise – aus rohem Rinderfilet, Parmesankäse, Olivenöl und Zitronensaft

....

....

Sätze

Temporalsätze

Als ich ein Kind war, wohnte ich in einer Großstadt.
Wenn ich älter bin, kaufe ich mir ein Haus auf dem Land.

	Vergangenheit	Gegenwart und Zukunft
einmal Zustand Ereignis	**als** **Als** ich ein Kind war, … **Als** ich in München war, …	**wenn** **Wenn** ich älter bin, … **Wenn** ich in München bin, …
mehrmals/immer	**wenn** Immer **wenn** ich in München war, …	**wenn** Immer **wenn** ich in München bin, …

C8 Ergänzen Sie *wenn* oder *als*.

■ *Als* ich meinen ersten Arbeitstag hatte, fühlte ich mich nicht wohl.

1. Kannst du für Martina einen Blumenstrauß mitnehmen, ... du sie im Krankenhaus besuchst?
2. Immer .... wir in diesem Hotel übernachteten, war im Zimmer etwas kaputt.
3. Machst du bitte das Licht aus, ... du ins Bett gehst?
4. .... ich die Wohnung besichtigte, hat sie mir besser gefallen.
5. Was, Paul ist krank? .... ich ihn gestern traf, sah er noch ganz gesund aus.
6. Immer .... ich Frau Kümmel eine E-Mail schickte, kam die E-Mail wieder zurück.
7. Aber .... ich ihr gestern die Preisliste mailte, ging alles gut.
8. Was machst du, ... du in Rom bist?
9. .... ich noch klein war, habe ich sehr gerne mit Puppen gespielt.
10. .... ich morgen Zeit habe, besuche ich dich.
11. .... ich im Lotto gewinne, kaufe ich mir ein Haus an der Ostsee.
12. Ich habe mich gefreut, ... ich Steffens Brief bekam.
13. .... Michaela mit dem Studium fertig ist, möchte sie in einem großen Krankenhaus arbeiten.
14. .... Georg am Computer spielt, vergisst er alles.

Infinitiv mit *zu*

Ich habe keine Lust, die Wände neu **zu** streichen.
Ich habe versucht, dich an**zu**rufen.

→ Der Infinitiv mit *zu* steht oft nach **Verben und Wendungen** wie

- vorhaben
- versprechen
- bitten
- empfehlen
- scheinen
- aufhören
- versuchen

- ich habe keine Lust
- ich habe keine Zeit
- ich habe die Absicht
- ich habe den Wunsch

- es ist leicht
- es ist schwer
- es ist erlaubt
- es ist verboten
- es ist notwendig
- es ist wichtig

C9 Mit oder ohne *zu*? Ergänzen Sie *zu*, wenn nötig.

1. Hast du vielleicht Lust, mich zum Essen ein*zu*laden?
   Nein, tut mir leid. Ich habe keine Zeit, mit dir essen .... gehen.
2. Würden Sie bitte die Musik leiser .... machen?
   Nein, denn in diesem Haus ist es nicht verboten, eine Party .... feiern.
3. Würden Sie bitte aufhören, nachts Opern .... singen?
   Nein. Ich muss jede Nacht .... üben, das sagt mein Gesangslehrer.
4. Könnten Sie vielleicht versuchen, mit etwas weniger Knoblauch .... kochen?
   Nein. Knoblauch ist gesund und es ist wichtig, jeden Tag Knoblauch .... essen.
5. Könnten Sie bitte meine Zeitung nicht mehr aus meinem Briefkasten .... nehmen?
   Nein, denn ich kann mir keine eigene Zeitung .... kaufen.
6. Darf ich Sie bitten, im Treppenhaus nicht .... rauchen?
   Nein, denn es ist in diesem Haus erlaubt .... rauchen.

C10 Was passt zusammen? Verbinden Sie.

(1) Ich habe versucht,	(a) die Küche aufzuräumen?
(2) Hilfst du mir,	(b) dich immer zu lieben.
(3) Bitte hör auf,	(c) dich gestern telefonisch zu erreichen.
(4) Ich verspreche dir,	(d) so laut zu singen!
(5) Ich habe vor,	(e) mir eine neue Stelle zu suchen.
(6) Ich empfehle dir,	(f) mehr auf deine Gesundheit zu achten.

C11 Ergänzen Sie den Infinitiv mit *zu*.

■ Hier dürfen Sie nicht parken.
Es ist verboten, *hier zu parken*.

1. Meine Kollegen wollen heute Abend ins Kino gehen.
   Meine Kollegen haben die Absicht, ...
2. Carla möchte so gern einen Kleingarten mieten.
   Carla hat den Wunsch, ...
3. Hier darf man rauchen.
   Es ist erlaubt, ...
4. Wir wollen am Wochenende mein Wohnzimmer tapezieren.
   Wir haben vor, ...
   ....
5. Ich möchte, dass du dein Zimmer aufräumst.
   Ich bitte dich, ...
   ....
6. Meiner Meinung nach solltest du einen Klempner bestellen.
   Ich empfehle dir, ...
   ....

Gründe und Gegengründe (*Kausal- und Konzessivsätze*)

Gegengrund (nicht erwartete Folge)

Ich bin krank, trotzdem *gehe* ich zur Arbeit.
Ich bin krank. Trotzdem *gehe* ich zur Arbeit.
Ich bin krank, ich *gehe* trotzdem zur Arbeit.

trotzdem
- verweist auf den Gegengrund im ersten Hauptsatz
- leitet einen **Hauptsatz** ein
- kann vor oder hinter dem *konjugierten Verb* stehen

Obwohl ich krank *bin*, gehe ich zur Arbeit.
Ich gehe zur Arbeit, obwohl ich krank *bin*.

obwohl
- leitet einen **Nebensatz** ein, der einen Gegengrund nennt
- steht im Nebensatz immer an erster Stelle

Grund (erwartete Folge)

Ich bin krank, deshalb *gehe* ich nicht zur Arbeit.
Ich bin krank. Deshalb *gehe* ich nicht zur Arbeit.
Ich bin krank, ich *gehe* deshalb nicht zur Arbeit.

deshalb
- verweist auf den Grund im ersten Hauptsatz
- leitet einen **Hauptsatz** ein
- kann vor oder hinter dem *konjugierten Verb* stehen

Weil ich krank *bin*, gehe ich nicht zur Arbeit.
Ich gehe nicht zur Arbeit, weil ich krank *bin*.

weil
- leitet einen **Nebensatz** ein, der einen Grund nennt
- steht im Nebensatz immer an erster Stelle

C12 Bilden Sie Sätze mit *trotzdem* im Perfekt.

■ Peter wusste, dass die Sitzung heute stattfindet.
(er – zur Sitzung – nicht kommen)
Trotzdem ist er nicht zur Sitzung gekommen.

1. Peter wusste, dass das Protokoll bis heute fertig sein muss.
(er – das Protokoll – noch nicht schreiben)
....

2. Es hat geregnet.
(Peter – im Park – spazieren gehen)
....

3. Peter wusste, dass Oma im Krankenhaus auf ihn wartet.
(er – Oma – nicht besuchen)
....

4. Peter wusste, dass ich keinen Fisch mag.
(er – Fisch – zum Mittagessen – kochen)
....

5. Peter muss lernen, er hat morgen eine Prüfung.
(er – bis 3.00 Uhr – eine Party – feiern)
....

C13 Bilden Sie Sätze mit *deshalb* im Perfekt.

1. Mein Wecker hat nicht geklingelt.
(ich – zu spät – kommen) ....

2. Ich habe die ganze Nacht gelernt.
(ich – Prüfung mit „gut" – bestehen) ....

3. Wir haben ein gutes Angebot gemacht.
(wir – den Auftrag – erhalten) ....

4. Die Zusammenarbeit der Kollegen war sehr gut.
(wir – das Problem – rechtzeitig – lösen) ....

5. Mein Fernseher ist kaputt.
(ich – gestern – einen neuen Fernseher – kaufen) ....

Präpositionen

Wechselpräpositionen

	Kurzformen	Kasus	Beispielsätze	
an	an + dem = am an + das = ans	Wo? + D Wohin? + A Wann? + D	Das Bild hängt an der Wand. Ich hänge den Mantel an die Garderobe. Ich komme am Montag.	*(lokal)* *(lokal)* *(temporal)*
auf	auf + das = aufs	Wo? + D Wohin? + A Wie? + A	Das Buch liegt auf dem Tisch. Ich lege das Buch auf den Tisch. Sie macht es auf ihre Art.	*(lokal)* *(lokal)* *(modal)*
hinter		Wo? + D Wohin? + A	Der Brief liegt hinter dem Schreibtisch. Der Brief ist hinter den Schreibtisch gefallen.	*(lokal)* *(lokal)*
in	in + dem = im in + das = ins	Wo? + D Wohin? + A Wann? + D Wie? + D	Ich war in der Schweiz. Ich fahre in die Schweiz. Wir haben im August Ferien. Er war in guter Stimmung.	*(lokal)* *(lokal)* *(temporal)* *(modal)*
neben		Wo? + D Wohin? + A	Der Tisch steht neben dem Bett. Ich stelle den Tisch neben das Bett.	*(lokal)* *(lokal)*
über		Wo? + D Wohin? + A	Das Bild hängt über dem Sofa. Otto hängt das Bild über das Sofa.	*(lokal)* *(lokal)*
unter		Wo? + D Wohin? + A Wie? + D	Die Katze sitzt unter dem Stuhl. Die Katze kriecht unter den Stuhl. Wir arbeiten unter schlechten Bedingungen.	*(lokal)* *(lokal)* *(modal)*
vor	vor + dem = vorm	Wo? + D Wohin? + A Wann? + D	Die Taxis stehen vorm Bahnhof. Die Taxis fahren direkt vor die Tür. Treffen wir uns vor dem Mittagessen?	*(lokal)* *(lokal)* *(temporal)*
zwischen		Wo? + D Wohin? + A Wann? + D	Vielleicht ist das Foto zwischen den Büchern? Hast du das Foto zwischen die Bücher gesteckt? Zwischen dem 1. und dem 5. Mai ist das Restaurant geschlossen.	*(lokal)* *(lokal)* *(temporal)*

C14 Ergänzen Sie die Präposition, eventuell die Kurzform und die Artikelendung. Es gibt manchmal mehrere Möglichkeiten.

■ Wohin gehst du? – Ich gehe *ins* Kino.

1. Fahrt ihr diesen Sommer wieder .... d......... Türkei?
2. Wo ist denn der Brief? Der liegt doch .... d......... Schreibtisch.
3. Warum hast du dieses hässliche Bild direkt .... d......... Bett gehängt?
4. Wo finde ich hier ein Taxi? Die Taxis stehen dort .... d......... Ecke.
5. Wo ist der Hund? Er liegt .... d......... Sofa.
6. Stell dir das mal vor: .... d......... Akten lag ein 200-Euro-Schein!
7. Schade, der Ball flog zwei Zentimeter .... d......... Tor.
8. Wo warst du so lange? Ich war .... Büro und habe gearbeitet.
9. Kommst du heute mit .... Theater? – Nein, aber ich gehe gern mit dir .... Restaurant.
10. Du bist ja so schön braun! – Ja, ich war den ganzen Tag .... Strand.
11. Wann fahrt ihr .... d......... Winterurlaub? .... Februar.
12. .... 22. Mai feiern wir deinen Geburtstag .... ein......... ganz teuren Restaurant.
13. .... d......... 17. und d......... 21. April habe ich ein paar Tage frei.
14. Ich komme .... ungefähr einer Stunde.

Rückblick

Wichtige Redemittel

Hier finden Sie die wichtigsten Redemittel des Kapitels.

Zweisprachige Redemittellisten finden Sie hier: **www.schubert-verlag.de/wortschatz**

Wohnen

Traumwohnung:

- Ich würde gern … in einem eigenen Haus ▪ in einer großen Villa ▪ in einer Penthousewohnung ▪ in einem Reihenhaus ▪ in einer Wohnung in einem Hochhaus ▪ auf einem Bauernhof … wohnen.
- Ich brauche *(unbedingt)* … *(vier)* Zimmer, einen *(sonnigen)* Balkon, einen Garten, eine *(helle)* Küche, ein *(großes)* Badezimmer …
- Ich möchte gern … auf der Terrasse im Freien sitzen …
- Die Wohnung/Das Haus sollte … in einer Großstadt ▪ in einer Kleinstadt ▪ im Stadtzentrum ▪ am Stadtrand ▪ auf dem Land ▪ im Grünen … sein/liegen.
- Der Arbeitsplatz ▪ Gute Einkaufsmöglichkeiten ▪ Schule und Kindergarten ▪ Öffentliche Verkehrsmittel … sollten nicht so weit weg/in der Nähe sein.

Wohnformen: allein ▪ in einer Großfamilie ▪ mit der Familie ▪ in einer Wohngemeinschaft ▪ im Studentenwohnheim … wohnen

Hausarbeit

Kleinere Arbeiten: aufräumen ▪ umräumen ▪ sauber machen ▪ Wäsche waschen ▪ bügeln ▪ Staub saugen ▪ das Geschirr spülen ▪ die Glühlampe wechseln ▪ ein Bild aufhängen ▪ die Fenster putzen

Größere Arbeiten: die Wände neu streichen ▪ den Garten in Ordnung bringen ▪ ein Holzregal bauen ▪ die Waschmaschine reparieren ▪ eine Garage bauen ▪ ein neues Waschbecken anbauen ▪ das Wohnzimmer tapezieren ▪ eine neue Steckdose anbringen ▪ das Dach reparieren

Sich erholen

Im Garten kann man: auf der Wiese liegen ▪ sich sonnen ▪ sich vom Stress erholen ▪ sein eigenes Gemüse anbauen

Gesunde Ernährung

sich gesund ernähren ▪ viel Obst und Gemüse essen

Gemüse: enthält kaum Kalorien und Fett ▪ stärkt das Immunsystem ▪ steigert die Leistungsfähigkeit ▪ versorgt den Organismus mit lebenswichtigen Wirkstoffen

Gemüse kann man: waschen ▪ schneiden ▪ in Wasser kochen ▪ mit Salz und Zucker würzen ▪ mit einer Soße vermischen ▪ mit Petersilie bestreuen ▪ mit Sahne verfeinern

Im Restaurant

Etwas bestellen: Ich hätte gern … ▪ Ich möchte … ▪ Ich nehme … ▪ Ich trinke … ▪ Könnte ich bitte noch *(ein Bier)* haben?

Etwas reklamieren: Haben Sie meine Bestellung vergessen? ▪ Das Essen ist kalt. ▪ Könnte ich bitte noch *(etwas Salz)* haben?

Wünsche: Guten Appetit! *(zum Essen)* ▪ Prost! *(zum Bier)* ▪ Zum Wohl! *(zum Wein)*

Nach dem Essen: Das Essen war hervorragend ▪ köstlich ▪ sehr gut. ▪ Wir möchten dann zahlen. ▪ Wir hätten gern die Rechnung.

D2 Kleines Wörterbuch der Verben

Unregelmäßige Verben

Infinitiv	3. Person Singular Präsens	3. Person Singular Präteritum	3. Person Singular Perfekt
abwaschen *(das Geschirr)*	er wäscht ab	er wusch ab	er hat abgewaschen
anschließen *(den Herd)*	er schließt an	er schloss an	er hat angeschlossen
beitreten *(einem Verein)*	er tritt bei	er trat bei	er ist beigetreten
schneiden *(Gemüse)*	er schneidet	er schnitt	er hat geschnitten
streichen *(die Wände)*	er streicht	er strich	er hat gestrichen
versprechen *(jemandem/etwas)*	er verspricht	er versprach	er hat versprochen
wächst *(das Gemüse)*	es wächst	es wuchs	es ist gewachsen
wahrnehmen *(etwas)*	er nimmt wahr	er nahm wahr	er hat wahrgenommen
waschen *(Wäsche)*	er wäscht	er wusch	er hat gewaschen

Einige regelmäßige Verben

Infinitiv	3. Person Singular Präsens	3. Person Singular Präteritum	3. Person Singular Perfekt
anbauen *(Gemüse)*	er baut an	er baute an	er hat angebaut
aufräumen	er räumt auf	er räumte auf	er hat aufgeräumt
beurteilen *(etwas)*	er beurteilt	er beurteilte	er hat beurteilt
bügeln *(Hemden)*	er bügelt	er bügelte	er hat gebügelt
dienen *(zur Erholung)*	es dient	es diente	es hat gedient
erholen *(sich)*	er erholt sich	er erholte sich	er hat sich erholt
ermöglichen *(etwas)*	er ermöglicht	er ermöglichte	er hat ermöglicht
ernähren *(sich)*	er ernährt sich	er ernährte sich	er hat sich ernährt
irren *(sich)*	er irrt sich	er irrte sich	er hat sich geirrt
servieren *(das Essen)*	er serviert	er servierte	er hat serviert
steigern *(die Leistung)*	er steigert	er steigerte	er hat gesteigert
tapezieren *(die Wand)*	er tapeziert	er tapezierte	er hat tapeziert
teilen *(sich/etwas)*	er teilt	er teilte	er hat geteilt
verfeinern *(die Soße)*	er verfeinert	er verfeinerte	er hat verfeinert
wohnen	er wohnt	er wohnte	er hat gewohnt
wünschen *(sich/etwas)*	er wünscht	er wünschte	er hat gewünscht
zubereiten *(Essen)*	er bereitet zu	er bereitete zu	er hat zubereitet

D3 Evaluation
Überprüfen Sie sich selbst.

Ich kann	gut	nicht so gut
Ich kann meine Traumwohnung beschreiben.	☐	☐
Ich kann berichten, wo ich früher gewohnt habe.	☐	☐
Ich kann einfache Texte über Wohnformen verstehen und über das Thema sprechen.	☐	☐
Ich kann Hausarbeiten nennen und einen Handwerker bestellen.	☐	☐
Ich kann Kräuter und Gemüsesorten nennen.	☐	☐
Ich kann einige Rezepte verstehen.	☐	☐
Ich kann über meine Essgewohnheiten und über typisches Essen in meinem Heimatland berichten.	☐	☐
Ich kann im Restaurant Essen bestellen und meine Wünsche äußern.	☐	☐
Ich kann einfachere Texte über Wohnen und Essen verstehen.	☐	☐
Ich kann einen Text über die Wirkung von Farben verstehen und etwas über Farben sagen. *(fakultativ)*	☐	☐

Kapitel 8

Politik und Technik

Kommunikation

- Über Zeitungen und Zeitschriften berichten
- Nachrichten verstehen
- Über Umweltprobleme sprechen
- Die eigene Meinung ausdrücken, zustimmen, widersprechen
- Gebrauchsanweisungen verstehen
- Über Geräte und Technikprobleme berichten
- Ein Ziel angeben

Wortschatz

- Zeitungen/Zeitschriften
- Nachrichten: Politik, Wirtschaft, Kultur, Sport, Katastrophen
- Umwelt
- Meinungsäußerungen
- Erfindungen und Geräte

Neues aus dem In- und Ausland

A1 Diskussion

Diskutieren Sie in kleinen Gruppen und berichten Sie.

- Wo informieren Sie sich über Neuigkeiten?
in sozialen Netzwerken ▪ in Nachrichtenportalen oder Online-Zeitschriften im Netz ▪ im Radio ▪ im Fernsehen ▪ in der Zeitung ▪ …
- Lesen Sie eine bestimmte Tageszeitung, Wochen- oder Monatszeitschrift?
Wenn ja: In der Papierversion oder online?
- Wann haben Sie Ihre letzte Zeitung/Zeitschrift in Papierform gekauft?
- Für welche Themen interessieren Sie sich?
Politik ▪ Wirtschaft ▪ Wissenschaft ▪ Kultur ▪ Sport ▪ Klatsch ▪ Anzeigen ▪ …
- Kennen Sie diese deutschen Zeitungen bzw. Zeitschriften?

- Welche Informationen können Sie aus den Titelblättern entnehmen?
  a) Welche abgebildeten Beispiele sind Zeitungen?
  b) Welche Zeitschrift ist Ihrer Meinung nach eine politische Zeitschrift, eine populärwissenschaftliche Zeitschrift, eine Fachzeitschrift oder eine Frauenzeitschrift?

A2 Ein Gespräch über Zeitschriften

a) Hören Sie das folgende Gespräch zweimal und ergänzen Sie die fehlenden Informationen.

2.25

1. Der Zug von Marc hatte keine ....
2. Marc möchte seine .... noch ein bisschen verbessern.
3. Seine Frau sagt, er soll einfach mehr deutsche Zeitungen und .... lesen.
4. Marc interessiert sich vor allem für Politik, Wirtschaft und ....
5. Maria liest regelmäßig „Spiegel Online". Dort findet man Artikel zu verschiedenen Themen, auch zur aktuellen ....
6. Bei manchen interessanten Themen muss man aber die Zeitschrift in .... kaufen, die Artikel kann man in der kostenlosen Online-Ausgabe nicht lesen.
7. Mark hat sich am Bahnhof die Zeitschrift „GEO" gekauft. Darin steht ein Bericht über die neuen .... im Bereich Umweltschutz.
8. Maria hat in der Zeitschrift „GEO" einen spannenden Artikel über unser .... gelesen. Sie war total begeistert.

b) Schauen Sie auf die Internetseiten der genannten Zeitschriften und berichten Sie über die Themen der letzten Ausgabe.

A3 Zeitungen und Zeitschriften in Ihrem Heimatland

Berichten Sie über eine (bekannte/beliebte) Zeitung oder Zeitschrift in Ihrem Heimatland.

- Wie heißt die Zeitung/Zeitschrift?
- Wie oft und in welcher Form erscheint sie? *(online, in Papierform)*
- Was ist ihr Zielpublikum?
- Welche Rubriken enthält sie? *(Politik/Wirtschaft/Wissenschaft/Ausland/Kultur …)*
- Was kostet sie in der Online- oder der Papiervariante?
- Finden Sie diese Zeitung/Zeitschrift gut? Warum (nicht)?

- Diese Zeitung/Zeitschrift informiert/berichtet über … *(Akkusativ)*
- In dieser Zeitung/Zeitschrift findet man Informationen/Berichte über … *(Akkusativ)*
- Diese Zeitung/Zeitschrift beschäftigt sich mit … *(Dativ)*

A4 Nomen

a) *Der, die* oder *das*? Finden Sie den richtigen Artikel. Benutzen Sie, wenn nötig, ein Wörterbuch.

■ *die* Zeitung	5. .... Bild	10. .... Foto
1. .... Verlag	6. .... Seite	11. .... Anzeige
2. .... Politik	7. .... Information	12. .... Bericht
3. .... Leserin	8. .... Journalist	13. .... Nachricht
4. .... Artikel	9. .... Werbung	14. .... Regenbogenpresse

b) Welches Nomen passt? Ergänzen Sie die Nomen aus a), eventuell im Plural. (Manchmal gibt es mehrere Lösungen.)

1. In der Zeitschrift „GEO" kann man tolle .... von interessanten Orten bewundern.
2. Wenn ein .... einen Artikel schreibt, braucht er sehr gute ....
3. Du suchst doch eine neue Wohnung? Hast du in der Zeitung eine passende .... gefunden?
4. Ich interessiere mich nicht für ....
5. In der .... kann man viele .... über prominente Leute lesen.

A5 Nachrichten

Lesen Sie die Meldungen und ordnen Sie die Überschriften zu.

Kuh klingelt ▪ Banken verschlafen neuen Trend ▪ Aufruf im Internet ▪ Eröffnung der Leipziger Buchmesse ▪ Lotto-Glück ▪ Kaffeefirma verkauft Billigtickets

1 ....

....

Schon heute besitzen die über Fünfzigjährigen 48 Prozent des Geldvermögens in Deutschland. Finanzexperten glauben, dass dieser Anteil in den nächsten 20 Jahren auf 55 Prozent steigt. Doch nur 30 Prozent der Bankmanager interessieren sich für ältere Menschen und nur 20 Prozent der Finanzprodukte sind für Kunden über 50 geeignet. Ein Grund für das Desinteresse ist, dass viele Banken bei ihren Umstrukturierungen älteren Mitarbeitern gekündigt haben und die jüngeren Bankberater keinen guten Kontakt zu älteren Menschen aufbauen können.

2 ....

....

Die Stadt Hamburg hat kein Geld und muss ihren Haushalt unbedingt sanieren. Jetzt hatten die Hamburger eine tolle Idee: Die Einwohner können im Internet Vorschläge für die Sanierung des Haushalts machen. Jeder Bürger darf nun im Internet sagen, in welchen Bereichen die Stadt mehr oder weniger Geld ausgeben soll. Jeder Vorschlag wird von Beamten der Stadt geprüft.

3 ....

Handys werden immer kleiner und stabiler, aber ist das für alle ein Vorteil? In dem arabischen Land Oman half ein Mädchen ihrer Mutter beim Füttern der Kühe. Danach vermisste sie ihr Mobiltelefon. Als sie ihre Nummer von einem anderen Apparat aus wählte, hörte sie ein leises Klingeln. Das Klingeln kam aus dem Bauch einer Kuh. Der Kuh hat das Handy offensichtlich geschmeckt.

4 ....

Ein Rentner in Osnabrück hatte Glück: Stolz präsentierte er seiner Frau einen Lottoschein mit sechs richtigen Zahlen. Sein Gewinn betrug 350 000 Euro. Als seine Frau ebenfalls einen Lottoschein mit sechs richtigen Zahlen aus ihrer Tasche zog, war die Überraschung groß. Die Ehepartner haben das Lottospielen voreinander verheimlicht. „Jetzt müssen wir unseren Gewinn glücklicherweise nicht teilen", sagten die beiden Gewinner.

5 ....

Die Kaffeefirma Tchibo verkauft in einer Sonderaktion Europa-Flüge der Lufthansa. Mit Preisen ab 79 Euro für Hin- und Rückflug inklusive Steuern und Flughafengebühren unterbietet die Lufthansa ihre eigenen Billigangebote. Die Direktflüge werden in insgesamt 21 europäische Städte angeboten.

6 ....

Die Leipziger Buchmesse wird heute Abend im Gewandhaus feierlich eröffnet. 2 547 Aussteller aus 46 Ländern präsentieren ihre neuen Bücher. Unter dem Motto „Leipzig liest" haben die Veranstalter 3 400 Lesungen und Diskussionen geplant. In Leipzig werden 280 000 Besucher erwartet.

A6 Informationen aus dem Text

Ergänzen Sie die fehlenden Angaben.

1. Das Angebot der Kaffeefirma Tchibo für Europa-Flüge ist eine ....
   Die Lufthansa bietet Direktflüge in 21 europäische .... an.
2. An der Leipziger Buchmesse nehmen 2 547 .... aus 46 Ländern teil.
   Es werden 280 000 .... erwartet.
3. Über Fünfzigjährige besitzen 48 Prozent des .... in Deutschland, doch nur 20 Prozent der Finanzprodukte sind für .... über 50 geeignet.
4. Die Stadt Hamburg wartet auf .... ihrer Bürger für die Sanierung des Haushalts.
   Jeder Bürger darf sagen, in welchen .... die Stadt sparen soll.
5. Ein Ehepaar verheimlichte voreinander das Lottospielen. Als sich beide von ihrem Gewinn erzählten, war das eine große ....
6. Ist es für alle ein ...., wenn Handys immer kleiner werden?

A7

Textarbeit: Wortschatz

a) Welche Erklärung passt? Ordnen Sie zu.

(1) die Sonderaktion
(2) Billigangebote unterbieten
(3) die Lesung
(4) die Veranstalter
(5) Desinteresse
(6) Umstrukturierung
(7) ein Beamter
(8) etwas verheimlichen
(9) ebenfalls
(10) Handy
(11) Kühe füttern

(a) die Organisatoren
(b) Ein Schriftsteller liest etwas aus seinem Buch vor.
(c) auch
(d) ein Angestellter des Staates
(e) eine einmalige Aktion
(f) Eine Firma bzw. Bank will effektiver arbeiten.
(g) noch billiger sein als die „Billigangebote"
(h) kein Interesse haben
(i) Kühen etwas zu essen geben
(j) Mobiltelefon
(k) niemandem etwas erzählen

b) Ergänzen Sie die Verben.

interessieren ▪ präsentieren ▪ machen ▪ werden ▪ aufbauen ▪ verkaufen ▪ unterbieten

1. Die Kaffeefirma Tchibo .... in einer Sonderaktion Europa-Flüge der Lufthansa.
2. Mit Preisen ab 79 Euro .... die Lufthansa ihre eigenen Billigangebote.
3. 2 547 Aussteller aus 46 Ländern .... ihre neuen Bücher.
4. Doch nur 30 Prozent der Bankmanager .... sich für ältere Menschen.
5. Jüngere Bankberater können keinen guten Kontakt zu älteren Menschen ....
6. Die Einwohner von Hamburg können im Internet Vorschläge für die Sanierung des Haushalts ....
7. Handys .... immer kleiner und stabiler.

A8

Die Betonung des Vorgangs

Lesen Sie die folgenden Sätze aus den Texten. Unterstreichen Sie die Verben.

■ Die Direktflüge werden in insgesamt 21 europäische Städte angeboten.
1. Die Leipziger Buchmesse wird heute Abend im Gewandhaus feierlich eröffnet.
2. In Leipzig werden 280 000 Besucher erwartet.
3. Jeder Vorschlag wird von Beamten der Stadt geprüft.

Passiv: Präsens ⇨ Teil C Seite 234

Die Lufthansa bietet Direktflüge in 21 europäische Städte an. → Aktiv
In diesem Satz ist *die Lufthansa* (Person oder Institution) das Wichtigste.

Die Direktflüge werden in 21 europäische Städte angeboten. → Passiv
In diesem Satz ist *das Angebot* (der Vorgang) das Wichtigste.

Bei Nachrichten spielt der Vorgang eine große Rolle, deshalb benutzt man oft das Passiv.

Bildung des Passivs

	Aktiv	Passiv
anbieten	Die Lufthansa bietet Direktflüge an.	Direktflüge *werden* angeboten.
eröffnen	Der Bürgermeister eröffnet die Messe.	Die Messe *wird* eröffnet.
		→ *werden* + Partizip II

Was ist passiert?

Ergänzen Sie in den Passivsätzen die richtigen Verbformen.

■	Die Polizei verhaftet den Täter.	Der Täter *wird verhaftet*.
1.	Der Bankmitarbeiter berät die Kunden.	Die Kunden werden ....
2.	Die Veranstalter planen 3 400 Lesungen.	3 400 Lesungen ....
3.	Die Einwohner machen Vorschläge.	Vorschläge ....
4.	Die Geschäfte verkaufen immer mehr Handys.	Immer mehr Handys ....
5.	Die Firma ASSA baut im nächsten Jahr 1 000 Arbeitsplätze ab.	Im nächsten Jahr .... 1 000 Arbeitsplätze ....
6.	Seit gestern streiken die Mitarbeiter der Coca-Cola Getränke AG in Berlin.	Seit gestern .... bei der Coca-Cola Getränke AG ....
7.	Ab 1.1. erhöht die Bundesregierung die Steuern.	Die Steuern ....
8.	Der Finanzminister führt Gespräche über Sparmaßnahmen.	Gespräche über Sparmaßnahmen ....
9.	Heute wählen die Bürger ein neues Parlament.	Ein neues Parlament ....

A10

Nachrichten im Radio

Hören Sie die Nachrichten. Was ist richtig, was ist falsch? Kreuzen Sie an.

2.26

		richtig	falsch
1.	Die Wirtschaftsministerin war letzte Woche in Moskau.	☐	☐
2.	Sie will mit dem russischen Wirtschaftsminister über die wirtschaftlichen Beziehungen zwischen Deutschland und Russland sprechen.	☐	☐
3.	Der Finanzminister will, dass reiche Leute mehr Steuern bezahlen.	☐	☐
4.	Seit zwei Wochen streiken in Deutschland die Ärzte.	☐	☐
5.	Zurzeit werden in Universitätskliniken nur Notfälle behandelt.	☐	☐
6.	Gestern überfiel eine 41-jährige Verkäuferin einen Hamburger Supermarkt.	☐	☐
7.	Eintracht Frankfurt ist Pokalsieger.	☐	☐
8.	Heute wird es überwiegend sonnig.	☐	☐

A11

Verben aus den Hörtexten

Ergänzen Sie die Verben im Partizip II.

bedrohen ▪ fordern ▪ gewinnen ▪ festnehmen ▪ reisen ▪ treffen

1. Die deutsche Außenministerin ist am Freitag nach London ....
2. Sie hat sich dort mit ihrem britischen Amtskollegen zu einem Vier-Augen-Gespräch ....
3. Einige Mitglieder der Opposition haben den Rücktritt des Umweltministers ....
4. Ein ungefähr 30-jähriger Mann hat heute die Kassiererin in der Sparkasse mit einem Messer ....
5. Die Polizei hat den Räuber sofort ....
6. Beim Weltcuprennen in Garmisch-Partenkirchen hat Fritz Lustig den Abfahrtslauf der Herren ....

A12 Schlagzeilen

a) Lesen Sie diese Schlagzeilen. Schreiben Sie dazu kurze Texte.

4:0 gegen Lokomotive Zwickau:
Der FC Heidelberg ist deutscher Fußballmeister!

- gestern – das Endspiel um die Fußballmeisterschaft – stattfinden
- der legendäre Stürmer Franz Freitag – alle vier Tore – für Heidelberg – schießen
- Trainer Siegfried Fröhlich – über den Sieg – sehr glücklich sein
- in Heidelberg – viele Menschen – den Sieg – auf den Straßen – feiern
- die Stimmung in Zwickau dagegen – schlecht sein

Flugzeugabsturz in Peru
89 Menschen starben, ein Baby überlebte!

- heute früh gegen 10.30 Uhr – Flugzeug – in Peru – abstürzen
- 89 Menschen – ums Leben kommen
- ein Baby – den Unfall – überleben
- das Baby – jetzt – Krankenhaus – liegen

Streik in Hamburg und Berlin
Seit 4 Wochen sammelt niemand mehr den Müll ein!

Gewerkschaft:	Streik organisieren
Mitarbeiter:	mehr Lohn wollen – seit 5.9.: den Müll nicht einsammeln
Landesregierung und Gewerkschaft:	Verhandlungen führen – noch keinen Kompromiss finden
Müllberge auf der Straße:	wachsen
Einwohner:	unzufrieden sein mit der Situation

b) Welche Rubriken passen zu den Wörtern und Wendungen? Ordnen Sie zu.

Wirtschaft ▪ Katastrophen ▪ Außenpolitik ▪ Kultur ▪ Sport ▪ Innenpolitik

1. ....

eine Ausstellung/Buchmesse wird eröffnet ▪ Kunstwerke werden gezeigt ▪ Lesungen finden statt ▪ Besucher werden erwartet ▪ Veranstaltungen werden geplant/durchgeführt

2. ....

Bombenanschlag ▪ Flugzeugabsturz ▪ Menschen werden verletzt ▪ Erdbeben ▪ Häuser werden zerstört ▪ ums Leben kommen/sterben ▪ Überschwemmungen ▪ ein Unglück überleben

3. ....

Verhandlungen führen ▪ Gewerkschaften: einen Streik organisieren ▪ mehr Geld fordern ▪ weniger arbeiten wollen ▪ Steuern erhöhen ▪ den Finanzhaushalt sanieren ▪ Geld ausgeben/sparen ▪ Vorschläge machen

4. ....

umstrukturieren ▪ Mitarbeitern kündigen ▪ Arbeitsplätze schaffen ▪ ein Angebot machen/unterbieten ▪ eine Sonderaktion starten

5. ....

gewinnen ▪ verlieren ▪ Meister werden ▪ eine Medaille holen/gewinnen ▪ einen Sieg feiern ▪ sich freuen über …

6. ....

die Außenministerin reist heute nach … ▪ ein Vier-Augen-Gespräch führen ▪ die Gesprächsthemen sind …

c) Produzieren Sie mit Ihrer Nachbarin/Ihrem Nachbarn selbst Schlagzeilen. Verwenden Sie dazu Wörter und Wendungen aus Teil b).

Neues zum Thema Umwelt

A13 Umwelt

a) Welche Begriffe passen zu den Zeichnungen? Ordnen Sie zu.

Luftverschmutzung ▪ alternative Energien ▪ Naturkatastrophen ▪ Abfall ▪ Klima ▪ Energieverbrauch

1 

....

2 

....

3 

....

4 

....

5 

....

6 

....

b) Ordnen Sie die Oberbegriffe aus Teil a) zu.

- ■ Autoabgase, CO_2 — *Luftverschmutzung*
1. die Windenergie, das Windrad, die Sonnenenergie ....
2. die Veränderung, extreme Temperaturen ....
3. Überschwemmungen, Orkane, die Trockenheit ....
4. elektrische Geräte, die Straßenbeleuchtung, beleuchtete Werbung ....
5. Verpackungen, leere Plastikflaschen ....

A14 Veränderungen

Welche Entwicklung gibt es? Vermuten Sie. Bilden Sie Sätze.

- ■ Klima: sich verändern/gleich bleiben
  Ich glaube/denke, das Klima verändert sich.

1. Temperaturen: steigen/sinken/extremer werden
   ....
   ....
2. Naturkatastrophen: zunehmen/abnehmen
   ....
   ....
3. Luftverschmutzung: zunehmen/abnehmen/gleich bleiben
   ....
   ....
4. Energieverbrauch: steigen/sinken/gleich bleiben
   ....
   ....
5. Verkehr: zunehmen/abnehmen/gleich bleiben
   ....
   ....
6. Verpackungsabfälle: immer mehr/weniger werden
   ....
   ....

Antonyme

Wie heißt das Gegenteil?

etwas steigt	↑	↓	etwas ....
etwas nimmt zu	↑	↓	etwas ....
etwas wird mehr	↑	↓	etwas ....
etwas verändert sich	↔		etwas ....

Umweltschutz

a) Lesen und hören Sie den Text.

Umweltprobleme in Europa

Die Europäische Umweltagentur in Kopenhagen fordert in ihrem Jahresbericht „verstärkte Maßnahmen in den wichtigsten Bereichen des Umweltschutzes“. Der Bericht untersuchte die Umwelttrends in 31 europäischen Staaten.

Klima: Es gibt immer mehr Anzeichen für eine Veränderung des Klimas. Die Gletscher gehen zurück und viele Tier- und Pflanzenarten in den Weltmeeren sind bedroht.

Naturkatastrophen: Die Anzahl der Naturkatastrophen hat sich in den letzten Jahren verdoppelt. Die jährlichen Durchschnittskosten für die Folgen der Katastrophen betragen ungefähr zehn Milliarden Euro, mit steigender Tendenz.

Energieverbrauch: Der Energieverbrauch nimmt weiter zu. Alternative Energien (z. B. Sonnen- oder Windenergie) können helfen, den Rohstoffverbrauch zu reduzieren. Auch im Bereich des Verkehrs müssen die Regierungen neue Konzepte finden.

Luftverschmutzung: Viele Menschen in europäischen Großstädten leiden unter Luftverschmutzung durch Staub und Ozon. Das hat negative Folgen für die Gesundheit der Menschen.

Verpackungsabfälle: Auch immer mehr Müll bereitet Probleme: Es gibt zu viele Verpackungen. Die Politik muss etwas gegen die steigenden Verpackungsabfälle tun.

b) Vergleichen Sie die Trends mit Ihren Vermutungen in A14.

A17 Informationen aus dem Text

a) Was ist richtig, was ist falsch? Kreuzen Sie an.

		richtig	falsch
1.	Es gibt immer weniger Tier- und Pflanzenarten.	☐	☐
2.	Man kann nicht deutlich sehen, dass sich das Klima verändert.	☐	☐
3.	Die Folgen der Naturkatastrophen kosten sehr viel Geld.	☐	☐
4.	Der Verkehr hat mit den Energieproblemen nichts zu tun.	☐	☐
5.	Die Verpackungen verursachen steigende Müllprobleme.	☐	☐

b) Was kann man verbinden? Bilden Sie Komposita.

	der Schutz
die Umwelt	der Trend
die Verpackung	die Abfälle *(Pl.)*
das Klima	der Müll
die Luft	der Verbrauch
die Energie	die Katastrophen *(Pl.)*
die Natur	die Veränderung
	die Verschmutzung

der Klimaschutz, die Klimakatastrophen,
die Klimaveränderung ....

....

....

....

....

A18 Ihre Vorschläge

Schlagen Sie Veränderungen vor.

■ Der Energieverbrauch nimmt weiter zu. *(mehr alternative Energien nutzen)*
Man sollte/Wir sollten mehr alternative Energien nutzen.

1. Der Verkehr nimmt zu. *(neue Konzepte entwickeln)*

   ....

2. Immer mehr Menschen fahren mit dem Auto. *(Benzinpreis erhöhen)*

   ....

3. Der Verpackungsmüll wächst. *(keine Produkte mit großen Verpackungen kaufen)*

   ....

4. Wir verbrauchen zu viel Energie. *(weniger Energie verbrauchen)*

   ....

5. Die Luftverschmutzung ist hoch. *(Benzinverbrauch senken)*

   ....

Redemittel: Ihre Meinung

Sagen Sie Ihre Meinung!	Ich bin der Meinung/Ansicht, dass … Meiner Meinung nach … Ich glaube/Ich denke/Ich meine, dass …
Zustimmung:	Ich bin ganz/völlig deiner/Ihrer Meinung. Das finde ich auch. Ich denke darüber genauso. Ich bin mit *(Ihrem Vorschlag)*/damit einverstanden. Ich bin für *(Ihren Vorschlag)*/dafür.
Ablehnung:	Ich bin ganz/völlig anderer Meinung. Ich kann dir/Ihnen nicht zustimmen. Ich bin damit nicht einverstanden./Damit bin ich nicht einverstanden. Ich bin gegen *(Ihren Vorschlag)*/dagegen.

A19 Ihre Meinung

Spielen Sie kurze Dialoge. Formulieren Sie einen Vorschlag. Stimmen Sie zu oder lehnen Sie ab.

alle Menschen – am Wochenende – mit dem Fahrrad – fahren

Ich bin der Meinung, dass alle Menschen am Wochenende mit dem Fahrrad fahren sollten.
Meiner Meinung nach sollten alle Menschen am Wochenende mit dem Fahrrad fahren.

Ich bin ganz deiner/Ihrer Meinung.
Damit bin ich nicht einverstanden.

1. der Staat – die Steuern – erhöhen
2. die Arbeitgeber – die Arbeitszeiten – verkürzen
3. alle Menschen – bis zum 70. Lebensjahr – arbeiten
4. die Preise für öffentliche Verkehrsmittel – niedriger werden
5. die Stadt – mehr Häuser mit Nutzung der Sonnenenergie – bauen
6. die Supermärkte – keine Plastiktüten – mehr verkaufen
7. alle Menschen – auf ihren Energieverbrauch – mehr achten
8. die Politiker – seltene Tiere – besser beschützen
9. die Politiker – mit kleineren Autos – fahren
10. mehr Menschen – zu Hause – Urlaub machen

A20 Dafür oder dagegen?

Formulieren Sie Zustimmung oder Ablehnung. Benutzen Sie die Redemittel auf Seite 226.

■ Wir sollten überhaupt keine Parfümflaschen mit Verpackung mehr kaufen.
Da bin ich ganz anderer Meinung./Da kann ich Ihnen nicht zustimmen.

1. Vielleicht sollten wir nächste Woche alle mit dem Bus zur Arbeit fahren.
   ....
2. Die Politiker sollten mehr Geld für alternative Energien ausgeben.
   ....
3. Bist du dafür, dass wir jetzt zählen, wie viel Kopierpapier jeder Mitarbeiter verbraucht?
   ....
4. Es sollte in jeder Familie nur noch ein Auto geben.
   ....
5. Autos, die viel Benzin verbrauchen, sollten doppelt so viel Geld kosten.
   ....
6. Ich schlage vor, dass wir keine elektronischen Geräte mehr kaufen.
   ....
7. Die Gemeinde sollte nachts die Straßenbeleuchtung ausschalten.
   ....

Altes und Neues zum Thema Technik

A21 So kann man sich irren …

Lesen Sie.

Ich denke, es gibt weltweit einen Markt für vielleicht 5 Computer.
Thomas Watson, Vorsitzender von IBM, 1943

Wer zur Hölle will Schauspieler reden hören?
Warner Brothers über Tonfilme, 1927

Es gibt keinen Grund, warum irgendjemand einen Computer in seinem Haus haben wollte.
Ken Olsen, Präsident von Digital Equipment Corp., 1977

Schwerer als Luft? Flugmaschinen sind unmöglich.
Lord Kelvin, Präsident der Royal Society, 1895

A22 Erfindungen des 20. Jahrhunderts

a) Welche Erfindung halten Sie für die wichtigste Erfindung des 20. Jahrhunderts?

der Fernseher

das Handy

das Faxgerät

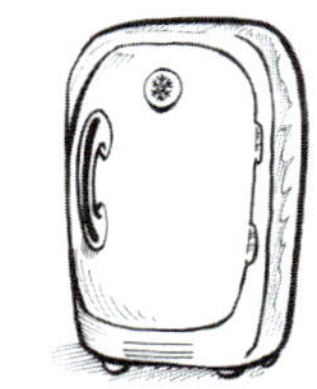
der Kühlschrank

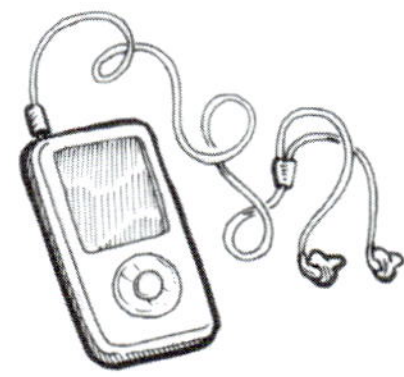
der MP3-Spieler

die Sofortbild-kamera

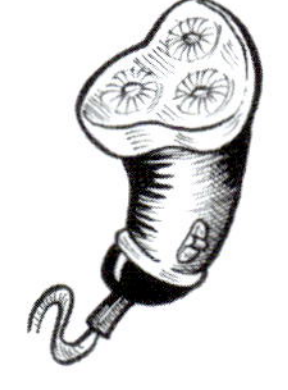
der elektrische Rasierapparat

der Z1 (der erste frei programmierbare Computer)

die Büroklammer

der Airbag

- Die wichtigste Erfindung ist für mich …
- Ich halte … für die wichtigste Erfindung.

b) Welche der oben genannten Erfindungen wurde in diesen Jahren gemacht? Raten Sie.

Ich glaube, 1901 wurde ....
1929 wurde ....
1941 wurde ....
1973 wurde ....
1987 wurde .... erfunden.

Passiv: Präteritum ⇨ Teil C Seite 234

Präsens	Der Fernseher wird erfunden.	Die Direktflüge werden angeboten.
Präteritum	Der Fernseher wurde erfunden.	Die Direktflüge wurden angeboten.

A23 Interview

Fragen Sie Ihre Nachbarin/Ihren Nachbarn und berichten Sie selbst. Welche Geräte benutzen Sie am häufigsten? Auf welche Geräte könnten Sie verzichten? Diskutieren Sie in kleinen Gruppen. Begründen Sie Ihre Auswahl.

der Kühlschrank ▪ die Geschirrspülmaschine ▪ die Kaffeemaschine ▪ die Mikrowelle ▪ die Waschmaschine ▪ der Fernseher ▪ die Stereoanlage ▪ der Laptop ▪ der MP3-Spieler ▪ das Handy/das Smartphone ▪ das Telefon ▪ der Elektroherd ▪ die Brotbackmaschine ▪ der Föhn ▪ die elektrische Zahnbürste ▪ der Computer ▪ die digitale Fotokamera ▪ der DVD-Spieler ▪ der Geldautomat ▪ der Fahrscheinautomat ▪ das Bügeleisen ▪ der Rasierapparat ▪ …

- Geräte, die ich unbedingt brauche: *der Föhn …*
- Geräte, auf die ich verzichten kann: *das Handy …*

A24 Phonetik: Konsonanten – sch [ʃ], sp [ʃp] und st [ʃt]

Hören und wiederholen Sie.

Kühlschrank [ʃ]

Maschine – Kühlschrank – Fahrscheinautomat – Russisch – schreiben – löschen – waschen – Fisch

Geschirrspülmaschine [ʃp]

sprechen – Spanisch – Sprache – spülen – spielen

verstehen [ʃt]

stehen – Studie – verstehen – streiten

Übung:

Welche Sprachen sprechen Sie?
Hast du die Wäsche in der Waschmaschine gewaschen?
Der Fischer fischt frische Fische.
Hast du keine Geschirrspülmaschine?

A25 Die Nutzung verschiedener Geräte

Wozu werden diese Geräte gebraucht? Antworten Sie.

■ eine Geschirrspülmaschine — *Eine Geschirrspülmaschine wird gebraucht, um schmutziges Geschirr zu spülen.*

1. eine Waschmaschine ....
2. eine Kaffeemaschine ....
3. ein Kühlschrank ....
4. ein Geldautomat ....
5. ein Elektroherd ....
6. eine Stereoanlage ....
7. eine Fotokamera ....
8. ein Föhn ....
9. ein Fahrscheinautomat ....
10. ein Bügeleisen ....
11. eine Brotbackmaschine ....

Ziel/Zweck (*Finalangaben*) ➪ Teil C Seite 237

Eine Geschirrspülmaschine wird gebraucht, um schmutziges Geschirr zu spülen.

um … zu + Infinitiv → Angabe eines Zwecks

A26 Wie gut ist Ihr Technikverständnis?

Fragen Sie Ihre Nachbarin/Ihren Nachbarn und berichten Sie.

- Können Sie Ihren DVD-Spieler programmieren?
- Können Sie Ihr Handy aufladen?
- Verstehen Sie einen Computerfachmann, wenn er Ihnen etwas erklärt?
- Können Sie ohne Probleme Fahrkartenautomaten bedienen?
- Können Sie Gebrauchs- bzw. Bedienungsanleitungen lesen?

A27 Gebrauchsanweisungen

Lesen Sie die folgenden Gebrauchsanweisungen. Um welche Geräte handelt es sich?

Bedienungs- und Sicherheitshinweise für KAT 7645

- Schließen Sie das Gerät nur an eine Steckdose mit 220 Volt an.
- Stellen Sie mit dem Schalter die gewünschte Stufe ein.
- Fassen Sie das Gerät nur am Griff an, es kann heiß werden.
- Benutzen Sie das Gerät nicht in der Nähe von Wasser und achten Sie darauf, dass das Gerät nicht nass wird.
- Wenn das Gerät in einem Badezimmer verwendet wird, ziehen Sie nach dem Gebrauch den Netzstecker.
- Benutzen Sie das Gerät nicht für synthetische Haarteile oder Perücken, denn die Wärmeeinwirkung kann den Fasern schaden.
- Im Fall von Überhitzung müssen Sie das Gerät sofort ausschalten. Nach einer Abkühlungsphase können Sie das Gerät wieder einschalten.

Es handelt sich um ....

Gebrauchsanweisung für M 8150

- Drücken Sie zum Öffnen der Tür auf die Taste „☼“.
- Stellen Sie das Geschirr auf den Drehteller. Der Drehteller garantiert eine gleichmäßige Erhitzung der Nahrung.
- Drücken Sie die Tür zu. Wenn die Tür nicht richtig geschlossen ist, kann man das Gerät nicht bedienen.
- Stellen Sie die gewünschte Zeit und die Leistungsstufe ein. Sie können 6 Leistungsstufen wählen: 80, 150, 300, 450, 600 oder 800 Watt. Dazu müssen Sie den Knopf „Leistung“ nach rechts drehen.
- Drücken Sie danach die Taste „Start“.
- Drücken Sie die Taste „Stopp“, wenn Sie den Vorgang unterbrechen möchten.
- Drücken Sie zweimal die Taste „Stopp“, um den Vorgang zu löschen.
- Wenn der Vorgang beendet ist, ertönt ein Signal.

Es handelt sich um ....

A28 Textarbeit: Wortschatz

a) Ergänzen Sie die Verben für die Gebrauchsanweisungen.

ziehen ▪ einschalten ▪ anschließen ▪ ausschalten ▪ drehen ▪ einstellen ▪ benutzen ▪ anfassen ▪ drücken

Man muss	das Gerät an eine Steckdose	....
	die gewünschte Stufe mit dem Schalter	....
	nach dem Gebrauch den Netzstecker	....
	im Fall von Überhitzung das Gerät sofort	....
	die Taste „Stopp“	....
	den Knopf „Leistung“ nach rechts	....
Man darf	das Gerät nur am Griff	....
	das Gerät nicht in der Nähe von Wasser	....
Man kann	nach einer Abkühlungsphase das Gerät wieder	....

b) Welche Nomen passen?

die Tür ▪ die Taste ▪ der Vorgang ▪ der Knopf ▪ das Gerät ▪ der Schalter

1. Was kann man drücken oder drehen? ....
2. Was kann man beenden oder unterbrechen? ....
3. Was kann man öffnen und schließen? ....
4. Was kann man anschließen, einschalten und ausschalten? ....

A29 Was muss man tun?

Kombinieren Sie.

(1) Um das Gerät gebrauchsfähig zu machen,
(2) Um die Tür zu öffnen,
(3) Um die Leistungsstufe zu wählen,
(4) Um den Vorgang zu unterbrechen,

(a) müssen Sie den Knopf nach rechts drehen.
(b) müssen Sie es anschließen.
(c) müssen Sie die Taste „Stopp" drücken.
(d) müssen Sie die Taste „☼" drücken.

A30 Noch zwei Geräte

a) Hören Sie zwei Dialoge. Über welche Geräte sprechen die Leute?

Gerät 1: .... Gerät 2: ....

b) Welche Wörter passen zu Gerät 1, welche zu Gerät 2? Ordnen Sie zu.

die Temperatur ▪ das Waschprogramm ▪ der Wassertank ▪ der Filter ▪ der Programmwähler ▪ die Trommel ▪ die Kanne ▪ das Fenster ▪ die Wolle ▪ die Wassermenge ▪ der Deckel

Gerät 1	Gerät 2
....	....
....	....
....	....
....	....

A31 Was stört Sie am häufigsten im Umgang mit Technik?

a) Lesen Sie das Umfrageergebnis in Deutschland.

Was am häufigsten im Umgang mit Technik stört

Unverständliche Bedienungsanleitungen	73 %
Reparaturen von kaputten Geräten sind zu teuer.	73 %
Viele Geräte haben zu viele Funktionen.	56 %
Wenn man bei einer Hotline anruft, wird man oft mit einem Sprachcomputer verbunden.	55 %
Viele Geräte werden zu schnell unmodern.	51 %
Leute vom Kundendienst sind schlecht erreichbar oder fachlich inkompetent.	50 %
Im Zusammenhang mit Computern und Handys wird zu viel „Fachchinesisch" gesprochen.	48 %
Im Internet gibt es zu viele unerwünschte Werbe-E-Mails.	47 %
Bei der Benutzung von Internet oder Handys sind persönliche Daten oft nicht geschützt.	42 %
Die neuen technischen Geräte kann man schwierig bedienen, z. B. sind die Tasten oft zu klein.	35 %
Zu viel Elektronik in den Autos führt häufig zu Pannen.	30 %

Quelle: nach „GEO"

b) Diskutieren Sie die Ergebnisse der Umfrage mit Ihrer Nachbarin/Ihrem Nachbarn. Berichten Sie über gemeinsame Technikprobleme.

Wissenswertes *(fakultativ)*

Diskussion

Sprechen Sie über die folgenden Fragen in kleinen Gruppen und berichten Sie anschließend.

- Interessieren Sie sich für Politik?
- Wissen Sie, wie die deutsche Bundeskanzlerin/der deutsche Bundeskanzler heißt?
- Wissen Sie, welche Parteien in Deutschland die Regierung bilden?

Politik in Deutschland

Lesen und hören Sie den Text.

Wer macht in Deutschland Politik?

Das Parlament der Bundesrepublik Deutschland ist der Deutsche Bundestag. Er befindet sich in Berlin. Seit der Wiedervereinigung am 3. Oktober 1990 ist Berlin gesamtdeutsche Hauptstadt und seit 1999 auch Parlaments- und Regierungssitz Deutschlands. Der Deutsche Bundestag wird direkt durch das Volk gewählt. Eine Regierungsperiode (Legislaturperiode) dauert vier Jahre. Die Regierungsgeschäfte werden von der Bundeskanzlerin/vom Bundeskanzler geführt.

Der Bundestag hat eine Vielzahl von Funktionen: Er entscheidet über neue Gesetze und ändert das Grundgesetz (die Verfassung). Er genehmigt die internationalen Verträge mit anderen Staaten und Organisationen und beschließt den Bundeshaushalt (das Budget des Landes). Der Bundestag kontrolliert ebenfalls den Einsatz der Bundeswehr (der Armee der Bundesrepublik).

Im Bundestag sitzen ca. 700 Abgeordnete aus verschiedenen Parteien. Die wichtigsten Parteien in Deutschland sind: die sozialdemokratische SPD, die konservativen Unionsparteien CDU und CSU, die liberale FDP, Bündnis '90/Die Grünen, Die Linke sowie die rechtspopulistische Alternative für Deutschland (AFD). Meistens bilden zwei oder drei Parteien eine Koalition und stellen die Regierung. Die Nicht-Regierungsparteien bilden die Opposition.

B3

Textarbeit: Wortschatz

a) Ergänzen Sie die passenden Wörter aus dem Text.

1. Der .... ist das deutsche Parlament.
2. Der .... oder die .... führt die Regierung in Deutschland.
3. Unter .... versteht man das Jahresbudget Deutschlands.
4. Der Name für die deutsche Armee ist: die ....
5. Die deutsche Verfassung heißt ....

b) Ergänzen Sie die Nomen.

Regierungssitz ▪ Volk ▪ Bundestag ▪ Hauptstadt ▪ Verfassung ▪ Bundeswehr ▪ Wahlperiode ▪ Bundeskanzlerin/Bundeskanzler ▪ Abgeordnete

1. Das Parlament der Bundesrepublik Deutschland ist der ....
2. Berlin ist seit 1990 .... und seit 1999 auch ....
3. Der Deutsche Bundestag wird direkt durch das .... gewählt.
4. Eine .... dauert vier Jahre.
5. Die Regierungsgeschäfte werden von der/dem .... geführt.
6. Der Bundestag darf die .... ändern und er kontrolliert den Einsatz der ....
7. Im Bundestag sitzen ca. 700 ....

Politik in Ihrem Heimatland

Berichten Sie.

- Wer regiert in Ihrem Heimatland?
- Wo befindet sich der Regierungssitz?
- Welche Parteien gibt es?
- Wer führt die Regierungsgeschäfte? *(eine Premierministerin/ein Premierminister, eine Staatspräsidentin/ein Staatspräsident, eine Kanzlerin/ein Kanzler, eine Königin/ein König …)*
- Wo und mit wem spricht man in Ihrem Heimatland über politische Themen? *(zu Hause/mit Freunden/mit Kollegen beim Geschäftsessen …)*

Wo macht man in Deutschland Politik?

a) Lesen und hören Sie den Text.

Das Reichstagsgebäude

Kein anderes Gebäude in Deutschland steht so eindrucksvoll für die Hoffnungen und Niederlagen der deutschen Demokratie wie das Reichstagsgebäude. Am 9. November 1918 wurde vom Balkon des Reichstags die „Deutsche Republik“ ausgerufen. Das war der Beginn der sogenannten „Weimarer Republik“. 15 Jahre später brannte das Reichstagsgebäude. Das Parlamentshaus und die Demokratie waren zerstört.

1945 war der Reichstag das militärische Endziel der Sowjetarmee. Die rote Fahne auf dem Gebäude stellte das Symbol der Niederlage Deutschlands im Zweiten Weltkrieg dar.

Durch den Mauerbau 1961 wurde das Reichstagsgebäude, das an der Grenze zu Ost-Berlin lag, zum Geschichtsdenkmal. Damals war der Reichstag nur noch der Ort der Ausstellung „Fragen an die deutsche Geschichte“ und spielte keine politische Rolle mehr.

Nach der politischen Wende 1990 in Deutschland gewann das alte Gebäude wieder an Bedeutung. Am 20. Juni 1991 beschloss der Deutsche Bundestag, das Reichstagsgebäude zum Sitz des Bundestages zu machen.

Einen völlig unpolitischen Erfolg feierte der Reichstag im Sommer 1995. Zwei Wochen lang kamen Besucher aus der ganzen Welt, um die Verhüllung des Gebäudes zu sehen. Dem Künstlerpaar Christo und Jeanne-Claude ist es gelungen, das in Stoff eingepackte Reichstagsgebäude zum Mittelpunkt eines sommerlichen Volksfestes zu machen.

Der Umbau des Reichstagsgebäudes begann am 24. Juli 1995 und dauerte fast vier Jahre. Im April 1999 eröffnete der Deutsche Bundestag das umgebaute Gebäude mit einer Feier, seit September 1999 finden die Sitzungen des Deutschen Bundestages im Reichstagsgebäude statt.

b) Geben Sie die Informationen aus dem Text in Kurzform wieder.

1918 *wurde die „Deutsche Republik“ ausgerufen.*

1933 ....

1945 ....

1961 ....

1991 ....

1995 ....

1999 ....

c) Schreiben Sie einen kleinen Text über ein berühmtes Gebäude, einen bedeutenden Politiker oder das politische System (Parteien, Regierung, Parlament, Staatsform usw.) in Ihrem Heimatland.

Verben

Das Passiv

	Aktiv	Passiv
anbieten	Die Lufthansa bietet Direktflüge an.	Direktflüge *werden* angeboten.
eröffnen	Der Bürgermeister eröffnet die Messe.	Die Messe *wird* eröffnet.
		→ *werden* + Partizip II

Bei einem Passivsatz steht die Handlung im Vordergrund, nicht die Person.

	Präsens	Präteritum
ich	werde gefragt	wurde gefragt
du	wirst gefragt	wurdest gefragt
er/sie/es	wird gefragt	wurde gefragt
wir	werden gefragt	wurden gefragt
ihr	werdet gefragt	wurdet gefragt
sie/Sie	werden gefragt	wurden gefragt

C1 Was ist denn los? Sind bei dir die Handwerker? Antworten Sie wie im Beispiel.

■ die Glühlampe wechseln — *Ja, die Glühlampe wird gerade gewechselt.*

1. die Wände neu streichen ....
2. das Wohnzimmer tapezieren ....
3. den Garten in Ordnung bringen ....
4. die Waschmaschine reparieren ....
5. die Garage umbauen ....
6. meine neuen Küchenmöbel einbauen ....
7. das ganze Haus renovieren ....
8. das Dach reparieren ....

C2 Wo wird was gemacht? Bilden Sie Sätze im Passiv.

Patienten untersuchen ▪ Autos zusammenbauen ▪ Haare schneiden und föhnen ▪ Medikamente verkaufen ▪ viel essen und trinken ▪ Brötchen backen und verkaufen

1. Beim Friseur *werden* ....
2. In der Apotheke ....
3. Beim Arzt ....
4. Beim Bäcker ....
5. Bei BMW ....
6. Auf einer Hochzeitsfeier ....

C3 Formulieren Sie Fragen wie im Beispiel.

- ■ Der Drucker ist kaputt. *(reparieren)* — *Wann wird er endlich repariert?*

1. Die Fenster sind schmutzig. *(putzen)* ....
2. Die Uhr ist kaputt. *(reparieren)* ....
3. Das Geschäft ist geschlossen. *(öffnen)* ....
4. Die neuen Computer sind nicht da. *(liefern)* ....
5. Dein Büro ist so unordentlich. *(aufräumen)* ....
6. Der Brief liegt immer noch hier. *(abschicken)* ....

C4 Bilden Sie Passivsätze im Präsens.

- ■ Die Kinderzeitschrift „Junior" – in der Schweiz – herausgeben
  Die Kinderzeitschrift „Junior" wird in der Schweiz herausgegeben.

1. „Junior" – in vielen kinderfreundlichen Geschäften – kostenlos anbieten
   ....
2. es – interessante Themen wie Sport, Musik und Technik – behandeln
   ....
3. auch Film- und Büchertipps – in der Zeitschrift – geben
   ....

C5 Bilden Sie Passivsätze im Präteritum.

- ■ 1941 – der Z1 – erfinden
  1941 wurde der Z1 erfunden.

1. im September – in Deutschland – ein neues Parlament – wählen
   ....
   ....
2. im letzten Jahr – die Steuern – erhöhen
   ....
   ....
3. die Automobilausstellung – gestern – eröffnen
   ....
   ....
4. im letzten Jahr – 10 000 Billigtickets – verkaufen
   ....
   ....

C6 Welches Verb passt? Ordnen Sie zu.

(1) einen Kompromiss → (b)	(a) bedienen
(2) Verhandlungen	(b) finden
(3) Kontakt zu Menschen	(c) erhöhen
(4) einen Vorschlag	(d) aufbauen
(5) ein Gerät	(e) kaufen
(6) die Preise	(f) eröffnen
(7) einen Lottoschein	(g) machen
(8) die Ausstellung	(h) führen

C7 Welches Verb passt zu allen Nomen?

anbieten ▪ führen ▪ präsentieren ▪ verhaften ▪ zahlen

1. ein Gespräch – eine Verhandlung – eine Debatte ....
2. den Täter – den Mörder – den Bankräuber ....
3. Steuern – Gebühren – die Rechnung ....
4. ein neues Produkt – ein Projekt – ein neues Modell ....
5. Billigflüge – ein Haus zum Verkauf – eine Tasse Kaffee ....

C8 Festigen Sie die Verben mit Präpositionalobjekt. Ergänzen Sie die passenden Präpositionen.

▪ Wo informieren Sie sich *über* Neuigkeiten? → sich informieren *über*
1. .... welche Themen interessieren Sie sich? → sich interessieren ....
2. Diese Zeitschrift berichtet .... Mode und Kosmetik. → berichten ....
3. Diese Zeitung beschäftigt sich .... aktueller Politik. → sich beschäftigen ....
4. Die Trainerin freute sich .... den Sieg ihrer Mannschaft. → sich freuen ....
5. Viele Menschen in europäischen Großstädten leiden .... der Luftverschmutzung. → leiden ....
6. Die Politik muss etwas .... die steigenden Verpackungsabfälle tun. → etwas tun ....
7. Achten Sie .... die Temperatur. → achten ....

Nomen

C9 Welches Wort passt nicht?

Innenpolitik:
Verhandlungen – Gewerkschaften – Streik – Geld – Weltmeisterschaft *Weltmeisterschaft*

Wirtschaft:
Arbeitsplätze – Mitarbeiter – Besucher – Umstrukturierung – Angebot ....

Außenpolitik:
Minister – Meister – Reise – Gesprächsthemen – Vier-Augen-Gespräch ....

Kunst:
Lesung – Ausstellung – Veranstaltung – Überschwemmung ....

Wissenschaft:
Erfindung – Unterhaltung – Entdeckung – Forschung – Untersuchung ....

Sport:
schwimmen – laufen – sammeln – reiten – boxen ....

Umwelt:
Windenergie – Luftverschmutzung – Klima – Energieverbrauch – Gehaltserhöhung ....

Urlaub:
Sonnencreme – Führerschein – Fotoapparat – Kopiergerät – Pass ....

C10 Wiederholen Sie die Nomen im Bereich Geräte und Technik.

a) Wie heißt der Singular?

b) *der – die – das*? Ordnen Sie die Singularformen zu.

Kühlschränke ▪ Geschirrspülmaschinen ▪ Mikrowellen ▪ Fernseher ▪ Stereoanlagen ▪ Laptops ▪ MP3-Spieler ▪ Handys ▪ Faxgeräte ▪ Telefone ▪ Elektroherde ▪ Föhne ▪ Zahnbürsten ▪ Fotokameras ▪ Geldautomaten ▪ Rasierapparate ▪ Erfindungen ▪ Tasten ▪ Türen ▪ Schalter ▪ Steckdosen

der	die	das
der Kühlschrank, ...	....	....
....	....	....
....	....	....
....	....	....
....	....	....
....	....	....
....	....	....

Sätze

Finalsätze

Wozu? Eine Geschirrspülmaschine wird gebraucht, um schmutziges Geschirr zu spülen.

um … zu + Infinitiv → Angabe eines Zwecks

Die handelnden Personen im Hauptsatz und im Nebensatz sind identisch.

Ich mache eine Diät, **um** ab**zu**nehmen.
Bei trennbaren Verben steht *zu* nach dem Präfix.

C11 Geben Sie einen Zweck/ein Ziel an. Antworten Sie.

■ Wozu fährst du an die Nordsee? *(mich erholen)* — *Ich fahre an die Nordsee, um mich zu erholen.*

1. Wozu gehst du ins Reisebüro? *(eine Reise buchen)* ....
2. Wozu fährst du nach Afrika? *(Tiere fotografieren)* ....
3. Wozu fährst du an den Südpol? *(Pinguine sehen)* ....
4. Wozu liest du ein Buch über die Alpen? *(mich informieren)* ....
5. Wozu isst du so viel? *(zunehmen)* ....
6. Wozu rufst du jetzt Frau König an? *(einen Termin vereinbaren)* ....
7. Wozu brauchst du ein Auto? *(zur Arbeit fahren)* ....
8. Wozu lernen Sie Deutsch? *(mit Kollegen auf Deutsch sprechen)* ....
9. Wozu fahren Sie nach London? *(an einer Konferenz teilnehmen)* ....
10. Wozu fährst du nach Frankreich? *(Französisch lernen)* ....
11. Wozu brauchst du dieses Gerät? *(Brot backen)* ....

C12 Formulieren Sie Sätze mit *um … zu* für eine Gebrauchsanweisung.

■ Drücken Sie zweimal die Stopptaste, … *(Vorgang löschen)*
Drücken Sie zweimal die Stopptaste, *um den Vorgang zu löschen.*

1 Drücken Sie die Taste „☼", … *(Tür öffnen)*

....

....

2 Drehen Sie den Knopf nach rechts, … *(Leistungsstufe wählen)*

....

....

3 Benutzen Sie diesen Schalter, … *(Temperatur einstellen)*

....

....

4 Drücken Sie einmal auf diese Taste, … *(Vorgang unterbrechen)*

....

....

5 Stecken Sie den Netzstecker in die Steckdose, … *(Gerät anschließen)*

....

....

6 Drücken Sie auf „Start", … *(Essen erwärmen)*

....

....

Präpositionen

C13 Verwenden Sie die richtige Präposition.

auf ▪ in ▪ an	1. .... der Buchmesse präsentieren 2 547 Aussteller aus 46 Ländern ihre neuen Bücher.
mit ▪ in ▪ über	2. .... den nächsten 20 Jahren wird das Vermögen der älteren Leute weiter steigen.
am ▪ über ▪ im von ▪ mit ▪ für	3. Die Hamburger können .... Internet Vorschläge .... die Sanierung des Haushalts machen.
in ▪ nach ▪ auf beim ▪ für ▪ von	4. .... dem arabischen Land Oman half ein Mädchen ihrer Mutter .... Füttern der Kühe.
von ▪ aus ▪ unter	5. Das Handyklingeln kam .... dem Bauch einer Kuh.
auf ▪ unter ▪ im	6. Die Müllberge .... der Straße wachsen.
über ▪ von ▪ mit	7. Die Einwohner sind .... der Situation unzufrieden.
von ▪ für ▪ mit	8. Die Durchschnittskosten .... die Folgen der Katastrophen betragen zehn Milliarden Euro.
für ▪ seit ▪ von	9. Die Luftverschmutzung hat negative Folgen .... die Gesundheit.
zum ▪ für ▪ vor in ▪ gegen ▪ auf	10. Drücken Sie .... Öffnen der Tür .... die Taste „R".
mit ▪ von ▪ in	11. Stellen Sie .... dem Schalter die gewünschte Stufe ein.
auf ▪ in ▪ mit	12. Benutzen Sie das Gerät nicht .... der Nähe von Wasser.

Präpositionen mit dem Dativ *(Wiederholung)*

	Kurzformen	Beispielsätze	
ab		Das Flugzeug fliegt ab Frankfurt. Ab nächster Woche habe ich Urlaub.	*(lokal)* *(temporal)*
aus		Ich komme aus der Türkei. Die Tür ist aus Holz. Sie heiratete ihn aus Liebe.	*(lokal)* *(modal)* *(kausal)*
bei	bei + dem = beim	Er wohnt bei seinen Eltern. Sie sieht beim Essen fern. Bei diesem Regen gehe ich nicht spazieren.	*(lokal)* *(temporal)* *(kausal)*
mit		Ich fahre mit dem Zug. Sie trinkt Kaffee mit Zucker.	*(modal)* *(modal)*
nach		Meiner Meinung nach steigen die Benzinpreise noch. Ich fahre nach Hause. Nach dem Essen gehe ich ins Bett.	*(modal)* *(lokal)* *(temporal)*
seit		Es regnet seit zwei Tagen.	*(temporal)*
von	von + dem = vom	Ich komme gerade vom Zahnarzt. Das ist der Schreibtisch vom Chef.	*(lokal)* *(Genitiversatz)*
zu	zu + dem = zum zu + der = zur	Ich gehe zu Fuß. Zum Glück schneit es nicht. Ich gehe zum Bahnhof.	*(modal)* *(modal)* *(lokal)*

C14 Ergänzen Sie die Präposition, eventuell die Kurzform und die Artikelendung.

■ Wohin gehst du? – Ich gehe *zum* Arzt.

1. Fritz wohnt im Moment .... sein........ Freundin.
2. Hast du dir das Bein .... Fußballspielen gebrochen?
3. Marijke kommt .... d........ Niederlanden, Tamara kommt .... d........ Ukraine.
4. Wie trinkst du deinen Tee? – .... Milch, bitte.
5. Was, du hattest einen Unfall? – .... Glück ist ja nichts passiert!
6. Was macht ihr .... d........ Abendessen?
7. Sind diese Möbel .... Holz?
8. Ich warte .... zwei Wochen auf einen Anruf .... Peter.
9. Meiner Meinung .... sagt Otto nicht die Wahrheit.
10. Kommst du mit? Ich fahre .... Flughafen.
11. Fährst du .... d........ Auto? – Nein, ich fahre .... d........ Straßenbahn.
12. Opa ist noch nie .... ein........ Flugzeug geflogen.
13. Das Wetter ist schrecklich. Es regnet .... ein........ Woche.
14. Ist das nicht das Handy .... dein........ Bruder?
15. Der Film läuft .... ein........ Stunde.
16. Klaus telefoniert mal wieder .... sein........ Mutter.
17. Die Schauspielerin hat den Diamantring .... ein........ Verehrer bekommen.

Gesamtwiederholung

Wählen Sie die Themen aus, die Sie gerne noch einmal üben möchten.

C15 Reflexive Verben

Ergänzen Sie die Reflexivpronomen.

■ Ich erinnere *mich* nicht gern an meine Schulzeit.

1. Er bedankt .... für das Geschenk.
2. Ärgerst du .... über die schlechte Note?
3. Interessieren Sie .... für gefährliche Tiere?
4. Wir treffen .... im BMW Museum.
5. Ich muss .... noch umziehen.
6. In wen hat .... Marianne verliebt?

C16 Verben im Perfekt

Ergänzen Sie Verben im Perfekt.

■ arbeiten: Wie lange *hast* du *gearbeitet*?

1. fliegen: Wann .... Peter nach London ....?
2. lösen: .... ihr das Problem ....?
3. einkaufen: Was .... du ....?
4. aufstehen: Wann .... du ....?
5. essen: Was .... ihr ....?
6. übernachten: Wo .... ihr ....?
7. lesen: Welches Buch .... du im Urlaub ....?
8. reparieren: .... Carla den Computer schon ....?

C17 Präteritum der Verben

Ergänzen Sie die Verben im Präteritum.

studieren ▪ wohnen ▪ sein ▪ gewinnen ▪ machen ▪ beginnen

Florian Henckel von Donnersmarck wurde am 2. Mai 1973 in Köln geboren. In seiner Kindheit und Schulzeit .... er mit seinen Eltern in New York, Berlin, Frankfurt und Brüssel. Er .... das Abitur mit einer Note von 1,0. Danach .... er zwei Jahre in St. Petersburg und von 1993 bis 1996 am New College in Oxford. Nach dem Studium .... seine Arbeit als Filmregisseur mit einem Regie-Praktikum bei Richard Attenborough. Der erste Langfilm von Florian Henckel von Donnersmarck .... der Film „Das Leben der Anderen", der von der Arbeit der Staatssicherheit in der DDR handelt. Am 25. Februar 2007 .... er den Oscar für den besten fremdsprachigen Film.

C18 Modalverben

Schreiben Sie Sätze im Präteritum.

■ Ich kann das Problem nicht lösen. — *Ich konnte das Problem nicht lösen.*

1. Jutta soll Frau Schreiber zurückrufen. ....
2. Die Praktikantin muss das Protokoll schreiben. ....
3. Vor dem Eingang darf man nicht parken. ....
4. Peter will gern mal nach New York fliegen. ....

C19 Wünsche

Ergänzen Sie *hätte, wäre* oder *würde.*

- ■ Antonia hat kein Auto, aber sie *hätte* gern eins.

1. Rainer ist nicht reich, aber er .... es gern.
2. Joachim ist zurzeit arbeitslos, er .... aber gern wieder arbeiten.
3. Bettina hat keinen Laptop, aber sie .... gern einen.
4. Juliane ist krank, sie .... gern wieder gesund.
5. Inge wohnt in einem kleinen Zimmer, sie .... lieber in einer großen Wohnung wohnen.
6. Axel fühlt sich so alt, er .... gern jünger.

C20 Höflichkeit

Sagen Sie es höflicher.

- ■ Guten Tag, kann ich bitte Herrn Sommer sprechen? — Guten Tag, *könnte* ich bitte Herrn Sommer sprechen?

1. Haben Sie heute Zeit? ....
2. Zeigen Sie mir den Weg zur Kantine? ....
3. Reparieren Sie den Kopierer bitte ganz schnell! ....
4. Können Sie mich vom Bahnhof abholen? ....

C21 Empfehlungen

Formulieren Sie Sätze mit *sollten.*

- ■ Ich kann nicht singen. *(es einfach mal versuchen)*
  Vielleicht solltest du es einfach mal versuchen.

1. Ich kann kein Englisch. *(einen Sprachkurs besuchen)*
   ....
2. Ich kann nicht schlafen. *(abends nicht mehr fernsehen)*
   ....
3. Ich kann nicht gut Auto fahren. *(ein paar Fahrstunden nehmen)*
   ....

C22 Genus der Nomen

Der, die oder das? Achten Sie auf die Endungen.

- ■ *die* Physik

1. .... Universität
2. .... Lampe
3. .... Architektin
4. .... Fernseher
5. .... Studium
6. .... Information
7. .... Lösung
8. .... Essen

C23 Artikel ohne Nomen

Ergänzen Sie *(k)einen, (k)eins, (k)eine, welche.*

- ■ Hast du einen Stift für mich? — Ja, ich habe *einen*.

1. Hast du ein Radio für mich? — Nein, ich habe ....
2. Hast du eine warme Mütze für mich? — Ja, ich habe ....
3. Hast du ein paar Kopfschmerztabletten für mich? — Ja, ich habe ....
4. Hast du einen Fotoapparat für mich? — Nein, ich habe ....
5. Hast du ein Handy für mich? — Ja, ich habe ....
6. Hast du ein paar Kekse oder Bonbons für mich? — Ja, ich habe ....

C24 Nomengruppe

Ergänzen Sie die Angaben im Dativ.

1. Wir fahren mit *(ein, modern, Bus)* *einem modernen Bus* / *(ein, alt, Auto)* ....
2. Möchten Sie ein Zimmer mit *(ein, groß, Balkon)* .... / *(eine, schön, Aussicht)* ....?
3. Fährst du mit *(deine, neu, Freundin)* .... / *(dein, klein, Bruder)* ....?

C25 Nomengruppe

Ergänzen Sie die Adjektive in der richtigen Form.

Liebe Gisela,

vielen Dank für dein *schönes* *(schön)* Geschenk. Es war wirklich eine .... *(groß)* Überraschung! Schade, dass du nicht auf meiner .... *(toll)* Party warst! Es waren viele Leute da: Martina hat ihren .... *(französisch)* Freund mitgebracht, Susanne kam mit ihrem .... *(klein)* Hund. Es gab .... *(lecker)* Essen und .... *(spanisch)* Rotwein. Nach dem Essen haben wir .... *(griechisch)* Musik gehört – Costa hat sich das gewünscht. Vielleicht hast du das nächste Mal Zeit.

.... *(herzlich)* Grüße. Deine Maxima

C26 Komparation der Adjektive

Ergänzen Sie die Adjektive im Positiv, Komparativ und Superlativ.

1. kalt: Im Winter ist es in Italien *kalt*. In Schweden ist es *kälter*. Doch am .... ist es in Norwegen.
2. gern: Ich fahre im Urlaub .... in die Türkei. Noch .... fahre ich nach Portugal. Aber am .... bleibe ich zu Hause.
3. groß: Ein Tiger ist .... Ein Nashorn ist .... Ein Elefant ist am ....
4. frisch: Das Obst im Supermarkt ist .... Das Obst beim Gemüsehändler ist .... Das Obst bei meiner Mutter im Garten ist am ....
5. gut: Max kann .... kochen. Georg kocht .... als Max. Doch ich koche am ....

C27 Negation

Ergänzen Sie *nicht* oder *kein-*.

- Ich trinke *keinen* Kaffee, ich trinke Tee.

1. Ich komme .... mit ins Kino. Ich habe heute .... Lust.
2. Matthias kann .... schwimmen.
3. Nein, ich habe dich .... angerufen.
4. Ich habe dieses Jahr .... Urlaub mehr.

C28 Negation

Ergänzen Sie *niemand, nichts* oder *nie*.

- ■ Fritz kommt immer zum Sportunterricht, Karl kommt *nie*.
1. Zur Party von Angela kamen alle, zur Party von Oskar kam ....
2. Hast du in der Apotheke alles bekommen?
   Nein, ich habe .... bekommen.
   Die Apotheke hatte geschlossen.
3. Haben Sie schon einmal eine Medaille gewonnen?
   Nein, ich habe noch .... eine Medaille gewonnen.
4. Hast du schon was von Martha gehört, seit sie in Norwegen wohnt?
   Nein, ich habe noch .... von Martha gehört.

C29 Direkter Kasus

Was ist richtig: *mir* oder *mich*? Unterstreichen Sie.

- ■ Wann kommst du *mir/mich* besuchen?
1. Kannst du *mir/mich* mal helfen?
2. Wann rufst du *mir/mich* wieder an?
3. Warum zeigst du *mir/mich* das Foto nicht?
4. Würden Sie *mir/mich* einen Kaffee bringen?
5. Warum liebst du *mir/mich* nicht?

C30 Präpositionaler Kasus

Was ist richtig? Unterstreichen Sie.

- ■ Ich gratuliere dir *zum/mit/von* Geburtstag.
1. Erinnerst du dich noch *auf/an/für* Frau Krüger?
2. Heinz interessiert sich *an/in/für* moderne Kunst.
3. Hast du dich *für/bei/mit* die Karte bedankt?
4. Birgit ist *mit/in/auf* Christoph verliebt.
5. Denkst du auch oft *an/über/für* den schönen Sommer?
6. Wenn du ein Problem hast, musst du *an/zu/mit* mir reden.

C31 Temporalangaben

Was ist richtig: *am, im* oder *um*? Unterstreichen Sie.

Wann treffen wir uns? Wir treffen uns …

- ■ *am/um/im* 10.30 Uhr
1. *am/im/um* Nachmittag
2. *am/im/um* Mittwoch
3. *am/um/im* Wochenende
4. *am/im/um* August
5. *am/im/um* 6. Juni

C32 Orts- und Richtungsangaben

Was ist richtig? Unterstreichen Sie.

- ■ Wo ist Susi? Sie ist *im/ins/auf dem* Kino.
1. Wohin fliegst du? Ich fliege *in/nach/zum* Moskau.
2. Hast du meinen Pullover gesehen? Ja, er liegt *in den/im/zum* Schrank.
3. Wohin hast du das schöne Bild gehängt? Es hängt *über dem/im/auf* Sofa.
4. Ich bin so müde. Ich gehe *nach/im/ins* Bett.
5. Wo ist Bello? Er ist *im/in/am* Garten.
6. Meine Tante kommt! Ich muss ganz schnell *nach/zum/im* Bahnhof fahren.

C33 Wo oder wohin?

Ergänzen Sie die Verben *stellen, stehen, sitzen, setzen, legen, liegen* und *hängen.*

■ Die Katze *liegt* unter dem Sofa.

1. Wo .... das Kopiergerät?
2. Frau Krumm .... das Fax auf Marias Schreibtisch.
3. Max .... die Gläser in die Geschirrspülmaschine.
4. Ist das deine Jacke, die dort an der Garderobe ....?
5. Ich .... bei Besprechungen immer neben dem Chef.
6. Kannst du bitte die Lampe neben das Sofa ....?
7. Wo .... die Akte XYZ? – Sie .... auf dem Fußboden.
8. Bitte .... Sie sich.

C34 Gründe und Bedingungen

Ergänzen Sie *wenn, weil* oder *denn.*

■ Ich kann die Rechnung nicht bezahlen, *weil* ich mein Geld zu Hause vergessen habe.

1. Ich besuche dich, ... ich Zeit habe.
2. Ich kaufe meine Brötchen beim Bäcker, ... dort sind sie immer frisch.
3. Anna kommt zu spät, ... sie im Stau steht.
4. Ich kann die Arbeit schaffen, ... du mir hilfst.

C35 Gründe und Gegengründe

a) Ergänzen Sie *weil* oder *obwohl.*

■ Jutta kann nicht kommen, *weil* sie krank ist.

1. Ich muss heute mit der Straßenbahn fahren, ... mein Auto kaputt ist.
2. Er geht früher nach Hause, ... er noch viel zu tun hat.
3. Sie segelt gern, ... sie nicht schwimmen kann.
4. Frau Lutz ist müde, ... sie zu viel gearbeitet hat.

b) Ergänzen Sie *deshalb* oder *trotzdem.*

1. Axel verdient wenig Geld, ... fährt er ein teures Motorrad.
2. Olaf hat immer alle Hausaufgaben gemacht, ... spricht er schon gut Deutsch.
3. Carola hat Kopfschmerzen, sie bleibt .... im Bett.
4. Ich habe keinen Termin vereinbart, hoffentlich hat die Chefin .... Zeit für mich.

C36 Indirekte Fragen

Ergänzen Sie *wie viele, was, warum, wie lange, wann, wo* oder *wer.*

Weißt du, …

■ *wann* Christel zurückkommt?

1. .... das Kopierpapier liegt?
2. .... der Chef gesagt hat?
3. .... die Stelle bekommen hat?
4. .... die Besprechung dauert?
5. .... Carmen heute nicht gekommen ist?
6. .... Gäste kommen?
7. .... meine Brille ist?

C37 Aussage oder indirekte Frage?

Ergänzen Sie *dass* oder *ob*.

- ■ Ich weiß, *dass* Carola heute nicht kommt.
1. Ich weiß nicht, ... der Film gut ist. Ich habe ihn noch nicht gesehen.
2. Ich glaube nicht, ... sich Maria für moderne Kunst interessiert.
3. Es freut mich, ... du eine neue Stelle bekommen hast.
4. Ich habe keine Ahnung, ... das Kopiergerät wieder geht.
5. Ich bin der Meinung, ... die Politiker keine großen Autos mehr fahren dürfen.
6. Ich kann Ihnen nicht sagen, ... Herr Grün im Büro ist.

C38 Relativsätze

Ergänzen Sie die Relativpronomen: *die, der, das* oder *dem*.

Ich wünsche mir:

- ■ eine Wohnung, *die* groß und hell ist.
1. ein Auto, ... wenig Benzin verbraucht.
2. einen Freund, mit .... ich tanzen gehen kann.
3. eine Kollegin, ... gerne anderen Kollegen hilft.
4. einen Chef, ... mich versteht.
5. eine Zeitung, ... keine Werbung enthält.
6. ein Sofa, auf .... ich schlafen kann.
7. einen Computer, ... immer funktioniert.

C39 Temporalsätze

Ergänzen Sie *wenn* oder *als*.

- ■ Wo hast du gewohnt, *als* du klein warst?
1. Ich kann erst fahren, ... meine Frau nach Hause kommt.
2. Ich habe diese Schuhe gekauft, ... ich in Rom war.
3. Herr Sommer war jedes Mal im Louvre, ... er in Paris war.
4. Ich habe meinen Mann kennengelernt, ... ich studiert habe.
5. Wir können in die Kneipe gehen, ... ich mit der Arbeit fertig bin.
6. Peter mochte keinen Spargel, ... er klein war.
7. Sie war nicht da, ... ich sie gestern anrief.

C40 Infinitiv mit *zu*

Ergänzen Sie.

nachts durch die Stadt laufen ▪ alle Aufgaben ohne Fehler machen ▪ hier parken ▪ Essen kochen ▪ viel schlafen

- ■ Ich habe keine Lust, *Essen zu kochen*.
1. Ich habe keine Angst, ...
2. Ich empfehle dir, ...
3. Es ist verboten, ...
4. Es ist ziemlich schwer, ...

Rückblick

Wichtige Redemittel

Hier finden Sie die wichtigsten Redemittel des Kapitels.

Zweisprachige Redemittellisten finden Sie hier: **www.schubert-verlag.de/wortschatz**

Zeitungen/Zeitschriften

regelmäßig eine Zeitung/eine Zeitschrift lesen ▪ Die Zeitschrift erscheint *(täglich/wöchentlich/monatlich)*. ▪ Die Zeitung informiert/berichtet über … ▪ In dieser Zeitung findet man Informationen/Berichte über … ▪ Die Zeitung beschäftigt sich mit …/enthält folgende Rubriken: *(Politik, Wirtschaft, Wissenschaft, Ausland, Kultur)*.

Nachrichten

Aus der Wirtschaft/Innenpolitik: Verhandlungen führen ▪ Die Gewerkschaften organisieren einen Streik. ▪ für bessere Arbeitsbedingungen streiken ▪ mehr Geld fordern ▪ Steuern erhöhen ▪ den Finanzhaushalt sanieren ▪ Geld ausgeben/sparen ▪ einen Betrieb umstrukturieren ▪ Mitarbeitern kündigen ▪ Arbeitsplätze schaffen ▪ ein Angebot machen/unterbieten ▪ eine Sonderaktion starten

Außenpolitik: Die Außenministerin reist heute nach … ▪ ein Vier-Augen-Gespräch führen ▪ die Gesprächsthemen sind …

Katastrophen: der Bombenanschlag ▪ der Flugzeugabsturz/Ein Flugzeug ist abgestürzt. ▪ Überschwemmungen ▪ Erdbeben ▪ Häuser werden zerstört. ▪ Menschen kommen ums Leben/sterben. ▪ Menschen werden verletzt. ▪ Jemand überlebt ein Unglück.

Kultur: Eine Ausstellung/Buchmesse wird eröffnet. ▪ Kunstwerke werden gezeigt. ▪ Lesungen finden statt. ▪ Veranstaltungen werden geplant/durchgeführt. ▪ Besucher werden erwartet.

Sport: ein Spiel/einen Wettkampf gewinnen/verlieren ▪ Meister werden ▪ eine Medaille holen/gewinnen ▪ sich über einen Sieg freuen ▪ einen Sieg feiern

Umwelt

Das Klima verändert sich. ▪ Die Temperaturen steigen/werden extremer. ▪ Die Naturkatastrophen nehmen zu/haben sich verdoppelt. ▪ Der Energieverbrauch steigt. ▪ Alternative Energien können helfen. ▪ Die Luftverschmutzung nimmt zu. ▪ Es gibt immer mehr Verpackungsabfälle. ▪ Der Müll bereitet Probleme. ▪ Einige Tier- und Pflanzenarten sind bedroht.

Meinungsäußerung

Allgemein: Ich bin der Meinung/Ansicht, dass … ▪ Meiner Meinung nach … ▪ Ich glaube/denke/meine, dass …

Zustimmung: Ich bin ganz/völlig deiner/Ihrer Meinung. ▪ Das finde ich auch. ▪ Ich denke darüber genauso. ▪ Ich bin damit/mit dem Vorschlag einverstanden. ▪ Ich bin für *(Ihren Vorschlag)*. ▪ Ich bin dafür.

Ablehnung: Ich bin ganz/völlig anderer Meinung. ▪ Ich kann dir/Ihnen nicht zustimmen. ▪ Ich bin damit nicht einverstanden. ▪ Ich bin gegen *(Ihren Vorschlag)*. ▪ Ich bin dagegen.

Erfindungen und Technik

etwas erfinden ▪ etwas wurde *(1941)* erfunden ▪ eine Gebrauchs- bzw. Bedienungsanleitung lesen

ein Gerät/einen Apparat kann man: benutzen ▪ anschließen ▪ programmieren ▪ aufladen ▪ bedienen ▪ ein- und ausschalten ▪ verwenden

die meisten Geräte haben: einen Knopf ▪ eine Taste ▪ einen Schalter ▪ eine Tür

Wichtige Wörter aus der deutschen Politik *(fakultativ)*

der Deutsche Bundestag ▪ das Grundgesetz/die Verfassung ▪ der Bundeshaushalt ▪ die Bundeswehr ▪ der Bundeskanzler/die Bundeskanzlerin ▪ die Koalition (Parteien, die die Regierung bilden) ▪ die Opposition

Kleines Wörterbuch der Verben

Unregelmäßige Verben

Infinitiv	3. Person Singular Präsens	3. Person Singular Präteritum	3. Person Singular Perfekt
abnehmen	sie nimmt ab	sie nahm ab	sie hat abgenommen
aufladen *(ein Handy)*	sie lädt auf	sie lud auf	sie hat aufgeladen
erscheinen *(ein Buch)*	es erscheint	es erschien	es ist erschienen
erfinden *(ein Gerät)*	sie erfindet	sie erfand	sie hat erfunden
unterbieten *(ein Angebot)*	sie unterbietet	sie unterbot	sie hat unterboten
unterbrechen *(einen Vorgang)*	sie unterbricht	sie unterbrach	sie hat unterbrochen
verschlafen *(einen Trend)*	sie verschläft	sie verschlief	sie hat verschlafen

Einige regelmäßige Verben

Infinitiv	3. Person Singular Präsens	3. Person Singular Präteritum	3. Person Singular Perfekt
achten *(auf etwas)*	sie achtet	sie achtete	sie hat geachtet
ausschalten *(ein Gerät)*	sie schaltet aus	sie schaltete aus	sie hat ausgeschaltet
benutzen *(ein Gerät)*	sie benutzt	sie benutzte	sie hat benutzt
berichten *(über etwas)*	sie berichtet	sie berichtete	sie hat berichtet
beschäftigen *(sich mit)*	sie beschäftigt sich	sie beschäftigte sich	sie hat sich beschäftigt
beschützen *(Tiere)*	sie beschützt	sie beschützte	sie hat beschützt
erhöhen *(die Steuern)*	sie erhöht	sie erhöhte	sie hat erhöht
erklären *(etwas)*	sie erklärt	sie erklärte	sie hat erklärt
eröffnen *(eine Ausstellung)*	sie eröffnet	sie eröffnete	sie hat eröffnet
ertönen *(ein Signal)*	es ertönt	es ertönte	es ist ertönt
planen	sie plant	sie plante	sie hat geplant
prüfen *(jemanden/etwas)*	sie prüft	sie prüfte	sie hat geprüft
sanieren *(den Haushalt)*	sie saniert	sie sanierte	sie hat saniert
streiken *(für/gegen etwas)*	sie streikt	sie streikte	sie hat gestreikt
untersuchen *(etwas)*	sie untersucht	sie untersuchte	sie hat untersucht
verbrauchen *(Energie)*	sie verbraucht	sie verbrauchte	sie hat verbraucht
verdoppeln *(sich)*	sie verdoppelt sich	sie verdoppelte sich	sie hat sich verdoppelt
verheimlichen *(etwas)*	sie verheimlicht	sie verheimlichte	sie hat verheimlicht
vermissen *(jemanden/etwas)*	sie vermisst	sie vermisste	sie hat vermisst
verzichten *(auf etwas)*	sie verzichtet	sie verzichtete	sie hat verzichtet

D3 Evaluation

Überprüfen Sie sich selbst.

Ich kann	gut	nicht so gut
Ich kann einfache Auskünfte über Zeitungen und Zeitschriften in meinem Land geben.	☐	☐
Ich kann einige Nachrichten in Zeitungen und im Radio verstehen.	☐	☐
Ich kann wichtige Wörter zum Thema Umwelt verstehen.	☐	☐
Ich kann meine eigene Meinung zu verschiedenen Themen in einfacher Form ausdrücken.	☐	☐
Ich kann jemandem zustimmen oder widersprechen.	☐	☐
Ich kann die meisten Alltagsgeräte nennen.	☐	☐
Ich kann einfache Gebrauchsanweisungen verstehen.	☐	☐
Ich kann ein einfaches Gespräch über Technikprobleme führen.	☐	☐
Ich kann einfache Texte über das politische System in Deutschland verstehen. *(fakultativ)*	☐	☐
Ich kann etwas über die Politik und das politische System meines Heimatlandes sagen. *(fakultativ)*	☐	☐

Anhang

Anhang

1 Übungstest zur Prüfungsvorbereitung
2 Grammatik-Übersichten
3 Lösungen

Übungstest zur Prüfungsvorbereitung

Dieser Übungstest besteht aus den Modulen **Lesen** (30 Minuten), **Hören** (30 Minuten), **Schreiben** (30 Minuten) und **Sprechen** (15 Minuten). Er orientiert sich an der Prüfung *Goethe-Zertifikat A2*. Hilfsmittel wie z. B. Wörterbücher und Mobiltelefone sind **nicht** erlaubt.

Lesen (30 Minuten)

Diese Einheit besteht aus vier Teilen. Sie **lesen** einen Zeitungsartikel, eine E-Mail, Anzeigen aus dem Internet und eine Übersicht. Für jede Aufgabe gibt es nur **eine** richtige Lösung.

Lesen Teil 1

Sie lesen in einer Zeitung diesen Text. Wählen Sie für die Aufgaben 1 bis 5 die richtige Lösung *a, b* oder *c*.

Bewegung bei Kindern und Jugendlichen

Eine Studie der Weltgesundheitsorganisation (WHO) kommt zu dem Resultat, dass sich Kinder und Jugendliche in Deutschland zu wenig bewegen. Mindestens eine Stunde am Tag sollte sich ein Kind bewegen, so lautet die Empfehlung der WHO. Weltweit liegt der Anteil der Kinder, die diese Vorgabe nicht erfüllen, bei 81 Prozent. In Deutschland sind es sogar 83,7 Prozent.

Interessant ist auch, dass es Unterschiede zwischen Mädchen und Jungen gibt: Mädchen sind mit 87,9 Prozent noch weniger aktiv als Jungen mit 79,7 Prozent. Ein Grund für diese Entwicklung ist nach Meinung von Wissenschaftlern die Digitalisierung, die das Verhalten von Kindern und Jugendlichen verändert hat. Der Medienkonsum der Jugendlichen hat deutlich zugenommen. Ein weiteres Problem ist die veränderte Mobilität. Eltern fahren ihre Kinder mit dem Auto zur Schule oder die Kinder nutzen E-Bikes und E-Scooter. Auch der Schulsport hat keine große Bedeutung mehr. Oft kann der Unterricht gar nicht stattfinden, weil es keine Lehrkräfte oder keine Sporthallen gibt. Die WHO hatte eigentlich das Ziel, den Anteil der Jugendlichen mit zu wenig Bewegung bis 2030 weltweit auf 70 Prozent zu senken. „Dieses Ziel können wir nicht einhalten, wenn sich diese Trends fortsetzen", sagte eine WHO-Expertin.

Ähnlich ist die Situation bei den Erwachsenen. Sie sollten sich 150 Minuten pro Woche bewegen oder 75 Minuten Sport treiben. Das schaffen nur 43 Prozent der Erwachsenen in Deutschland. Im Jahr 2010 waren es immerhin noch 60 Prozent. Auch hier ist die Digitalisierung eine Ursache. Die Arbeit findet zu großen Teilen im Sitzen vor dem Computer statt.

■ In Deutschland …

a) ☒ bewegen sich 81 Prozent der Kinder und Jugendlichen zu wenig.

b) ☐ liegt der Anteil der Kinder, die sich zu wenig bewegen, über dem weltweiten Durchschnitt.

c) ☐ gibt es keine Probleme mit sportlichen Aktivitäten bei Kindern.

1. Der Bewegungsmangel betrifft …

a) ☐ mehr Mädchen als Jungen.

b) ☐ hauptsächlich Jungen.

c) ☐ Mädchen und Jungen im gleichen Maße.

2. Für die mangelnde Bewegung von Kindern …

a) ☐ gibt es mehrere Gründe.

b) ☐ tragen die Eltern die Hauptschuld.

c) ☐ sind hauptsächlich Computerspiele verantwortlich.

3. Schulsport …

a) ☐ findet in Deutschland nicht mehr statt.

b) ☐ ist bei Jugendlichen sehr beliebt.

c) ☐ hat an Bedeutung verloren.

4. Die WHO …

a) ☐ sieht die Entwicklung positiv.

b) ☐ möchte, dass sich mehr Kinder bewegen.

c) ☐ kann ihr Ziel bis 2030 sicher erreichen.

5. Erwachsene …

a) ☐ bewegen sich mehr als früher.

b) ☐ sollten 75 Minuten am Tag Sport treiben.

c) ☐ sitzen zu viel und bewegen sich zu wenig.

Lesen Teil 2

Sie lesen die Informationstafel in einem Kaufhaus. Lesen Sie die Aufgaben 6 bis 10 und den Text. In welchen Stock gehen Sie? Wählen Sie die richtige Lösung *a*, *b* oder *c*.

■ Sie wollen ein Spielzeugauto für Ihren kleinen Neffen kaufen.
a) ☐ 4. Stock b) ☒ 3. Stock c) ☐ anderer Stock

6. Sie suchen eine Jogginghose.
a) ☐ 2. Stock b) ☐ 1. Stock c) ☐ anderer Stock

7. Sie brauchen neue Handtücher.
a) ☐ 3. Stock b) ☐ Erdgeschoss c) ☐ anderer Stock

8. Sie möchten Ihrer Mutter einen neuen Koffer schenken.
a) ☐ 1. Stock b) ☐ Erdgeschoss c) ☐ anderer Stock

9. Sie haben letzte Woche einen Toaster gekauft, der geht aber nicht.
Sie möchten das Gerät zurückgeben und dafür etwas anderes kaufen.
a) ☐ Erdgeschoss b) ☐ Untergeschoss c) ☐ anderer Stock

10. Sie möchten eine Tasse Kaffee trinken und etwas essen.
a) ☐ 4. Stock b) ☐ 2. Stock c) ☐ anderer Stock

Lesen Teil 3

Sie lesen eine E-Mail. Wählen Sie für die Aufgaben 11 bis 15 die richtige Lösung *a, b* oder *c.*

Neue Nachricht

Von: Lucie **An:** Jan

Betreff: Urlaubsgrüße

Lieber Jan,

viele liebe Grüße von der Ostsee senden dir Lucie und Michael. Wir sind hier für zwei Wochen und wollen uns vom Arbeitsstress erholen. Eine Woche ist schon vorbei, leider. Das Hotel ist nicht ausgebucht, deshalb ist es hier ziemlich ruhig. Auch die Restaurants im Ort sind nicht voll, das ist sehr angenehm. Na ja, im November machen nicht so viele Leute Urlaub.

Wie du weißt, habe ich seit dem 1. April eine neue Stelle in einer Marketingfirma. Ich habe mir nicht vorstellen können, dass die Arbeit so stressig ist. Mein Arbeitstag geht manchmal von 9.00 Uhr morgens bis 20.00 Uhr abends. Das hängt von dem Projekt ab. Vor unserem Urlaub haben wir ein Social-Media-Marketingkonzept für eine große Getränkefirma entwickelt. Die Kommunikation mit der Getränkefirma war sehr schwierig, da gab es oft Probleme. Aber am Ende haben wir ein gutes Konzept präsentiert und die Firma war zufrieden. Wir waren ein kleines Team und haben immer wieder auf Kundenwünsche flexibel reagiert. Unsere Chefin hat uns die ganze Zeit unterstützt und am Ende sehr gelobt. Das gab uns ein gutes Gefühl.

Ich besuche neben der Arbeit auch noch einen Französischkurs, weil unser nächster Kunde ein französischer Käseproduzent ist. Der Kurs ist an einer privaten Sprachschule, so kann ich meine Unterrichtszeiten individuell bestimmen. Französisch ist eine sehr schöne Sprache, aber die Aussprache ist für mich nicht leicht. Ich muss viel üben, vor allem mündlich.

Wie sieht es bei dir aus? Wolltest du nicht auch einen Sprachkurs besuchen?
Melde dich mal. Dann können wir vielleicht mal wieder etwas zusammen unternehmen.

Deine Lucie

PS: Michael grüßt dich auch ganz lieb.

Senden

11. Der Urlaub von Lucie und Michael …
    a) ☐ dient zur Erholung.
    b) ☐ ist schon zu Ende.
    c) ☐ ist ziemlich langweilig, weil es überall leer ist.
12. Lucie …
    a) ☐ ist Chefin einer Marketingfirma.
    b) ☐ findet ihre Arbeit stressig.
    c) ☐ arbeitet jeden Tag bis 20.00 Uhr.
13. Das Projekt mit der Getränkefirma wurde erfolgreich beendet, …
    a) ☐ weil die Kommunikation ausgezeichnet war.
    b) ☐ weil Lucie gut gearbeitet hat.
    c) ☐ weil das Team flexibel reagiert hat.
14. Französisch …
    a) ☐ ist Lucies Lieblingssprache.
    b) ☐ lernt sie aus beruflichen Gründen.
    c) ☐ findet sie ganz schwierig.
15. Lucie möchte …
    a) ☐ noch einen Sprachkurs besuchen.
    b) ☐ wieder im November Urlaub machen.
    c) ☐ Jan mal wieder treffen.

Lesen Teil 4

Sechs Personen möchten am Freitagabend ausgehen und suchen im Internet nach Möglichkeiten. Lesen Sie die Aufgaben 16 bis 20 und die Anzeigen *a* bis *f*. Welche Anzeige passt zu welcher Person?

Für eine Aufgabe gibt es keine Lösung. Schreiben Sie an dieser Stelle X. Die Anzeige aus dem Beispiel können Sie nicht mehr wählen.

■ Christoph möchte mit seinen Freunden ein Bier trinken und das Fußballspiel der Heimmannschaft sehen. *d*

16. Anka will mit Gästen typische Speisen der Region probieren. ☐
17. Leon hört gern klassische Musik. ☐
18. Siggi interessiert sich für Literatur und liest gern gute Krimis. ☐
19. Edwin sucht nach einem veganen Restaurant. ☐
20. Leni möchte mit ihrem Freund in ein Sterne-Restaurant mit internationaler Küche. ☐

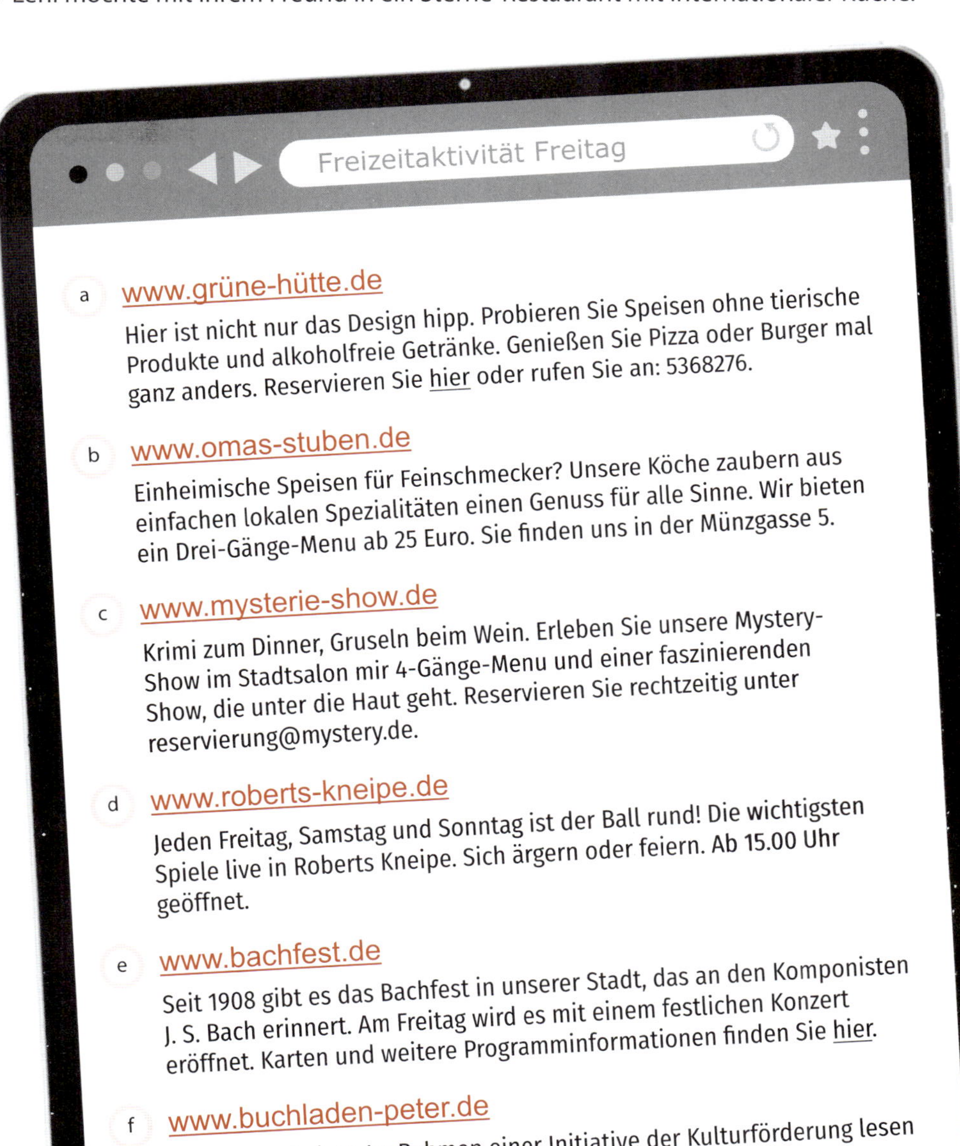

Hören (30 Minuten)

Diese Einheit besteht aus vier Teilen. Sie **hören** Sendungen aus dem Radio, Gespräche, Nachrichten auf dem Anrufbeantworter und Durchsagen. **Lesen** Sie zuerst die Aufgaben. **Hören** Sie dann den Text dazu. Für jede Aufgabe gibt es nur **eine** richtige Lösung.

Hören Teil 1

Sie hören fünf kurze Texte. Sie hören jeden Text zweimal. Wählen Sie für die Aufgaben 1 bis 5 die richtige Lösung *a*, *b* oder *c*.

1. Welche Nachricht hinterlässt die Assistentin der Zahnarztpraxis?
   a) ☐ Sie bestätigt den Termin am Dienstag um 10.00 Uhr.
   b) ☐ Sie bietet einen neuen Termin an.
   c) ☐ Frau Hohmann soll anrufen, um einen neuen Termin zu vereinbaren.

2. Was müssen die Touristen tun?
   a) ☐ Die Nationalbibliothek besuchen.
   b) ☐ Einen Kaffee im Café Hofburg trinken.
   c) ☐ In drei Stunden wieder am Bus sein.

3. Gregor …
   a) ☐ hat sein Tablet im Besprechungsraum gesucht und nicht gefunden.
   b) ☐ bittet Nele, ihm sein Tablet zu bringen.
   c) ☐ bittet Nele, das Tablet im Besprechungsraum zu suchen.

4. Wer spielt nicht mehr in der Champions League?
   a) ☐ Bayern München
   b) ☐ Borussia Dortmund
   c) ☐ RB Leipzig

5. Welche Information enthält die Durchsage?
   a) ☐ Jemand hat sein Auto in der Feuerwehreinfahrt geparkt.
   b) ☐ Die Polizei entfernt gerade ein Auto aus Sicherheitsgründen.
   c) ☐ Ein Autobesitzer soll sich bei der Polizei melden.

Hören Teil 2

Sie hören ein Gespräch. Sie hören den Text einmal. Was hat Alena in der letzten Woche gemacht? Wählen Sie für die Aufgaben 6 bis 10 ein passendes Bild aus *a* bis *i*. Wählen Sie jeden Buchstaben nur einmal.

Sehen Sie sich jetzt die Bilder an.

■ Montag  c   6. Dienstag ☐   7. Mittwoch ☐   8. Donnerstag ☐   9. Freitag ☐   10. Samstag ☐

a

b
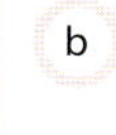

c

d

e

f

g

h

i

Hören Teil 3

Sie hören fünf kurze Gespräche. Sie hören jeden Text einmal. Wählen Sie für die Aufgaben 11 bis 15 die richtige Lösung *a*, *b* oder *c*.

11. Was hat der Mann vergessen?

a 

b 

c 

12. Welche reduzierte Ware kann die Kundin kaufen?

a 

b 

c 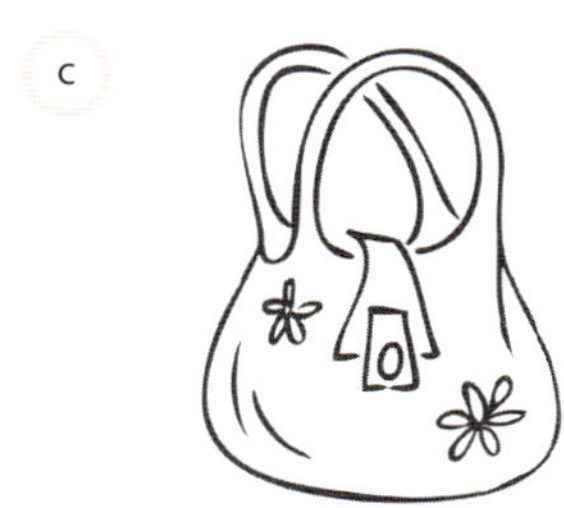

13. In welcher Etage findet die Besprechung statt?

a 

b 

c 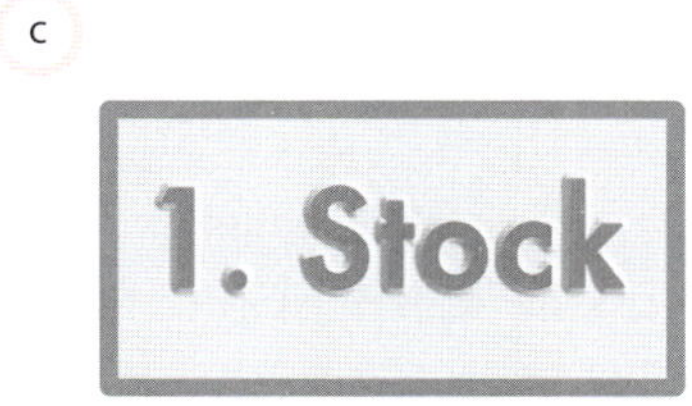

14. Mit welchem Verkehrsmittel ist Laura nach München gefahren?

a 

b 

c 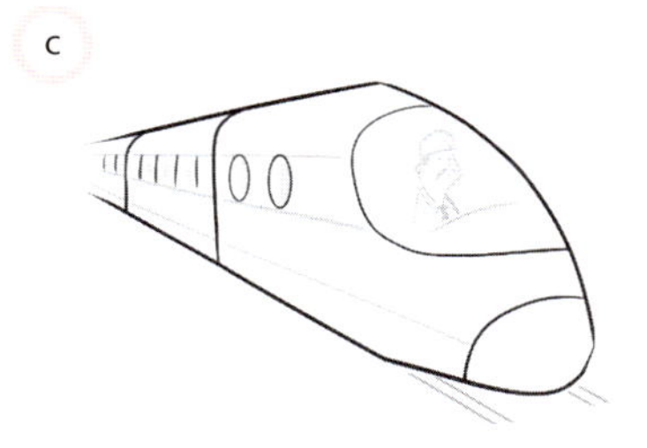

15. Was isst Benno zu Mittag?

a 

b 

c 

Hören Teil 4

Sie hören ein Interview. Sie hören den Text zweimal. Wählen Sie für die Aufgaben 16 bis 20 die richtige Lösung: ja oder nein.

2.35

■	Carol ist von Miami nach Leipzig gezogen.	☐ ja	☒ nein
16.	Sie hat als Jugendliche die Sprache schnell gelernt.	☐ ja	☐ nein
17.	Carol hat sich für ein Studium in Leipzig entschieden, weil Leipzig ein gutes kulturelles Angebot hat.	☐ ja	☐ nein
18.	Carol hat viele Freunde beim Sport.	☐ ja	☐ nein
19.	In ihrer Freizeit spielt sie Basketball und trainiert Jugendliche.	☐ ja	☐ nein
20.	Nach dem Studium möchte sie als Trainerin für eine Jugendmannschaft arbeiten.	☐ ja	☐ nein

Schreiben (30 Minuten)

Diese Einheit besteht aus zwei Teilen. Sie **schreiben** eine SMS und eine E-Mail. Schreiben Sie bitte deutlich und **nicht** mit Bleistift.

Schreiben Teil 1

Sie sitzen im Zug nach Hamburg, aber der Zug hat ca. 30 Minuten Verspätung. Ein Freund, Markus, will Sie am Bahnhof abholen und mit Ihnen zu einer Geburtstagsparty fahren.
Schreiben Sie ihm eine SMS.

- Sagen Sie, warum Sie schreiben.
- Sagen Sie etwas über die Ankunftszeit.
- Sagen Sie, was Markus tun soll.

Schreiben Sie 20–30 Wörter.
Schreiben Sie zu allen drei Punkten.

Schreiben Teil 2

Ihre Abteilungsleiterin, Frau Schneider, lädt alle Kollegen kurzfristig zu einer Besprechung am Freitag um 17.00 Uhr ein. Das Thema ist ein neues Projekt, für das Sie sich interessieren. Leider haben Sie am Freitag einen Zahnarzttermin.

- Bedanken Sie sich für die E-Mail und entschuldigen Sie sich, weil Sie nicht kommen können.
- Nennen Sie einen Grund.
- Sagen Sie etwas zu dem Projekt und machen Sie einen Vorschlag.

Schreiben Sie 30–40 Wörter.
Schreiben Sie zu allen drei Punkten.

Sprechen (15 Minuten)

Diese Einheit besteht aus drei Teilen. Sie **stellen** Ihrer Partnerin/Ihrem Partner Fragen zur Person und antworten ihm/ihr. Sie **erzählen** etwas über sich und Ihr Leben. Sie **planen** etwas mit Ihrem Partner/Ihrer Partnerin.

Sprechen Teil 1

Sie bekommen vier Karten und stellen mit diesen Karten vier Fragen. Ihre Partnerin/Ihr Partner antwortet. Dann stellt Ihre Partnerin/Ihr Partner vier Fragen und Sie antworten.

Sprechen Teil 2

Sie bekommen eine Karte und erzählen etwas über Ihr Leben.

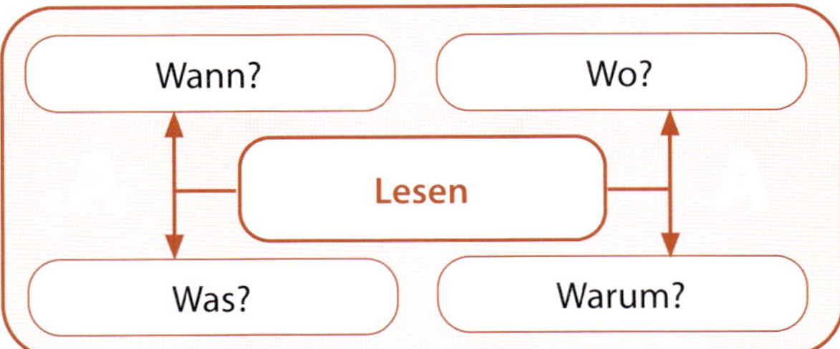

Sprechen Teil 3

Ihre gemeinsame Freundin Bettina hat vor vier Wochen ein Baby bekommen. Sie wollen sie und das Baby am Sonntag besuchen und brauchen ein Geschenk. Verabreden Sie sich am Samstag, um das Geschenk auszusuchen. Finden Sie einen Termin.

Grammatik in Übersichten

Nomengruppe

	Singular									Plural		
	maskulin			feminin			neutral					
	der		Tisch									
		großer	Tisch									
Nominativ	der	große	Tisch									
	ein	großer	Tisch	die		Jacke	das		Zimmer	die		Bücher
	mein	großer	Tisch		rote	Jacke		kaltes	Zimmer		alte	Bücher
				die	rote	Jacke	das	kalte	Zimmer	die	alten	Bücher
	den		Tisch	eine	rote	Jacke	ein	kaltes	Zimmer			
		großen	Tisch	meine	rote	Jacke	mein	kaltes	Zimmer	meine	alten	Bücher
Akkusativ	den	großen	Tisch									
	einen	großen	Tisch									
	meinen	großen	Tisch									
	dem		Tisch				dem		Zimmer	den		Büchern
		großem	Tisch					kaltem	Zimmer		alten	Büchern
Dativ	dem	großen	Tisch				dem	kalten	Zimmer	den	alten	Büchern
	einem	großen	Tisch	der		Jacke	einem	kalten	Zimmer			
	meinem	großen	Tisch		roter	Jacke	meinem	kalten	Zimmer	meinen	alten	Büchern
				der	roten	Jacke						
	des		Tisches	einer	roten	Jacke	des		Zimmers	der		Bücher
		großen	Tisches	meiner	roten	Jacke		kalten	Zimmers		alter	Bücher
Genitiv	des	großen	Tisches				des	kalten	Zimmers	der	alten	Bücher
	eines	großen	Tisches				eines	kalten	Zimmers			
	meines	großen	Tisches				meines	kalten	Zimmers	meiner	alten	Bücher

Plural der Nomen

	Endung im Plural				
	---	-e	-er	-(e)n	-s
	(das Messer) die Messer	(das Telefon) die Telefone	(das Bild) die Bilder	(der Mensch) die Menschen	(das Büro) die Büros
mit Umlaut	(der Mantel) die Mäntel	(der Baum) die Bäume	(das Glas) die Gläser		

Artikel

Artikel	Singular						Plural	
	maskulin		feminin		neutral			
bestimmter Artikel	der	Tisch	die	Jacke	das	Zimmer	die	Bücher
unbestimmter Artikel	ein	Tisch	eine	Jacke	ein	Zimmer		Bücher
negativer Artikel	kein	Tisch	keine	Jacke	kein	Zimmer	keine	Bücher
Possessivartikel	mein	Tisch	meine	Jacke	mein	Zimmer	meine	Bücher
Demonstrativartikel	dieser	Tisch	diese	Jacke	dieses	Zimmer	diese	Bücher

Possessivartikel

	Pronomen		Singular maskulin		Singular feminin		Singular neutral		Plural	
Singular	ich	und	mein	Vater	meine	Mutter	mein	Kind	meine	Freunde
	du	und	dein	Vater	deine	Mutter	dein	Kind	deine	Freunde
	er/es	und	sein	Vater	seine	Mutter	sein	Kind	seine	Freunde
	sie	und	ihr	Vater	ihre	Mutter	ihr	Kind	ihre	Freunde
Plural	wir	und	unser	Vater	unsere	Mutter	unser	Kind	unsere	Freunde
	ihr	und	euer	Vater	eure	Mutter	euer	Kind	eure	Freunde
	sie	und	ihr	Vater	ihre	Mutter	ihr	Kind	ihre	Freunde
formell	Sie	und	Ihr	Vater	Ihre	Mutter	Ihr	Kind	Ihre	Freunde

Personalpronomen

		Nominativ	Akkusativ	Dativ
Singular	1. Person	ich	mich	mir
	2. Person	du	dich	dir
	3. Person	er sie es	ihn sie es	ihm ihr ihm
Plural	1. Person	wir	uns	uns
	2. Person	ihr	euch	euch
	3. Person	sie	sie	ihnen
formell		Sie	Sie	Ihnen

Verben: Konjugation im Präsens

			Regelmäßige Verben: lernen	arbeiten	Unregelmäßige Verben: fahren	geben	lesen	nehmen
Singular	1. Person	ich	lern -e	arbeit -e	fahr -e	geb -e	les -e	nehm -e
	2. Person	du	lern -st	arbeit -est	fähr -st	gib -st	lies -t	nimm -st
	3. Person	er sie es	lern -t	arbeit -et	fähr -t	gib -t	lies -t	nimm -t
Plural	1. Person	wir	lern -en	arbeit -en	fahr -en	geb -en	les -en	nehm -en
	2. Person	ihr	lern -t	arbeit -et	fahr -t	geb -t	les -t	nehm -t
	3. Person	sie	lern -en	arbeit -en	fahr -en	geb -en	les -en	nehm -en
formell		Sie	lern -en	arbeit -en	fahr -en	geb -en	les -en	nehm -en

Haben, sein und *werden*

	haben	sein	werden
ich	habe	bin	werde
du	hast	bist	wirst
er/sie/es	hat	ist	wird
wir	haben	sind	werden
ihr	habt	seid	werdet
sie	haben	sind	werden
Sie	haben	sind	werden

Modalverben und *möchte(n)*

	können	müssen	sollen	wollen	dürfen	mögen	möchte(n)
ich	kann	muss	soll	will	darf	mag	möchte
du	kannst	musst	sollst	willst	darfst	magst	möchtest
er/sie/es	kann	muss	soll	will	darf	mag	möchte
wir	können	müssen	sollen	wollen	dürfen	mögen	möchten
ihr	könnt	müsst	sollt	wollt	dürft	mögt	möchtet
sie	können	müssen	sollen	wollen	dürfen	mögen	möchten
Sie	können	müssen	sollen	wollen	dürfen	mögen	möchten

Verben mit Präfix

nicht trennbare Verben		trennbare oder nicht trennbare Verben		trennbare Verben	
Verben mit den Präfixen: be- emp- ent- er- ge- miss- ver- zer- sind nicht trennbar.		Verben mit den Präfixen: durch- über- um- unter- wider- wieder- können trennbar oder nicht trennbar sein.		Verben mit allen anderen Präfixen sind trennbar.	
beginnen:	ich beginne	trennbar:		aufstehen:	ich stehe auf
empfangen:	ich empfange	wiederkommen:	ich komme wieder	einkaufen:	ich kaufe ein
bezahlen:	ich bezahle			fernsehen:	ich sehe fern
erwarten:	ich erwarte	nicht trennbar:		anfangen:	ich fange an
vereinbaren:	ich vereinbare	übersetzen:	ich übersetze	ausschalten:	ich schalte aus

Verben: Imperativ

	kommen	nehmen	fahren	anfangen
du	Komm!	Nimm!	Fahr!	Fang an!
ihr	Kommt!	Nehmt!	Fahrt!	Fangt an!
Sie	Kommen Sie!	Nehmen Sie!	Fahren Sie!	Fangen Sie an!

Verben: Perfekt

Regelmäßige Verben

			Verben mit Präfix				Verben auf *-ieren*	
			trennbare Verben		nicht trennbare Verben			
ich	bin	gelandet	habe	eingekauft	habe	übersetzt	habe	studiert
du	bist	gelandet	hast	eingekauft	hast	übersetzt	hast	studiert
er/sie/es	ist	gelandet	hat	eingekauft	hat	übersetzt	hat	studiert
wir	sind	gelandet	haben	eingekauft	haben	übersetzt	haben	studiert
ihr	seid	gelandet	habt	eingekauft	habt	übersetzt	habt	studiert
sie	sind	gelandet	haben	eingekauft	haben	übersetzt	haben	studiert
Sie	sind	gelandet	haben	eingekauft	haben	übersetzt	haben	studiert

Unregelmäßige Verben

			Verben mit Präfix			
			trennbare Verben		nicht trennbare Verben	
ich	bin	gefahren	habe	angerufen	habe	begonnen
du	bist	gefahren	hast	angerufen	hast	begonnen
er/sie/es	ist	gefahren	hat	angerufen	hat	begonnen
wir	sind	gefahren	haben	angerufen	haben	begonnen
ihr	seid	gefahren	habt	angerufen	habt	begonnen
sie	sind	gefahren	haben	angerufen	haben	begonnen
Sie	sind	gefahren	haben	angerufen	haben	begonnen

Verben: Präteritum

Regelmäßige Verben / Unregelmäßige Verben / *Haben* und *sein*

	kaufen	gehen	haben	sein
ich	kaufte	ging	hatte	war
du	kauftest	gingst	hattest	warst
er/sie/es	kaufte	ging	hatte	war
wir	kauften	gingen	hatten	waren
ihr	kauftet	gingt	hattet	wart
sie	kauften	gingen	hatten	waren
Sie	kauften	gingen	hatten	waren

Modalverben

	können	müssen	sollen	wollen	dürfen	mögen
ich	konnte	musste	sollte	wollte	durfte	mochte
du	konntest	musstest	solltest	wolltest	durftest	mochtest
er/sie/es	konnte	musste	sollte	wollte	durfte	mochte
wir	konnten	mussten	sollten	wollten	durften	mochten
ihr	konntet	musstet	solltet	wolltet	durftet	mochtet
sie	konnten	mussten	sollten	wollten	durften	mochten
Sie	konnten	mussten	sollten	wollten	durften	mochten

Verben: Rektion

Das Verb regiert im Satz!

1. Verben mit dem Nominativ (Frage: Wer? Was?)

sein ▪ werden

Er	wird	bestimmt	ein guter Arzt.	Das	ist	ein alter Fernseher.
NOMINATIV			NOMINATIV	NOMINATIV		NOMINATIV

2. Verben mit dem Akkusativ (Frage: Wen? Was?)

abholen ▪ anrufen ▪ beantworten ▪ besuchen ▪ bezahlen ▪ brauchen ▪ essen ▪ finden ▪ haben ▪ hören ▪ kennen ▪ kosten ▪ lesen ▪ machen ▪ möchte(n) ▪ öffnen ▪ parken ▪ sehen ▪ trinken

Ich	brauche	ein Auto.	Das Zimmer	hat	einen Fernseher.
NOMINATIV		AKKUSATIV	NOMINATIV		AKKUSATIV

3. Verben mit dem Dativ (Frage: Wem?)

danken ▪ gefallen ▪ gehören ▪ helfen ▪ passen ▪ schmecken

Die Jacke	gefällt	mir.	Das Auto	gehört	meinem Bruder.
NOMINATIV		DATIV	NOMINATIV		DATIV

4. Verben mit Dativ und Akkusativ (Frage: Wem? Was?)

bringen ▪ geben ▪ kaufen ▪ schenken ▪ schicken ▪ schreiben ▪ senden ▪ zeigen

Ich	kaufe	mir	ein neues Kleid.	Wir	schenken	dem Chef	einen Blumenstrauß.
NOMINATIV		DATIV	AKKUSATIV	NOMINATIV		DATIV	AKKUSATIV

5. Verben mit präpositionalem Kasus

Ich	nehme	an der Besprechung	teil.	Ich	telefoniere	mit dem Chef.
NOMINATIV		*an* + DATIV		NOMINATIV		*mit* + DATIV

Aussage: Ich telefoniere mit meinem Chef.
Ich interessiere mich für Musik.

Frage: Mit wem telefonierst du? *(Person)*
Wofür interessierst du dich? *(Sache)*

an + Dativ	*bei* + Dativ	*mit* + Dativ	*nach* + Dativ	*zu* + Dativ
teilnehmen	anrufen arbeiten sich entschuldigen	sprechen reden telefonieren sich streiten	fragen suchen	gratulieren zählen

an + Akkusativ	*auf* + Akkusativ	*für* + Akkusativ	*in* + Akkusativ	*um* + Akkusativ	*über* + Akkusativ
sich erinnern denken	warten sich freuen	sich bedanken sich interessieren	sich verlieben	es geht sich bewerben	sprechen reden berichten sich freuen sich beschweren sich ärgern sich streiten

Verben: Konjunktiv II

Wenn ich eine Million im Lotto gewinnen würde, wäre ich Millionär.

	bin		habe		fahre	
ich	bin	wäre	habe	hätte	fahre	würde fahren
du	bist	wärst	hast	hättest	fährst	würdest fahren
er/sie/es	ist	wäre	hat	hätte	fährt	würde fahren
wir	sind	wären	haben	hätten	fahren	würden fahren
ihr	seid	wärt	habt	hättet	fahrt	würdet fahren
sie	sind	wären	haben	hätten	fahren	würden fahren
Sie	sind	wären	haben	hätten	fahren	würden fahren

Sätze

1. Der Aussagesatz

	Position II: finites Verb	
Ich	studiere	an der Universität Leipzig Germanistik.
Im Sommer	fahren	wir nach Frankreich.
Ich	schenke	meinem Bruder ein Fahrrad.

2. Der Fragesatz

W-Frage

Fragewort	Position II: finites Verb	
Wohin	fahren	die Studenten?
Wie viel	kostet	der Computer?

Ja-Nein-Frage

Position I: finites Verb		
Sprechen	Sie	Deutsch?
Studierst	du	in Berlin?

3. Die Satzklammer

Sätze mit trennbaren Verben

	Position II: finites Verb (Teil 1)		Satzende: trennbares Präfix
Ich	komme	morgen gegen 13.00 Uhr	an.

Sätze mit Modalverben

	Position II: finites Verb		Satzende: Infinitiv
Ich	kann	heute leider nicht	kommen.

Sätze im Perfekt

	Position II: finites Verb		Satzende: Partizip
Ich	bin	um 8.00 Uhr	aufgestanden.

4. Hauptsatz und Nebensatz

Hauptsatz			Nebensatz		
	finites Verb		Satzverbindung		finites Verb
Ich	kaufe	mein Brot im Supermarkt,	weil	es dort billiger	ist.

Sätze: Satzverbindungen

Konjunktionen: Hauptsatz – Hauptsatz

Grund	Ich mache am liebsten im Januar Urlaub,	denn	ich liebe den Schnee.
Gegensatz	Früher habe ich im Sommer Urlaub gemacht, Ich fahre dieses Jahr nicht im Januar weg,	aber sondern	heute fahre ich lieber im Winter weg. ich fliege im August nach Spanien.
Alternative	Vielleicht fahren wir in die Berge	oder	wir fahren ans Meer.
Addition	Wir fahren im Januar nach Österreich	und	im Sommer fahren wir nach Irland.

Subjunktionen: Hauptsatz – Nebensatz

Grund	Ich mache am liebsten im Januar Urlaub,	weil	ich den Schnee liebe.
Gegengrund	Ich mache am liebsten im Januar Urlaub,	obwohl	ich den Schnee hasse.
Bedingung	Ich kann dich nur besuchen,	wenn	ich Zeit habe.
Zeit	Ich kann dich nur besuchen, Ich habe ihn besucht,	wenn als	ich meine Arbeit beendet habe. ich in München war.
dass/ob	Ich weiß, Ich weiß nicht,	dass ob	er heute noch ins Büro kommt. er heute noch ins Büro kommt.

Konjunktionaladverbien: Hauptsatz – Hauptsatz

Verweis auf einen Grund	Ich habe keine Zeit,	deshalb	kann ich dich nicht besuchen.
Verweis auf einen Gegengrund	Ich habe keine Zeit,	trotzdem	komme ich dich heute besuchen.

Sätze: Infinitivkonstruktionen

Infinitiv mit *zu*:	Ich habe keine Zeit, heute Wäsche zu waschen. Ich habe keine Lust, mein Zimmer aufzuräumen.
Infinitiv mit *um … zu*: *(Angabe eines Zwecks)*	Man muss den Knopf drücken, um die Waschmaschine anzuschalten.

Sätze: Relativsätze

	Singular			Plural
	maskulin	feminin	neutral	
Nominativ	der	die	das	die
Akkusativ	den	die	das	die
Dativ	dem	der	dem	denen

- Das ist der Mann, der mir gefällt.
- Das ist der Mann, den ich liebe.
- Das ist der Mann, dem ich mein Auto geliehen habe.

Präpositionen

Präpositionen mit dem Akkusativ

Präposition	Beispielsätze	
bis (ohne Artikel)	Der Zug fährt bis München.	*(lokal)*
durch	Wir fahren durch die Türkei. Ich habe es durch Zufall erfahren.	*(lokal)* *(kausal)*
für	Ich brauche das Geld für meine Miete. Die Blumen sind für meine Frau.	*(final)* *(final)*
gegen	Die Tabletten helfen gegen Kopfschmerzen. Das Auto fuhr gegen einen Baum. Ich komme gegen 8.00 Uhr.	*(kausal)* *(lokal)* *(temporal)*
ohne	Ohne Brille kann ich nichts sehen.	*(modal)*
um	Die Besprechung beginnt um 9.00 Uhr. Wir sind um die Kirche (herum)gegangen.	*(temporal)* *(lokal)*

Präpositionen mit dem Dativ

Präposition	Kurzformen	Beispielsätze	
ab		Das Flugzeug fliegt ab Frankfurt. Ab nächster Woche habe ich Urlaub.	*(lokal)* *(temporal)*
aus		Ich komme aus der Türkei. Die Tür ist aus Holz. Er heiratete sie aus Liebe.	*(lokal)* *(modal)* *(kausal)*
bei	bei + dem = beim	Er wohnt bei seinen Eltern. Er sieht beim Essen fern. Bei diesem Regen gehe ich nicht spazieren.	*(lokal)* *(temporal)* *(kausal)*
mit		Ich fahre mit dem Zug. Sie trinkt Kaffee mit Zucker.	*(modal)* *(modal)*
nach		Meiner Meinung nach steigen die Benzinpreise noch. Ich fahre nach Hause. Nach dem Essen gehe ich ins Bett.	*(modal)* *(lokal)* *(temporal)*
seit		Es regnet seit zwei Tagen.	*(temporal)*
von	von + dem = vom	Ich komme gerade vom Zahnarzt. Das ist der Schreibtisch vom Chef.	*(lokal)* *(Genitiversatz)*
zu	zu + dem = zum zu + der = zur	Ich gehe zu Fuß. Zum Glück schneit es nicht. Ich gehe zum Bahnhof.	*(modal)* *(modal)* *(lokal)*

Präpositionen mit dem Akkusativ oder dem Dativ *(Wechselpräpositionen)*

Präposition	Kurzformen	Kasus	Beispielsätze	
an	an + dem = am an + das = ans	Wo? + D Wohin? + A Wann? + D	Das Bild hängt an der Wand. Ich hänge den Mantel an die Garderobe. Ich komme am Montag.	*(lokal)* *(lokal)* *(temporal)*
auf	auf + das = aufs	Wo? + D Wohin? + A Wie? + A	Das Buch liegt auf dem Tisch. Ich lege das Buch auf den Tisch. Er macht es auf seine Art.	*(lokal)* *(lokal)* *(modal)*
hinter		Wo? + D Wohin? + A	Der Brief liegt hinter dem Schreibtisch. Der Brief ist hinter den Schreibtisch gefallen.	*(lokal)* *(lokal)*
in	in + dem = im in + das = ins	Wo? + D Wohin? + A Wann? + D Wie? + D	Ich war in der Schweiz. Ich fahre in die Schweiz. Wir haben im August Ferien. Er war in guter Stimmung.	*(lokal)* *(lokal)* *(temporal)* *(modal)*
neben		Wo? + D Wohin? + A	Der Tisch steht neben dem Bett. Ich stelle den Tisch neben das Bett.	*(lokal)* *(lokal)*
über		Wo? + D Wohin? + A	Das Bild hängt über dem Sofa. Otto hängt das Bild über das Sofa.	*(lokal)* *(lokal)*
unter		Wo? + D Wohin? + A Wie? + D	Die Katze sitzt unter dem Stuhl. Die Katze kriecht unter den Stuhl. Wir arbeiten unter schlechten Bedingungen.	*(lokal)* *(lokal)* *(modal)*
vor	vor + dem = vorm	Wo? + D Wohin? + A Wann? + D	Die Taxis stehen vorm Bahnhof. Die Taxis fahren direkt vor die Tür. Treffen wir uns vor dem Mittagessen?	*(lokal)* *(lokal)* *(temporal)*
zwischen		Wo? + D Wohin? + A Wann? + D	Vielleicht ist das Foto zwischen den Büchern? Hast du das Foto zwischen die Bücher gesteckt? Zwischen dem 1. und dem 5. Mai ist das Restaurant geschlossen.	*(lokal)* *(lokal)* *(temporal)*

Komparation der Adjektive

		Positiv	Komparativ	Superlativ
Normalform		billig	billiger	am billigsten/der billigste
a → ä	warm – lang – kalt – hart – alt	warm kalt	wärmer kälter	am wärmsten/der wärmste am kältesten/der kälteste
o → ö	groß	groß	größer	am größten/der größte
u → ü	jung – kurz	jung	jünger	am jüngsten/der jüngste
Adjektive auf:	*-er* *-el*	teuer dunkel	teurer dunkler	am teuersten/der teuerste am dunkelsten/der dunkelste
Adjektive auf:	*-sch/-s/-ß/-z* *-d/-t*	frisch intelligent	frischer intelligenter	am frischesten/der frischeste am intelligentesten/der intelligenteste
Sonderformen		gut viel gern hoch nah	besser mehr lieber höher näher	am besten/der beste am meisten/der meiste am liebsten/der liebste am höchsten/der höchste am nächsten/der nächste

5 Urlaub und Reisen

A1 b) **2.** e **3.** a **4.** g **5.** c **6.** d **7.** h **8.** b

A2 Das **erste Angebot**: Im Hotel kann man Snowboards und Schlittschuhe ausleihen. Die Zimmer sind sehr komfortabel und haben ein Bad, eine separate Toilette, einen Fernseher, ein Telefon und eine Minibar. Das Hotel bietet außerdem ein reichhaltiges Frühstücksbüfett, eine kleine Mittagsmahlzeit und ein großes Büfett am Abend. Man kann auch den Wellnessbereich und das Fitness-Studio nutzen.

Das **zweite Angebot** ist eine Reise für zwei Wochen nach Gran Canaria. Wir wohnen in einem Drei-Sterne-Hotel. Das Hotel liegt mitten im Stadtzentrum. Die Zimmer haben eine Dusche, eine Toilette, einen Fernseher und eine Minibar. Das Hotel bietet außerdem ein Süßwasserschwimmbecken, ein Kinderbecken, eine Bar und ein Gourmet-Restaurant. Wir müssen aber die Halbpension/das Essen selber zahlen.

Das **dritte Angebot** ist eine Reise für vier Tage nach Frankfurt/Main. Frankfurt ist 1200 Jahre alt und eine bedeutende Messe- und Bankenstadt. Wir wohnen in einem Luxushotel der Extraklasse. Außerdem gehören eine Stadtrundfahrt, ein Konzertabend und viele Besichtigungen zu der Reise. Wir müssen aber An- und Abreise selber zahlen.

A5 **1.** Deutschland **2.** Italien **3.** Brasilien **4.** Kanada **5.** Algerien **6.** China **7.** Ghana **8.** Indien **9.** Japan **10.** Griechenland

A6 **maskulin:** der Sudan, der Iran, der Irak
feminin: die Schweiz, die Ukraine, die Türkei, die Slowakei
neutral: Deutschland, Indien, China, Spanien, Großbritannien, Schweden, Japan, Italien, Griechenland, Russland, Brasilien, Ungarn, Polen
Plural: die Niederlande, die Malediven, die Vereinigten Staaten

A7 a) **Australien:** Australier, Australierin, Australier, Englisch **Bulgarien:** Bulgare, Bulgarin, Bulgaren, Bulgarisch **China:** Chinese, Chinesin, Chinesen, Chinesisch **Dänemark:** Däne, Dänin, Dänen, Dänisch **England:** Engländer, Engländerin, Engländer, Englisch **Finnland:** Finne, Finnin, Finnen, Finnisch **Frankreich:** Franzose, Französin, Franzosen, Französisch **Griechenland:** Grieche, Griechin, Griechen, Griechisch **Italien:** Italiener, Italienerin, Italiener, Italienisch **Japan:** Japaner, Japanerin, Japaner, Japanisch **Mexiko:** Mexikaner, Mexikanerin, Mexikaner, Spanisch **Niederlande:** Niederländer, Niederländerin, Niederländer, Niederländisch **Polen:** Pole, Polin, Polen, Polnisch **Portugal:** Portugiese, Portugiesin, Portugiesen, Portugiesisch **Russland:** Russe, Russin, Russen, Russisch **Spanien:** Spanier, Spanierin, Spanier, Spanisch

Beispiel 1: Bulgare, Bulgarin, Bulgaren **Beispiel 2:** Amerikaner, Amerikanerin, Amerikaner

b) **1.** Grieche **2.** Portugiese **3.** Französin **4.** Engländer **5.** Polin **6.** Italiener **7.** Niederländerin **8.** Chinese **9.** Däne **10.** Russen

A8 a) **1.** in Spanien **2.** in der Sonne gelegen/Bücher gelesen/am Strand Volleyball gespielt **3.** auf eine Insel/auf die Insel Hiddensee **4.** spazieren gehen/Fahrrad fahren **5.** in der Schweiz **6.** gewandert, nach Basel gefahren, die Altstadt in Basel besucht **7.** im Frühjahr nach Amsterdam, im Sommer nach Asien (China und Japan) **8.** Gemälde in Museen sehen/Museen besuchen

Hörtexte:
Miriam: Also, ich war im letzten Sommer in Spanien. Dort habe ich mit einigen Freunden zwei Wochen Strandurlaub gemacht. Das war herrlich. Wir haben in der Sonne gelegen, Bücher gelesen, am Strand Volleyball gespielt und uns richtig gut erholt. Im nächsten Jahr möchte ich gern mal auf eine Insel fahren, vielleicht fahren wir auf die Insel Hiddensee. Dort kann man gut spazieren gehen und Fahrrad fahren.

Christoph: Meine Frau und ich waren im letzten Jahr in der Schweiz. Wir lieben die Natur dort, vor allem die Berge. Wir sind viel gewandert. An einem Wochenende sind wir nach Basel gefahren und haben die Altstadt und das Basler Münster besucht. Im Frühjahr fahren wir nach Amsterdam. Dort möchten wir unbedingt die Gemälde im Rijksmuseum und im Van Gogh-Museum sehen. Im Sommer fliegen wir nach Asien, erst nach China und dann nach Japan. Das wird sicher ein Abenteuer!

A9 **1.** nach, in **2.** nach, in **3.** auf die, auf den **4.** an die, an der **5.** in die, in der **6.** in die, in den **7.** an den, am **8.** auf die, auf der **9.** nach, in

A10 a) **1.** richtig **2.** falsch **3.** richtig **4.** falsch **5.** richtig **6.** falsch

Hörtext:
Frau Lange: Guten Tag, Herr Groß. Wie geht es Ihnen?
Herr Groß: Guten Tag, Frau Lange. Danke. Es geht mir gut. Ich habe gehört, Sie waren im Urlaub.
Frau Lange: Ja, wir waren zwei Wochen in der Sonne, auf den Kanarischen Inseln.
Herr Groß: Toll! Wir planen gerade unseren Sommerurlaub. Wir wissen aber noch nicht, wohin wir reisen.
Frau Lange: Wann wollen Sie denn fahren?
Herr Groß: Im August.
Frau Lange: Im August. Mögen Sie die Wärme?
Herr Groß: Sehr warm darf es nicht sein. Also, nach Ägypten oder Tunesien möchte ich im August nicht fahren. Da sind fast 50 Grad.
Frau Lange: Ich kann Ihnen die Kanarischen Inseln sehr empfehlen. Oder Griechenland. Dort ist es nicht so warm.
Herr Groß: Ja, Griechenland würde mir gut gefallen. Aber ich war schon dreimal in Griechenland. Dort kann es im August auch ganz schön heiß werden.
Frau Lange: Waren Sie schon mal an der Ostsee?
Herr Groß: An der Ostsee? Hier in Deutschland? Ja, aber nur ganz kurz …
Frau Lange: Ich war vor zwei Jahren dort, auf der Insel Rügen. Deutschland hat einen großen Vorteil: Man kann mit dem Auto in den Urlaub fahren. Die Flughäfen sind ja im August immer sehr voll.
Herr Groß: Da haben Sie recht. Gibt es dort auch schöne Hotels?
Frau Lange: Ja, wir haben in einem sehr schönen Hotel direkt am Strand gewohnt. Das war gar nicht so teuer. Ich glaube, wir haben für 14 Tage 1 200 Euro pro Person bezahlt.
Herr Groß: Das sind dann 2 400 Euro für zwei Personen, das ist ein guter Preis in der Hauptferienzeit. Wie hieß das Hotel?
Frau Lange: Hotel Seerose. Wenn Sie mal im Internet ein bisschen recherchieren, dann finden Sie sicher alle Informationen über das Hotel und vielleicht auch besondere Angebote. Ich erinnere mich gerne an diesen Urlaub, vor allem an den wunderbaren Wellnessbereich und natürlich an den Strand und das Meer. In dem Ort Binz gibt es auch eine Segelschule. Sie wollten doch immer segeln lernen, oder?
Herr Groß: Eine Segelschule, wunderbar! Ich sehe mir das heute Abend auf jeden Fall mal im Netz an. Danke für den Tipp.
Frau Lange: Gern geschehen.

b) **1.** planen **2.** wissen **3.** wollen **4.** möchte **5.** empfehlen **6.** gefallen **7.** werden **8.** fahren **9.** haben **10.** gewohnt **11.** bezahlt **12.** hieß **13.** recherchieren **14.** erinnere **15.** lernen

A13 a) **Hotel:** das Einzelzimmer – der Balkon – schlafen – der Fernseher – der Wellnessbereich – die Halbpension – die schöne Aussicht – die Rezeption – das Animationsprogramm – sich erholen – die Minibar
Verkehrsmittel: reisen – die Fahrkarte – fahren – der Stau – die Auskunft – die Passkontrolle – der Flughafen – der Fahrplan – der Informationsschalter
Wetter: der Schnee – sich sonnen – die Hitze – der Regen

b) **1.** Informationsschalter **2.** erholen/sonnen **3.** Passkontrolle **4.** Aussicht **5.** Hitze **6.** Halbpension **7.** Stau **8.** Fernseher, Balkon, schöne Aussicht/Minibar

A14 **1.** einen Reiseführer **2.** eine Reise **3.** eine Tablette **4.** mit dem Schiff **5.** Geld **6.** im Stau

A15 **1. a)** falsch **b)** richtig **2. a)** richtig **b)** richtig **3. a)** falsch **b)** richtig **4. a)** falsch **b)** richtig **5. a)** richtig **b)** falsch

Hörtexte:
1. Flughafen: Hier eine Durchsage für den Lufthansa-Flug 3562 nach Athen. Die Maschine ist jetzt fertig zum Einstieg. Bitte begeben Sie sich zu Schalter 33 und halten Sie Ihre Bordkarte und Ihren Pass bereit.

2. Radio: Hier ist Antenne Berlin mit einer wichtigen Durchsage für Autofahrer. Auf der A 2, Hannover Richtung Berlin, sind bei Braunschweig-Ost Tiere auf der Fahrbahn. Bitte fahren Sie vorsichtig.

3. Radio: Es ist Urlaubszeit in Deutschland. Überall ist viel Verkehr – aber, und jetzt kommt die gute Nachricht: Es gibt nur zwei Staus. Und zwar auf der A 8 München Richtung Salzburg. Da stehen die Autos 10 km bei Holzkirchen. Und auf der A 9 Richtung Nürnberg gibt es einen 15 km langen Stau bei Ingolstadt nach einem Unfall.

4. Bahnhof: Achtung am Gleis 3! Es hat Einfahrt der Intercity-Express aus München zur Weiterfahrt nach Berlin, planmäßige Abfahrtszeit 12.32 Uhr. Die Wagen der ersten Klasse befinden sich am Ende des Zuges.

5. Zug: Achtung! Hier eine Durchsage für Reisende zum Flughafen Berlin-Brandenburg. Wegen Reparaturarbeiten hält der Zug nicht am Flughafen. Steigen Sie bitte am Bahnhof Zoo aus. Von dort fahren Busse direkt zum Flughafen.

A17 b) **1.** die Hitze **2.** die Wärme **3.** der Wind **4.** der Sturm **5.** der Regen **6.** die Wolke

A19 a) **2.** d **3.** e **4.** a **5.** b **6.** c **7.** k **8.** h **9.** g **10.** l **11.** j **12.** i
c) **1.** fotografiert **2.** Auto fahren **3.** einkaufen **4.** telefonieren **5.** arbeiten **6.** sonnen

A22 **1. a)** einen weißen Sandstrand **b)** einem weißen Sandstrand **2. a)** einen großen Wellnessbereich **b)** einem großen Wellnessbereich **3. a)** ein sehr gutes Restaurant **b)** einem sehr guten Restaurant **4. a)** einen herrlichen Ausblick **b)** einem herrlichen Ausblick **5. a)** ein reichhaltiges Frühstücksbüfett **b)** einem reichhaltigen Frühstücksbüfett **6. a)** ein luxuriöses Badezimmer **b)** einem luxuriösen Badezimmer **7. a)** einen kleinen Golfplatz **b)** einem kleinen Golfplatz **8. a)** eine riesige Badelandschaft **b)** einer riesigen Badelandschaft **9. a)** eine sonnige Terrasse **b)** einer sonnigen Terrasse **10. a)** einen exotischen Garten **b)** einem exotischen Garten **11. a)** ein tägliches Sportprogramm **b)** einem täglichen Sportprogramm **12. a)** einen amerikanischen Tennistrainer **b)** einem amerikanischen Tennistrainer

A23 **1.** wo/ob **2.** welche **3.** wie warm/wo **4.** wie lange/wann/ob **5.** ob **6.** was **7.** wo **8.** ob **9.** wie teuer **10.** wann

A24 **1.** Weil ich mein Insektenspray zu Hause gelassen habe, habe ich jetzt ungefähr 100 Mückenstiche. **2.** Obwohl es sehr kalt ist, friere ich nicht. **3.** Obwohl der Swimmingpool schmutzig ist, schwimme ich jeden Tag. **4.** Weil das Hotel mitten im Zentrum der Stadt liegt, kann ich nicht schlafen. **5.** Weil die Heizung im Hotel kaputt war, möchte ich mein Geld zurück. **6.** Obwohl das Essen ausgezeichnet war, habe ich nur wenig gegessen. **7.** Obwohl Hans nicht Ski fahren kann, fährt er gern in den Winterurlaub. **8.** Weil es jeden Tag regnete, sind wir nur selten spazieren gegangen. **9.** Weil tolles Wetter war, konnte ich schöne Fotos machen. **10.** Obwohl der Service im Hotel gut war, habe ich mich nicht wohlgefühlt.

A27 **1.** richtig **2.** richtig **3.** falsch **4.** falsch **5.** richtig **6.** richtig

A28 **1.** das gute kulturelle und gastronomische Angebot **2.** das lebendige Nachtleben, ein gutes Preis-Leistungs-Verhältnis, eine große Rolle **3.** der älteste Vergnügungspark **4.** die ehemalige Sommerresidenz **5.** ein wunderschönes Barockschloss **6.** mit seinem herrlichen Garten

B1 **1.** der Teufel **2.** das Moor **3.** die Klippe **4.** der Besen **5.** der Gipfel **6.** der Scheiterhaufen **7.** die Hexe

B2 **1.** e **2.** j **3.** k **4.** h **5.** c **6.** a **7.** b **8.** f **9.** i **10.** d **11.** g

B3 **1.** richtig **2.** richtig **3.** richtig **4.** richtig **5.** falsch

B4 **1.** Es gibt auf dem Brocken 306 Tage im Jahr Nebel. **2.** Der Brocken ist 1 142 Meter hoch. **3.** Der Brocken befindet sich im Harz. **4.** Der Aufstieg zum Brocken war gefährlich. **5.** Man konnte die Klippen herunterstürzen oder ins Moor geraten. **6.** Die Germanen haben die Hochzeit des Gottes Donar und der Göttin Freya gefeiert. **7.** Im 8. Jahrhundert begann der Siegeszug des Christentums. **8.** Die letzte Hexenverbrennung fand 1609 statt.

B5 **b) 1.** f **2.** d **3.** a **4.** c **5.** b **6.** g **7.** e

C1 **1.** nach Österreich/nach Deutschland/nach Frankreich/nach Italien/in die Schweiz **2.** in den Iran **3.** nach Italien **4.** in die USA **5.** in die Schweiz **6.** in die Türkei **7.** nach Marokko

C2 **1.** zum **2.** zum, zu **3.** in die **4.** nach **5.** ins, ins **6.** nach **7.** nach **8.** in die

C4 **1.** starken **2.** heftige **3.** herrliche **4.** schlechtes **5.** warme **6.** stürmische **7.** unerträgliche **8.** eisige

C5 **1.** das rote Sommerkleid **2.** ihre neuen Kopfhörer **3.** die große Sonnenbrille **4.** den kleinen Regenschirm **5.** ein spannendes Buch **6.** ihren schwarzen Pullover **7.** die altmodische Videokamera **8.** die alte Jeans **9.** den silbernen Trinkbecher **10.** die blauen Handschuhe **11.** den dicken Reiseführer

C6 **a)** dunkel – klein– furchtbaren – laut – inkompetent – langweilig **b)** ein helles – großes – herrlichen/schönen – ruhige/nette – einem kompetenten – interessante

C7 **(Beispielkombinationen)**
a) ein japanisches, berühmtes, gemütliches, schönes, preiswertes, elegantes **Restaurant**; ein berühmter, schöner, langweiliger, ruhiger, verkehrsreicher **Ort**; ein japanischer, berühmter, schöner, langweiliger, spannender, lustiger, interessanter **Film**; berühmte, nette, schöne, elegante, laute, alte, lustige, interessante **Menschen**; eine ruhige, verkehrsreiche, laute **Straße**
b) 1. Ich würde gern in einem japanischen Restaurant essen. **2.** Ich möchte mein Wochenende gerne in einem schönen und ruhigen Ort verbringen. **3.** Ich interessiere mich für lustige Filme. **4.** Ich würde gerne mit berühmten Menschen Urlaub machen. **5.** Ich würde gerne in einer ruhigen Straße wohnen.

C8 **1.** das, der Zug **2.** das, die Rezeption **3.** die, das Mückenspray **4.** die, das Wetter **5.** der, das Telefon **6.** der, das Meer

C9 Das Flugzeug – die Sonnencreme – keinen Laptop – das Mückenspray – die Aspirintabletten – Regen und Gewitter – einen Regenschirm und Regenkleidung – deinen Reisepass

C10 **Familienstand:** ledig **PLZ:** 10435 **Geburtsort:** Dresden **Jetzige Tätigkeit:** Student **Gewünschte Reiseziele:** Südamerika oder Asien **Ich interessiere mich für:** preiswerte Reisen **Möchten Sie Informationen über besondere Angebote?** ja

C11 **1.** Carla bekommt diese Stelle sicher nicht, weil sie keinen Hochschulabschluss hat. **2.** Obwohl mein Mann seit zwei Tagen Fieber hat, will er nicht zum Arzt gehen. **3.** Er interessiert sich für die englische Kultur, weil er mit einer Engländerin verheiratet ist. **4.** Obwohl Paul und Paula zehn Jahre lang in den USA gelebt haben, waren sie nie im Grand Canyon. **5.** Obwohl mein Sohn noch nicht lesen kann, interessiert er sich jetzt schon für Bücher. **6.** Obwohl Herr Probst sehr wenig Zeit hat, möchte er sich mit Ihnen unbedingt treffen.

7. Flugtickets kaufen wir am liebsten im Internet, weil wir die Preise vergleichen können.

C12 1. weil 2. ob 3. aber 4. Wenn 5. Weil 6. Obwohl 7. dass 8. aber

6 Tiere und Menschen

A1 **1.** der Wal **2.** das Reh **3.** die Mücke **4.** der Vogel **5.** die Kuh **6.** das Kaninchen **7.** der Fisch **8.** der Elefant **9.** die Biene **10.** der Gepard **11.** der Frosch **12.** das Nashorn **13.** die Katze **14.** die Giraffe **15.** der Schmetterling **16.** die Maus **17.** der Hund **18.** die Ameise **19.** die Schildkröte **20.** das Nilpferd **21.** das Schaf **22.** das Huhn **23.** die Spinne **24.** die Schlange **25.** das Pferd

A3 **Herr Lohse:** oft, der Löwe, vor Mäusen und Spinnen **Brigitte:** nie, Pinguine, keine Angst vor Tieren **Matthias:** selten, Affen, Giraffen und sein Hund, vor Skorpionen und Schlangen

Hörtexte:

Reporterin: Entschuldigung, wir machen gerade eine Meinungsumfrage über Tiere. Darf ich Ihnen einige Fragen stellen?
Herr Lohse: Ja, natürlich.
Reporterin: Gehen Sie manchmal in den Zoo?
Herr Lohse: Ja, ziemlich oft. Wissen Sie, ich habe zwei Söhne. Sie interessieren sich für wilde Tiere, deshalb gehen wir fast jeden Monat einmal in den Zoo.
Reporterin: Haben Sie ein Lieblingstier?
Herr Lohse: Ja, mein Lieblingstier ist der Löwe.
Reporterin: Haben Sie keine Angst vor Löwen?
Herr Lohse: Nein. Ich habe Angst vor Mäusen und Spinnen.

Reporterin: Guten Tag, darf ich Ihnen einige Fragen über Tiere stellen?
Brigitte: Ja, sicher.
Reporterin: Wie oft gehen Sie in den Zoo?
Brigitte: Also, ich gehe nie in den Zoo. Ich bin gegen das Konzept des Zoos. Ich finde, wilde Tiere sollte man nicht einsperren.
Reporterin: Ja, vielleicht haben Sie recht. Haben Sie Lieblingstiere?
Brigitte: Ja, meine Lieblingstiere sind Pinguine.
Reporterin: Vor welchen Tieren haben Sie Angst?
Brigitte: Ich habe keine Angst vor Tieren.

Reporterin: Hallo, darf ich Ihnen ein paar Fragen über Tiere stellen?
Matthias: Ja, klar.
Reporterin: Gehen Sie manchmal in den Zoo?
Matthias: Ja, aber selten. Wenn meine Tochter Geburtstag hat, gehe ich manchmal mit ihr in den Zoo.
Reporterin: Haben Sie ein Lieblingstier?
Matthias: Ich habe viele Lieblingstiere: Ich mag die Affen, weil sie so lustig sind, dann die Giraffen und natürlich meinen Hund Lassie.
Reporterin: Vor welchen Tieren haben Sie Angst?
Matthias: Vor giftigen Tieren wie Skorpionen und Schlangen, aber zum Glück leben solche Tiere nicht in Deutschland.

A4 **1. c)** die Riesenschildkröte (220 Jahre) **2. b)** der Blauwal (33 Meter) **3. b)** der Delfin (7 Meter) **4. a)** die Giraffe (5,88 Meter) **5. c)** eine Sandotter (Ungefähr 40 000 Menschen sterben jedes Jahr durch Schlangen, am häufigsten durch die Sandrasselotter. Das Nilpferd liegt an zweiter Stelle. Es ist das gefährlichste Säugetier. Ungefähr 400 Tote gibt es jedes Jahr durch Nilpferde in Afrika.) **6. a)** eine Seeanemone (Krustenanemone, lebt in einer Lagune bei den Hawaii-Inseln) **7. a)** der Gepard (105 km/h)

A6 **1.** richtig **2.** falsch **3.** falsch **4.** richtig **5.** falsch **6.** falsch

A7 **1.** keine Angst haben **2.** unauffällig **3.** bunte **4.** die ursprüngliche Bevölkerung **5.** Es ist nicht bekannt. **6.** herstellen **7.** liegt auf dem dritten Platz **8.** etwa/ungefähr

A8 **1.** In Australien leben die meisten giftigen Tiere. **2.** Dort kann man den giftigsten Schlangen, Spinnen und Quallen begegnen. **3.** Welches Tier ist das giftigste? **4.** In Deutschland sterben im Jahr etwa 20 Menschen am Gift einer Biene. **5.** Sie reagieren auf Bienengift allergisch. **6.** Wissenschaftler interessieren sich für die Wirksamkeit des Giftes. **7.** Die Krustenanemone hat das wirksamste Gift. **8.** Den zweiten Platz belegt der Pfeilgiftfrosch. **9.** Auf Platz drei kommt die 2,50 Meter lange Inland-Taipan.

A9 **1.** wirksamste, wirksamer als **2.** schnellste, schneller als **3.** älteste, älter als **4.** höchsten, höher als **5.** längste, länger als **6.** größte, größer als **7.** schwerste, schwerer als **8.** kleinste, kleiner als

A12 **2.** f **3.** a **4.** b **5.** h **6.** e **7.** c **8.** g

A13 **1.** Haustiere sind der Freund und Begleiter des Menschen. **2.** Sie haben eine positive Wirkung auf das Wohlbefinden und die Gesundheit des Menschen. **3.** Menschen mit Haustieren leiden seltener an Schlafstörungen und Kopfschmerzen. **4.** Bei älteren Menschen hilft es gegen die Einsamkeit. **5.** Durch das Zusammenleben mit Haustieren wird die emotionale Intelligenz höher. **6.** Durch Stress entstehen Krankheiten. **7.** Tierhalter selbst sehen sich als kontaktfreudiger, lebensfroher und zufriedener als andere Menschen.

A14 **1.** Schlafstörung **2.** Einsamkeit **3.** Kopfschmerzen **4.** Stress **5.** Krankheiten **6.** Stimmung

A15 **2.** c **3.** e **4.** b **5.** a

A17 **1.** Mir **2.** weil **3.** konnte **4.** soll **5.** bin **6.** empfehlen **7.** Am **8.** mache **9.** Wenn **10.** Liebe

A20 **b) 1.** meine Tante **2.** mein Schwiegervater **3.** meine Schwägerin **4.** meine Schwiegermutter **5.** meine Oma **6.** mein Schwager

A22 **c) 1.** klug/intelligent **2.** ordentlich **3.** fleißig **4.** humorvoll **5.** optimistisch

A27 **1.** b **2.** b **3.** c **4.** c

A28 **(Beispielsätze) 1.** Die Wissenschaftler kamen zu dem Resultat, dass sich Gleichheit/Ähnlichkeit positiv auf eine Partnerschaft auswirkt. **2.** Zur Verträglichkeit gehören Freundlichkeit und Empathie, zur Gewissenhaftigkeit zählen Ordentlichkeit und Pünktlichkeit. **3.** Außerdem spielen ähnliche Interessen und Werte eine Rolle. **4.** Es kann zum Beispiel zu Problemen kommen, wenn zwei sehr dominante Persönlichkeiten zusammenleben. **5.** Andere Studien ergaben, dass Ähnlichkeit nicht so wichtig ist. **6.** Nach Meinung der Autoren ist gegenseitiger Respekt besonders wichtig.

A29 **a) 1.** interviewt **2.** funktioniert **3.** gehören, zählen/zählen, gehören **4.** spielen **5.** beeinflussen **6.** kamen/kommen **7.** ergaben **8.** bedeutet **9.** akzeptieren **10.** lernen
b) 1. Gleichheit **2.** Untersuchung **3.** Befragung **4.** Partnerschaft **5.** Eigenschaft **6.** Freundlichkeit **7.** Gewissenhaftigkeit **8.** Pünktlichkeit **9.** Persönlichkeit **10.** Ergebnis **11.** Geheimnis **12.** Stärke **13.** Schwäche

A31 **a) 1.** seit vier Wochen **2.** Architekt **3.** geschieden **4.** Sie waren zu verschieden/unterschiedlich/hatten unterschiedliche Interessen. **5.** kochen **6.** morgen Abend

Hörtext:

Oskar: Hallo …
Claudia: Hallo.
Oskar: Sind Sie eine Freundin von Christine?
Claudia: Nein, ich bin eine Arbeitskollegin. Ich heiße Claudia.
Oskar: Freut mich, ich heiße Oskar, Oskar Walter. Arbeiten Sie schon lange mit Christine zusammen?
Claudia: Nein, ich habe erst vor vier Wochen bei KARGO angefangen. Christine und ich sitzen im selben Büro. Und Sie, wo arbeiten Sie?
Oskar: Ich arbeite in einem Ingenieurbüro, gleich hier in der Nähe.
Claudia: Sind Sie Bauingenieur?
Oskar: Nein, Architekt, aber ich arbeite mit vielen Bauingenieuren zusammen. Wir entwickeln und bauen Anlagen für die Industrie. Arbeitet Ihr Mann auch bei KARGO?

Claudia: Nein, ich bin nicht verheiratet – das wollten Sie doch wissen, oder?
Oskar: Um ehrlich zu sein, ja.
Claudia: Und Sie, sind Sie verheiratet?
Oskar: Ich bin geschieden. Also: Einen Versuch habe ich schon erfolglos hinter mich gebracht …
Claudia: Wo war das Problem, oder darf ich das nicht fragen?
Oskar: Tja, das kann ich so einfach nicht sagen. Ich glaube, wir waren zu verschieden. Wenn ich Musik hören wollte, wollte meine Ex-Frau einen Film sehen, wenn ein wichtiges Fußballspiel im Fernsehen war, wollte sie ausgehen … Also jeder von uns wollte immer etwas anderes.
Claudia: Ich hatte früher mal einen Freund, da war das ganz genau so.
Oskar: Was machen Sie denn abends, wenn Sie nach Hause kommen?
Claudia: Na, das was alle machen. Ich koche mir was zum Abendessen, dann höre ich Musik, lese ein Buch oder sehe fern.
Oskar: Kochen Sie gerne?
Claudia: Um ehrlich zu sein, nein. Ich kann auch nicht besonders gut kochen.
Oskar: Dann kommen Sie doch einfach mal zu mir zum Essen, ich koche sehr gerne.
Claudia: Was denn?
Oskar: Was immer Sie wollen, Spaghetti mit Tomatensoße, Spaghetti ohne Tomatensoße, Spaghetti mit Käse, …
Claudia: Spaghetti ohne Käse … Das klingt alles sehr gut. Ich komme gerne …
Oskar: Morgen Abend?
Claudia: Ja, morgen Abend habe ich nichts vor …

A33 **sehr positiv:** Das hast du/haben Sie prima gemacht! – Das finde ich ganz toll. – Ich bin begeistert!
positiv: Das gefällt mir gut. – Mach/Machen Sie weiter so!
negativ: Vielleicht solltest du/sollten Sie das nächste Mal … – Könntest du/Könnten Sie bitte das nächste Mal …
sehr negativ: Was hast du/haben Sie denn gemacht? – Hör/Hören Sie sofort damit auf! – Mach/Machen Sie das nie wieder!

A34 **1.** Was machen wir denn heute? **2.** Wann kommt denn dein Bruder? **3.** Das ist doch der Kaffee von gestern. **4.** Wo kommst denn du her? **5.** Das ist doch ein wunderschönes Bild. **6.** Das kann doch nicht wahr sein! **7.** Was machen Sie denn in meinem Büro? **8.** Wo steht denn Ihr Auto? **9.** Schau mal, das ist doch Helenes Motorrad! **10.** Wann beginnt denn die Besprechung?

B1 **1.** die Biene **2.** die Mücke **3.** die Hummel **4.** die Wespe **5.** die Fliege

B4 **a) 1.** gegen **2.** in, unter **3.** mit, im **4.** Im, an **5.** auf **6.** von
b) 1. übertragen **2.** tragen **3.** stechen **4.** riechen **5.** erzeugen **6.** abdecken **7.** lindern

C1 **1.** Eine Schnecke ist langsamer als ein Gepard. Ein Gepard ist schneller als eine Schnecke. **2.** Ein Wal ist länger als ein Haifisch. Ein Haifisch ist kürzer als ein Wal. **3.** Ein Faultier ist fauler als eine Biene. Eine Biene ist fleißiger als ein Faultier. **4.** Die Nordsee ist tiefer als der Bodensee. Der Bodensee ist flacher als die Nordsee. **5.** Der Berliner Dom ist niedriger/kleiner als das Empire State Building. Das Empire State Building ist höher als der Berliner Dom. **6.** In Norwegen ist es kälter als in Spanien. In Spanien ist es wärmer als in Norwegen.

C2 **1.** schnelleren **2.** preiswertere **3.** leichteren **4.** wärmeres **5.** freundlichere **6.** ungefährlicheres **7.** größeren **8.** höheres **9.** höflicheren

C3 **1.** dünner **2.** besser **3.** optimistischer **4.** fleißiger **5.** ordentlicher **6.** lustiger/fröhlicher/humorvoller **7.** zufriedener

C4 **1.** butterweich **2.** blitzschnell **3.** messerscharf **4.** steinalt **5.** aalglatt **6.** eiskalt **7.** strohdumm

C5 **1.** schnellste **2.** seltensten, häufigsten **3.** größte **4.** neuesten **5.** meistgesprochene **6.** berühmteste **7.** teuerste **8.** älteste

C6 **1.** die Mütze, der Schal **2.** die Bluse **3.** die Stiefel **4.** der Schlafanzug **5.** das T-Shirt **6.** die Jacke/der Mantel **7.** die Socken **8.** die Schuhe/die Sportschuhe/die Absatzschuhe **9.** die Hose **10.** das Hemd **11.** der Rock **12.** der Pullover

C7 **1.** die roten Schuhe, den grünen Bikini **2.** der teure Anzug **3.** eine schwarze Maske, weiße Socken **4.** ein neues Kleid **5.** den warmen Schlafanzug, den dicken Pullover **6.** eine schöne Bluse, dem karierten Rock **7.** den alten Sachen, dem wichtigen Vorstellungsgespräch **8.** die weißen Hemden, die schwarze Hose, die blaue Winterjacke

C8 Die **erste Person** ist ein Mann. Er ist mittelgroß, schlank. Er trägt ein Hemd, eine gestreifte Krawatte und eine Hose. Die **zweite Person** ist ein Mann. Er ist groß und dick/kräftig. Er trägt ein Hemd und eine Hose. Die **dritte Person** ist sehr klein. Es ist auch ein Mann. Er hat einen Bart und er trägt Arbeitskleidung/eine Arbeitshose. Die **vierte Person** ist mittelgroß. Es ist ein Kellner. Er trägt einen Kellneranzug und eine Fliege. Er hat einen Schnauzbart.

C9 **1.** Du hast ein wunderschönes Lächeln. **2.** Die Sängerin hat eine fantastische Stimme. **3.** Herr Weber hat einen ziemlich dicken Bauch. **4.** Das Fotomodel hat ein ovales Gesicht. **5.** Die Tänzerin hat lange Beine. **6.** Der Minister hat einen roten Bart. **7.** Maria hat braune Augen. **8.** Der Schauspieler hat einen muskulösen Körper.

C10 **1.** Wenn Sie Probleme haben, sollten Sie mit dem Chef sprechen. **2.** Wenn Sie sich über Ägypten informieren wollen, sollten Sie einen Reiseführer lesen. **3.** Wenn du frierst, solltest du einen Pullover anziehen. **4.** Wenn du schnell in Hamburg sein willst, solltest du mit dem Intercity-Express fahren. **5.** Wenn das Zimmer zu unordentlich ist, solltest du es aufräumen. **6.** Wenn Sie Chinesisch lernen wollen, sollten Sie einen Sprachkurs besuchen. **7.** Wenn du abnehmen willst, solltest du weniger essen. **8.** Wenn du immer müde bist, solltest du mehr Sport treiben. **9.** Wenn das Essen nicht schmeckt, solltest du/sollten Sie sich beschweren. **10.** Wenn du jeden Tag zu spät kommst, solltest du früher aufstehen. **11.** Wenn Sie diese Tabletten einnehmen, sollten Sie nicht Auto fahren.

C11 **1.** über **2.** an oder unter **3.** von **4.** über **5.** von **6.** in **7.** an **8.** mit **9.** zu **10.** für **11.** an

C12 Ich suche einen **Mann**, der – den – mit dem – der; Ich möchte **Kollegen**, mit denen – die – denen; Ich suche eine **Wohnung**, die – die – in der; Ich möchte gern ein **Auto**, das – mit dem – in dem – das; Ich suche eine **Freundin**, über die – mit der

C13 **1.** ist ein Maler, den … **2.** ist eine Stadt, die … **3.** ist eine Schauspielerin, die … **4.** ist ein Wissenschaftler/Physiker, den … **5.** ist ein Politiker, den … **6.** ist eine Firma, die …

C14 **1.** die **2.** das **3.** das **4.** dem **5.** der **6.** die **7.** den **8.** den **9.** dem **10.** denen

C15 **1.** vor **2.** durch **3.** um **4.** gegen **5.** Ohne **6.** Für, Für **7.** Durch **8.** ohne **9.** bis **10.** für **11.** um

C16 **1.** auf eine Partnerschaft **2.** Zur Beantwortung **3.** für viele Menschen **4.** in den Kategorien **5.** zu anderen Ergebnissen **6.** Nach Meinung **7.** mit ihren Stärken und Schwächen

7 Wohnen und Essen

A1 **b) Kirsten:** im Zentrum einer Großstadt – einen fantastischen Ausblick, eine offene Küche
Martin: im Grünen, am Stadtrand – einen großen Garten, große Fenster, helle Zimmer
Alexandra: auf dem Land – eine große Küche und eine Terrasse

Hörtext:
Moderator: Hallo, liebe Zuhörerinnen, liebe Zuhörer, willkommen bei „Leute heute“. In unserer Sendung geht es wie immer darum, was junge

Leute denken, fühlen und träumen. Heute reden wir über das Thema Wohnen. Wir haben drei Gäste im Studio: Martin, Kirsten und Alexandra. Hallo.

Gäste: Hallo.

Moderator: Beginnen wir mit eurer Traumwohnung. Wie sieht die Wohnung eurer Träume aus?

Kirsten: Soll ich anfangen?

Moderator: Ja, gerne, Kirsten, fang an.

Kirsten: Meine Traumwohnung befindet sich in einer Großstadt, mitten im Zentrum. Am liebsten wäre mir eine Wohnung hoch in den Wolken, in einem Hochhaus, so in der 12. oder 13. Etage, oder noch höher. Von da aus hätte ich einen fantastischen Ausblick über die Stadt. Zu der Anzahl der Zimmer kann ich noch nichts sagen, das hängt davon ab, ob ich eine große Familie habe. Auf jeden Fall möchte ich eine offene Küche. Dann kann ich beim Kochen fernsehen oder Musik hören – das wäre toll.

Moderator: Und wie sieht deine Traumwohnung aus, Martin?

Martin: Also, ich bin ein Familienmensch. Ich wünsche mir später eine große Familie mit vielen Kindern, und mit denen möchte ich gern im Grünen wohnen, vielleicht am Stadtrand. Es wäre natürlich toll, wenn ich mein eigenes Haus hätte mit einem großen Garten. Ein großer Garten muss sein, den brauche ich unbedingt. Und große Fenster möchte ich gern, ich mag es, wenn die Zimmer schön hell sind.

Moderator: Und deine Traumwohnung, Alexandra, wie sieht die aus?

Alexandra: Ja, ich habe eigentlich keine genauen Vorstellungen von meiner Traumwohnung. Ich weiß, dass ich gerne auf dem Land leben möchte, mit vielen Tieren. Vielleicht auf einem Bauernhof. Und was ich mir sonst noch wünsche … eine große Küche mit einer Terrasse, auf der man im Sommer im Freien sitzen und essen kann …

A3 **(Beispiel)** Für die ältere Dame würde ich die erste Wohnung nehmen, denn die Wohnung hat zwei Zimmer, ein Bad, eine offene Küche und einen Balkon. Die Wohnung ist 58,67 Quadratmeter groß. Sie liegt in der vierten Etage (Treppensteigen hält jung). Die Wohnung kostet 476 Euro im Monat plus 123 Euro Nebenkosten. Die Kaution beim Einzug beträgt 952 Euro. Die Wohnung liegt im Stadtzentrum und hat gute Einkaufsmöglichkeiten, das heißt, die ältere Dame muss zum Einkaufen nicht weit laufen.

A5 **(Beispielsätze) c) 1.** spielte ich noch mit Puppen. **2.** hatte ich jeden Nachmittag frei. **3.** habe ich fast jede Nacht eine Party gefeiert. **4.** reise ich in fremde Länder.

A6 **b) (Beispielsätze) 1.** 54 Prozent der Wohnungen in Hamburg sind Single-Haushalte. **2.** Über ein Drittel der Singles sind über 64 Jahre alt. **3.** In Schweden leben 52 Prozent in Single-Wohnungen. **4.** Im Süden Europas wohnen nur 20 Prozent allein. **c) 1.** beobachten **2.** sein **3.** bevorzugen **4.** bieten

A7 **b) 1.** 79 Prozent der Singles finden Ordnung zu Hause sehr wichtig. **2.** 38 Prozent halten ihre Wohnung für so sauber, dass man vom Fußboden essen kann. **3.** 18 Prozent haben eine professionelle Reinigungskraft. **4.** Viele Singles räumen auf, wenn Besuch kommt.

A8 **a) (Beispiel)** Das Sofa steht in der Mitte des Zimmers. Auf dem Sofa ist ein Teller mit einem Stück Pizza. Auf dem Sofatisch liegt ein Pizzakarton, auf dem Pizzakarton liegt ein Gamepad. Auf dem Sofatisch stehen außerdem eine Kaffeetasse und ein Weinglas. Vor dem Sofa und dem Sofatisch steht der Fernseher. Auf dem Fernseher sind: die Fernbedienung, noch eine Tasse Kaffee und eine Schachtel mit Bonbons. Neben dem Fernseher steht noch ein Weinglas. Auf dem Fußboden liegen Spielkarten und die Spielkonsole. Auf dem Esstisch liegt ein zweiter Pizzakarton. Ein Handtuch und ein paar Socken hängen über den Stühlen. Die Sportschuhe hängen über der Lampe. Auf dem Fußboden neben dem Sofatisch liegen auf der einen Seite CDs, auf der anderen Seite eine Sporttasche. Auf dem Fensterbrett steht ein Blumentopf.

A9 **b) 1.** Ich kann das Bild selbst aufhängen. **2.** Ich kann die Waschmaschine nicht selbst reparieren. Dazu brauche ich einen Monteur. **3.** Ich kann die Wände nicht selbst neu streichen. Dazu brauche ich einen Maler. **4.** Ich kann das Wohnzimmer nicht selbst tapezieren. Dazu brauche ich einen Maler. **5.** Ich kann die Garage nicht selbst bauen. Dazu brauche ich einen Maurer. **6.** Ich kann den Garten nicht selbst in Ordnung bringen. Dazu brauche ich einen Gärtner. **7.** Ich kann das Waschbecken nicht selbst anbauen. Dazu brauche ich einen Klempner. **8.** Ich kann das Holzregal nicht selbst bauen. Dazu brauche ich einen Zimmermann. **9.** Ich kann das Dach nicht selbst reparieren. Dazu brauche ich einen Dachdecker. **10.** Ich kann die Steckdose nicht selbst anbringen. Dazu brauche ich einen Elektriker. **11.** Ich kann die Fenster nicht selbst putzen. Dazu brauche ich einen Fensterputzer.

A10 **b)** Ich habe keine Lust, die Wohnung sauber zu machen, die Hemden zu bügeln, Spaghetti zu kochen, deine Socken zu waschen, mein Zimmer aufzuräumen, den Garten in Ordnung zu bringen.

A11 **(Beispielsätze) 1.** Ich habe vor, Wäsche zu waschen und im Garten zu arbeiten. **2.** Ich habe keine Zeit, Staub zu saugen. Ich habe keine Lust, das Bad sauber zu machen. **3.** Ich habe die Absicht, in diesem Jahr oder im nächsten Jahr meine Wände neu zu streichen. **4.** Es ist verboten, nach 22.00 Uhr laute Musik zu hören.

A13 **b)** sich auf der Wiese sonnen, sich vom Stress der Arbeit erholen, sein eigenes Gemüse anbauen, im Grünen spielen

A14 **1.** Mitglieder in einem Kleingartenverein **2.** Die Idee stammt aus dem Jahre 1861. **3.** Schrebergärten **4.** Nach dem Zweiten Weltkrieg diente der Kleingarten zum Überleben. **5.** Heute nutzen viele junge Familien die Kleingärten.

A15 **1.** b **2.** e **3.** a **4.** d **5.** c **6.** j **7.** h **8.** f **9.** g **10.** i

A19 **b) 1.** richtig **2.** falsch **3.** falsch **4.** richtig

A20 **b)** Gemüse kann man waschen, schneiden, in Wasser kochen, mit Salz und Zucker würzen, mit einer Soße vermischen, mit Petersilie bestreuen. Soße kann man mit Sahne verfeinern.

A21 **a) 1.** am Fenster **2.** ein Wasser **3.** ein Bier **4.** auf ein großes Schnitzel mit Bratkartoffeln **5.** Leipziger Allerlei **6.** ein Schnitzel mit Salzkartoffeln

Hörtext:

Kellner: Guten Abend.

Hubert: Guten Abend. Haben Sie noch einen Tisch für drei Personen?

Kellner: Ja, bitte. Ist dieser Tisch gut?

Hubert: Danke.

Kerstin: Haben Sie vielleicht noch einen Tisch am Fenster?

Kellner: Am Fenster? Nur dort in der Ecke.

Katja: Dort ist es zu dunkel. Ich möchte lieber an diesem Tisch hier sitzen.

Hubert: Gut, dann setzen wir uns hierhin.

Kellner: Darf ich Ihnen etwas zu trinken bringen?

Katja: Ich nehme ein Wasser.

Hubert: Ich hätte gern ein Bier.

Kellner: Ein Pils?

Hubert: Nein, ein dunkles Bier bitte.

Kerstin: Und ich hätte gern ein Glas Weißwein … und ein Wasser.

Kellner: Das Wasser mit Kohlensäure?

Kerstin: Nein, ohne bitte.
Kellner: Also: zwei Wasser ohne Kohlensäure, ein Weißwein und ein dunkles Bier.
Hubert: Ja, bitte.
Kellner: Hier ist die Speisekarte.
Hubert: Also, ich habe heute Appetit auf ein richtig großes Schnitzel, am liebsten mit Bratkartoffeln. Und du, Kerstin, was nimmst du?
Kerstin: Schnitzel und Bratkartoffeln. Das hat so viel Fett.
Hubert: Ja, aber es schmeckt gut.
Katja: Ich nehme das Leipziger Allerlei.
Hubert: Das ist doch noch nur Gemüse, Katja. …
Katja: Hier steht: Leipziger Allerlei mit Kartoffeln und Flusskrebsen … Klingt doch gut, oder?
Kerstin: Ich nehme auch das Schnitzel.
Hubert: Du hast doch gerade gesagt, es hat so viel Fett. Trotzdem willst du jetzt das Schnitzel essen?
Kerstin: Naja, einmal geht das schon … Ich möchte aber keine Bratkartoffeln dazu …
Kellner: Haben Sie schon gewählt?
Hubert: Ja, wir hätten gern einmal Leipziger Allerlei mit Flusskrebsen und zweimal Schnitzel. Einmal mit Bratkartoffeln und einmal mit Salzkartoffeln.
Kellner: Danke schön … möchten Sie noch etwas trinken?
Hubert: Nein danke, später vielleicht …

A22 b) **1.** Paul kann nicht kochen, deshalb geht er oft ins Restaurant. **2.** Marie mag kein Gemüse, trotzdem gibt es bei ihr jede Woche Leipziger Allerlei. **3.** Alexandra ist Griechin, deshalb würzt sie ihre Gerichte gern mit Petersilie, Basilikum und Thymian. **4.** Morgen schreibt Katja einen Test, trotzdem lernt sie nicht. **5.** Herr Krause ist krank, trotzdem geht er zur Arbeit. **6.** Sie mag keine Tiere, trotzdem hat sie einen Hund. **7.** Ich will heute Abend nicht alleine fernsehen, deshalb gehe ich zur Party von Otto. **8.** Ich will nicht jeden Morgen mit dem Auto im Stau stehen, deshalb fahre ich mit der Straßenbahn. **9.** Marcus mag die Großstadt, trotzdem will er ein Haus auf dem Land kaufen.

B1 b) **1.** e **2.** d **3.** f **4.** a **5.** c **6.** b

B2 b) **(Beispiele) 1.** ein gelbes Auto **2.** roten Pullover, schwarze Schuhe, einen blauen Mantel, einen grünen Koffer, ein braunes Portemonnaie **3.** weiße Hemden/Blusen, schwarze Anzüge/Kleider, gelbe T-Shirts, blaue Jeans **4.** rote Äpfel, blaue Weintrauben, weißen Spargel

B3 Achtung! – rot, Frische – blau, Liebe – rot, Gefahr – rot, Erholung – grün, Gift – grün, Umwelt – grün, Wasser – blau, Kälte – blau, Wärme – rot, Trauer – schwarz, Sonne – gelb

B4 c) **1.** falsch **2.** richtig **3.** falsch **4.** richtig **5.** richtig **6.** falsch
d) **1.** nehmen wahr **2.** beeinflussen **3.** beweist **4.** beurteilen **5.** arbeiten **6.** zählen **7.** verbinden **8.** steht

C1 **1.** hängt, Mutti hat die neue Lampe über den Tisch gehängt. **2.** Steht, Kurt hat den Sessel neben den Schreibtisch gestellt. **3.** Stehen, Oma hat die Blumen in die weiße Vase gestellt. **4.** Liegt, Ich habe den Brief in die Schublade gelegt. **5.** Hängt, Er hat das Handtuch ins/in das Bad gehängt. **6.** Stehen, Ich habe die Teller in den Küchenschrank gestellt.

C2 **1.** setze **2.** liegt **3.** steht **4.** hängt **5.** setzen **6.** setze, liegt/sitzt **7.** stellen **8.** stehen **9.** hängt **10.** legen

C3 a) Schreibtischlampe/-stuhl, Heftklammer, Laserdrucker, Drehstuhl, Dokumentenmappe – Büro
b) Geschirrspüler, Kochtopf, Spülmittel, Elektroherd, Kaffeemaschine – Küche
c) Fernsehgerät, Sofatisch, Stehlampe, Bücherregal, Zeitungsständer – Wohnzimmer

C4 **1.** das, die Küche **2.** die, der Teppich **3.** der, die Etage **4.** der, die Kaffeemaschine **5.** das, die Pflanze **6.** die, der Verkehr **7.** das, der Fußballplatz **8.** die, das Restaurant **9.** die, das Freizeitangebot

C5 **1.** Bananen **2.** Tomaten **3.** Lachs

C6 **1.** der Stuhl **2.** das Glas **3.** das Messer **4.** der Teller **5.** das Fischmesser **6.** die Gabel **7.** die Kerze **8.** der Kerzenständer **9.** die Vase **10.** die Tischdecke **11.** die Serviette **12.** die Blumen *(Pl.)*

C7 **1.** Sushi ist eine japanische Spezialität, die man aus Reis, Gemüse und rohem Fisch zubereitet. **2.** Weißwurst ist eine typisch bayerische Wurst, die man aus Kalb- und Schweinefleisch zubereitet. **3.** Borschtsch ist eine russische Suppe, die man aus Rindfleisch, roter Bete und Weißkohl zubereitet. **4.** Zürcher Geschnetzeltes ist ein Gericht aus der Schweiz, das man aus Kalbfleisch, Champignons, Zwiebeln und Sahne zubereitet. **5.** Rindercarpaccio ist eine italienische Vorspeise, die man aus rohem Rinderfilet, Parmesankäse, Olivenöl und Zitronensaft zubereitet.

C8 **1.** wenn **2.** wenn **3.** wenn **4.** Als **5.** Als **6.** wenn **7.** als **8.** wenn **9.** Als **10.** Wenn **11.** Wenn **12.** als **13.** Wenn **14.** Wenn

C9 **1.** zu **2.** –, zu **3.** zu, – **4.** zu, zu **5.** –, – **6.** zu, zu

C10 **1.** c **3.** d **4.** b **5.** e **6.** f

C11 **1.** heute Abend ins Kino zu gehen. **2.** einen Kleingarten zu mieten. **3.** hier zu rauchen. **4.** am Wochenende mein Wohnzimmer zu tapezieren. **5.** dein Zimmer aufzuräumen. **6.** einen Klempner zu bestellen.

C12 **1.** Trotzdem hat er das Protokoll noch nicht geschrieben. **2.** Trotzdem ist Peter im Park spazieren gegangen. **3.** Trotzdem hat er Oma nicht besucht. **4.** Trotzdem hat er zum Mittagessen Fisch gekocht. **5.** Trotzdem hat er bis 3.00 Uhr eine Party gefeiert.

C13 **1.** Deshalb bin ich zu spät gekommen. **2.** Deshalb habe ich die Prüfung mit „gut" bestanden. **3.** Deshalb haben wir den Auftrag erhalten. **4.** Deshalb haben wir das Problem rechtzeitig gelöst. **5.** Deshalb habe ich (mir) gestern einen neuen Fernseher gekauft.

C14 **1.** in die **2.** auf dem **3.** über das **4.** an der **5.** unter dem/auf dem/neben dem **6.** In den/Zwischen den/Unter den **7.** neben das **8.** im **9.** ins, ins **10.** am **11.** in den, Im **12.** Am, in einem **13.** Zwischen dem, dem **14.** in

8 Politik und Technik

A1 a) Zeitungen sind die drei oben abgebildeten: „Bild", „Frankfurter Allgemeine", „Die Welt"
b) Politische Zeitschriften in Deutschland sind: „Der Spiegel", „Focus" und „Stern"; populärwissenschaftliche Zeitschriften sind z. B.: „GEO" und „P.M."; „Psychologie Heute" und „Wirtschaftswoche" sind Fachzeitschriften und „Freundin" ist eine Frauenzeitschrift.

A2 a) **1.** Verspätung **2.** Deutschkenntnisse **3.** Zeitschriften **4.** Wissenschaft **5.** Politik **6.** Papierform **7.** Entwicklungen **8.** Sonnensystem

Hörtext:
Maria: Hallo Marc, wie geht es dir? Hattest du eine gute Reise?
Marc: Ja, alles lief gut. Der Zug hatte keine Verspätung.
Maria: Das ist ja fast ein Wunder.
Marc: Du, ich habe mal eine Frage. Ich möchte meine Deutschkenntnisse noch ein bisschen verbessern und meine Frau sagt, ich soll einfach mehr deutsche Zeitungen und Zeitschriften lesen. Ich weiß aber nicht genau, welche Zeitschrift. Kannst du mir einen Tipp geben, du kennst doch die deutschsprachigen Zeitschriften besser.
Maria: Wofür interessierst du dich denn?
Marc: Na ja, vor allem für Politik, Wirtschaft und Wissenschaft.
Maria: Dann würde ich dir vielleicht den „Spiegel" empfehlen. Den gibt es online und ich lese ihn selbst regelmäßig. Dort findest du Artikel zu verschiedenen Themen, auch zur aktuellen Politik. Bei manchen interessanten Themen musst du aber die Zeitschrift in Papierform kaufen, die Artikel kann man in der kostenlosen Online-Ausgabe nicht lesen. Oder du kaufst ein Online-Abonnement, das heißt „Spiegel Plus", dann kannst du alle Artikel und Interviews auch im Netz lesen.
Marc: Danke, das ist ein guter Tipp. Schau mal hier, am Bahnhof habe ich mir die Zeitschrift „GEO" gekauft.

Darin steht ein Bericht über die neuen Entwicklungen im Bereich Umweltschutz.

Maria: Die Zeitschrift „GEO" hat viele interessante Artikel zu Themen aus Technik, Natur oder Astronomie. In der letzten Nummer habe ich zum Beispiel einen spannenden Artikel über unser Sonnensystem gelesen. Ich war total begeistert.

Marc: Dann lese ich zuerst den Umweltartikel und schaue später mal ins Netz zu „Spiegel Online". Ich bin gespannt, ob ich alles verstehe.

A4 **a)** **1.** der **2.** die **3.** die **4.** der **5.** das **6.** die **7.** die **8.** der **9.** die **10.** das **11.** die **12.** der **13.** die **14.** die
b) **1.** Bilder/Fotos **2.** Journalist, Informationen **3.** Anzeige **4.** Politik **5.** Regenbogenpresse, Artikel/Berichte

A5 **1.** Banken verschlafen neuen Trend **2.** Aufruf im Internet **3.** Kuh klingelt **4.** Lotto-Glück **5.** Kaffeefirma verkauft Billigtickets **6.** Eröffnung der Leipziger Buchmesse

A6 **1.** Sonderaktion, Städte **2.** Aussteller, Besucher **3.** Geldvermögens, Kunden **4.** Vorschläge, Bereichen **5.** Überraschung **6.** Vorteil

A7 **a)** **2.** g **3.** b **4.** a **5.** h **6.** f **7.** d **8.** k **9.** c **10.** j **11.** i
b) **1.** verkauft **2.** unterbietet **3.** präsentieren **4.** interessieren **5.** aufbauen **6.** machen **7.** werden

A8 **1.** wird eröffnet **2.** werden erwartet **3.** wird geprüft

A9 **1.** beraten **2.** werden geplant **3.** werden gemacht **4.** werden verkauft **5.** werden abgebaut **6.** wird gestreikt **7.** werden erhöht **8.** werden geführt **9.** wird gewählt

A10 **1.** falsch **2.** richtig **3.** falsch **4.** richtig **5.** richtig **6.** falsch **7.** falsch **8.** richtig

Hörtext:
Es ist 8.00 Uhr, Sie hören die Kurznachrichten.
Die deutsche Wirtschaftsministerin ist heute nach Moskau gereist. Sie trifft sich am Nachmittag mit ihrem russischen Amtskollegen zu einem Vieraugengespräch. Geplante Themen sind unter anderem die Erdölpipeline und die Wirtschaftsbeziehungen zwischen beiden Ländern. Die Ministerin wird von führenden Wirtschaftsvertretern begleitet.

Es soll im nächsten Jahr keine Steuererhöhungen geben, das teilte heute der Finanzminister mit. Neben seiner Ablehnung der Steuererhöhung sprach sich der Finanzminister auch gegen eine Einführung einer Steuer für Reiche aus. Einige Mitglieder der SPD hatten eine Steuererhöhung für Menschen mit einem Einkommen von mindestens 500 000 Euro im Jahr gefordert. „Ich glaube nicht, dass wir mit Extra-Steuern für reiche Bürger den Haushalt sanieren können", sagte der Finanzminister heute früh im Deutschlandfunk.

Seit zwei Wochen streiken die Ärzte für bessere Arbeitsbedingungen. An den Universitätskliniken in allen großen deutschen Städten werden zurzeit nur Notfälle behandelt. Die Ärztevereinigung „Marburger Bund" will heute mit den Krankenhausleitungen über eine Honorarerhöhung für Assistenzärzte und eine Arbeitszeitverkürzung sprechen. Wenn die Gespräche positiv ausgehen, nehmen die Ärzte ab morgen ihre Arbeit wieder auf.

Eine 41-jährige Verkäuferin verhinderte gestern einen Raub in einem Hamburger Supermarkt. Als ein maskierter Mann an der Kasse eine Kollegin mit einem Messer bedrohte, schlug die Hamburgerin mit einem Besen auf den Räuber ein. Daraufhin ließ der Räuber das Messer fallen und versuchte zu fliehen. Die Flucht endete an der Supermarkttür, weil die Tür um 20.00 Uhr automatisch schloss. Als die Polizei eintraf, konnte sie den Räuber problemlos festnehmen.

Und nun zum Sport. Der FC Bayern München gewann gestern Abend das Pokalendspiel gegen Eintracht Frankfurt mit 1:0. Bayerntorhüter Bruno Ball rettete in der zweiten Halbzeit mit einer großartigen Leistung den Sieg für die Bayern.

Das Wetter wird heute freundlich bis heiter. Die Tagestemperaturen liegen bei 17 bis 18 Grad. Im Norden ist es überwiegend sonnig, nur in Bayern sind einzelne Regenschauer zu erwarten.

A11 **1.** gereist **2.** getroffen **3.** gefordert **4.** bedroht **5.** festgenommen **6.** gewonnen

A12 **a)** **Der FC Heidelberg ist deutscher Fußballmeister!:** Gestern fand das Endspiel um die Fußballmeisterschaft statt. Der legendäre Stürmer Franz Freitag schoss alle vier Tore für Heidelberg. Trainer Siegfried Fröhlich war über den Sieg sehr glücklich. In Heidelberg feierten viele Menschen den Sieg auf den Straßen. Die Stimmung in Zwickau dagegen war schlecht.
Flugzeugabsturz in Peru: Heute früh gegen 10.30 Uhr stürzte ein Flugzeug in Peru ab. 89 Menschen kamen ums Leben. Ein Baby überlebte den Unfall. Das Baby liegt jetzt im Krankenhaus.
Streik in Hamburg und Berlin: Die Gewerkschaft organisierte einen Streik. Die Mitarbeiter wollen mehr Lohn. Seit dem 5.9. haben sie den Müll nicht mehr eingesammelt. Die Landesregierung und die Gewerkschaft haben Verhandlungen geführt, aber sie haben noch keinen Kompromiss gefunden. Die Müllberge auf der Straße wachsen. Die Einwohner sind mit der Situation unzufrieden.
b) **1.** Kultur **2.** Katastrophen **3.** Innenpolitik **4.** Wirtschaft **5.** Sport **6.** Außenpolitik

A13 **a)** **1.** alternative Energien **2.** Abfall **3.** Naturkatastrophen **4.** Luftverschmutzung **5.** Klima **6.** Energieverbrauch
b) **1.** alternative Energien **2.** Klima **3.** Naturkatastrophen **4.** Energieverbrauch **5.** Abfall

A14 **(Beispielsätze)** **1.** Ich glaube, die Temperaturen steigen/dass die Temperaturen steigen. **2.** Ich denke, die Naturkatastrophen nehmen zu/dass die Naturkatastrophen zunehmen. **3.** Ich denke, die Luftverschmutzung nimmt zu/dass die Luftverschmutzung zunimmt. **4.** Ich glaube, der Energieverbrauch steigt/dass der Energieverbrauch steigt. **5.** Ich glaube, der Verkehr nimmt zu/dass der Verkehr zunimmt. **6.** Ich denke, die Verpackungsabfälle werden immer mehr/dass die Verpackungsabfälle immer mehr werden.

A15 etwas steigt – etwas sinkt, etwas nimmt zu – etwas nimmt ab, etwas wird mehr – etwas wird weniger, etwas verändert sich – etwas bleibt gleich

A17 **a)** **1.** richtig **2.** falsch **3.** richtig **4.** falsch **5.** richtig
b) der Umweltschutz, der Umwelttrend, die Umweltkatastrophen, die Umweltverschmutzung; die Verpackungsabfälle, der Verpackungsmüll; die Luftverschmutzung; der Energieverbrauch; der Naturschutz, die Naturkatastrophen

A18 **1.** Man sollte neue Konzepte entwickeln. **2.** Man sollte den Benzinpreis erhöhen. **3.** Man sollte keine Produkte mit großen Verpackungen kaufen. **4.** Wir sollten weniger Energie verbrauchen. **5.** Wir sollten den Benzinverbrauch senken.

A19 **(Beispielsätze)** Ich bin der Meinung, dass … **1.** der Staat die Steuern erhöhen sollte. **2.** die Arbeitgeber die Arbeitszeiten verkürzen sollten. **3.** alle Menschen bis zum 70. Lebensjahr arbeiten sollten. **4.** die Preise für öffentliche Verkehrsmittel niedriger werden sollten. **5.** die Stadt mehr Häuser mit Nutzung der Sonnenenergie bauen sollte. **6.** die Supermärkte keine Plastiktüten mehr verkaufen sollten. **7.** alle Menschen mehr auf ihren Energieverbrauch achten sollten. **8.** die Politiker seltene Tiere besser beschützen sollten. **9.** die Politiker mit kleineren Autos fahren sollten. **10.** mehr Menschen zu Hause Urlaub machen sollten.

A20 **(Beispielsätze)** **1.** Ich bin ganz deiner Meinung. **2.** Ich denke darüber genauso. **3.** Ich bin dagegen. **4.** Mit dem Vorschlag bin ich einverstanden. **5.** Ich bin dafür. **6.** Ich kann dir nicht zustimmen. **7.** Damit bin ich nicht einverstanden.

A22 1901 – die Büroklammer, 1927 – der Kühlschrank, 1929 – der Fernseher, 1931 – der elektrische Rasierapparat, 1941 – der Z1, 1948 – die Sofortbildkamera, 1956 – das Faxgerät, 1971 – der Airbag, 1973 – das Handy, 1987 – der MP3-Spieler

A25 **1.** Eine Waschmaschine wird gebraucht, um Wäsche zu waschen. **2.** Eine Kaffeemaschine wird gebraucht, um Kaffee zu kochen. **3.** Ein Kühlschrank wird gebraucht, um Speisen und Getränke zu kühlen. **4.** Ein Geldautomat wird gebraucht, um Geld (vom Konto) abzuheben. **5.** Ein Elektroherd wird gebraucht, um Essen zu kochen. **6.** Eine Stereoanlage wird gebraucht, um Musik zu hören. **7.** Eine Fotokamera wird gebraucht, um schöne Fotos zu machen/um zu fotografieren. **8.** Ein Föhn wird gebraucht, um sich die Haare zu trocknen. **9.** Ein Fahrscheinautomat wird gebraucht, um eine Fahrkarte zu kaufen. **10.** Ein Bügeleisen wird gebraucht, um Wäsche zu bügeln. **11.** Eine Brotbackmaschine wird gebraucht, um Brot zu backen.

A27 Es handelt sich um einen Föhn und um eine Mikrowelle.

A28 **a)** Man muss das Gerät an eine Steckdose anschließen, die gewünschte Stufe mit dem Schalter einstellen, nach dem Gebrauch den Netzstecker ziehen, im Fall von Überhitzung das Gerät sofort ausschalten, die Taste „Stopp" drücken, den Knopf „Leistung" nach rechts drehen. Man darf das Gerät nur am Griff anfassen, das Gerät nicht in der Nähe von Wasser benutzen. Man kann nach einer Abkühlungsphase das Gerät wieder einschalten.
b) **1.** eine Taste/einen Knopf/einen Schalter **2.** einen Vorgang **3.** eine Tür **4.** ein Gerät

A29 **1.** b **2.** d **3.** a **4.** c

A30 **a) Gerät 1:** Kaffeemaschine; **Gerät 2:** Waschmaschine
b) Gerät 1: der Wassertank, der Filter, die Kanne, die Wassermenge, der Deckel; **Gerät 2:** die Temperatur, das Waschprogramm, der Programmwähler, die Trommel, das Fenster, die Wolle

Hörtexte:
Kaffeemaschine

Verkäuferin: Also, mit dieser Taste können Sie das Gerät ein- und ausschalten. Füllen Sie das Gerät zuerst mit frischem Wasser auf.
Kunde: Kann ich es auch mit Mineralwasser auffüllen? Oder mit Milch?
Verkäuferin: Nein, das sollten Sie nie tun. Gießen Sie immer frisches, kaltes Wasser in den Wassertank, nie etwas anderes. Die Wassermenge können Sie hier an der Seite ablesen, sehen Sie hier …
Kunde: Aja …
Verkäuferin: Danach müssen Sie den Filter mit dem Kaffee hier oben einsetzen. Hier unten kommt dann die Kanne hin. Sie müssen aufpassen, dass auf der Kanne immer der Deckel ist, sonst läuft der Kaffee nicht durch. Drücken Sie dann diese rote Taste.
Kunde: So einfach ist das?
Verkäuferin: Ja, so einfach ist das.

Waschmaschine

Verkäuferin: Kommen Sie, ich erkläre Ihnen, wie die Maschine bedient wird. Es ist nicht schwer … Durch dieses Fenster können Sie die Wäsche in die Maschine geben. Machen Sie die Maschine immer voll, das ist besser für die Umwelt.
Kunde: Ja, aber werden die Sachen sauber, wenn die Maschine ganz voll ist?
Verkäuferin: Aber natürlich. Das hier ist der Programmwähler. Damit können Sie die Programme auswählen, und hier rechts können Sie die Waschtemperatur einstellen. Sie müssen den Schalter nur auf die gewünschte Temperatur stellen.
Kunde: Also das mit der Temperatur verstehe ich ja, aber was meinen Sie mit Waschprogramm?
Verkäuferin: Nun, es gibt verschiedene Programme, für weiße Wäsche, für bunte Wäsche oder zum Beispiel Wolle. Wolle muss man sehr vorsichtig waschen.
Kunde: Ach so.
Verkäuferin: Wenn Sie also das Waschprogramm und die Temperatur eingestellt haben, drücken Sie auf die Starttaste. Nach dem Waschen schaltet die Maschine automatisch aus. Dann können Sie die Wäsche aus der Trommel nehmen.
Kunde: Ist die Wäsche dann ganz trocken?
Verkäuferin: Nein, dazu brauchen Sie einen Wäschetrockner.
Kunde: Oh nein, nicht noch eine Maschine. Dann nehme ich nur diese hier …

B3 **a)** **1.** Deutsche Bundestag **2.** Bundeskanzler/Bundeskanzlerin **3.** Bundeshaushalt **4.** Bundeswehr **5.** das Grundgesetz
b) **1.** der Bundestag **2.** Hauptstadt, Regierungssitz **3.** Volk **4.** Wahlperiode **5.** der Bundeskanzlerin/dem Bundeskanzler **6.** Verfassung, Bundeswehr **7.** Abgeordnete

B5 **b)** 1933 brannte das Reichstagsgebäude. 1945 war der Reichstag das militärische Endziel der Sowjetarmee. 1961 wurde die Berliner Mauer gebaut und aus dem Reichstagsgebäude wurde ein Geschichtsdenkmal. 1991 beschloss der Bundestag, das Gebäude wieder zum Parlamentssitz (Sitz des Bundestages) zu machen. 1995 packten die Künstler Christo und Jeanne-Claude das Gebäude in Stoff ein. 1999 wurde der Reichstag wieder eröffnet.

C1 **1.** Ja, die Wände werden gerade neu gestrichen. **2.** Ja, das Wohnzimmer wird gerade tapeziert. **3.** Ja, der Garten wird gerade in Ordnung gebracht. **4.** Ja, die Waschmaschine wird gerade repariert. **5.** Ja, die Garage wird gerade umgebaut. **6.** Ja, meine neuen Küchenmöbel werden gerade eingebaut. **7.** Ja, das ganze Haus wird gerade renoviert. **8.** Ja, das Dach wird gerade repariert.

C2 **1.** Beim Friseur werden Haare geschnitten und geföhnt. **2.** In der Apotheke werden Medikamente verkauft. **3.** Beim Arzt werden Patienten untersucht. **4.** Beim Bäcker werden Brötchen gebacken und verkauft. **5.** Bei BMW werden Autos zusammengebaut. **6.** Auf einer Hochzeitsfeier wird viel gegessen und getrunken.

C3 **1.** Wann werden sie endlich geputzt? **2.** Wann wird sie endlich repariert? **3.** Wann wird es endlich geöffnet? **4.** Wann werden sie endlich geliefert? **5.** Wann wird es endlich aufgeräumt? **6.** Wann wird er endlich abgeschickt?

C4 **1.** „Junior" wird in vielen kinderfreundlichen Geschäften kostenlos angeboten. **2.** Es werden interessante Themen wie Sport, Musik und Technik behandelt. Auch Film- und Büchertipps werden in der Zeitschrift gegeben.

C5 **1.** Im September wurde in Deutschland ein neues Parlament gewählt. **2.** Im letzten Jahr wurden die Steuern erhöht. **3.** Die Automobilausstellung wurde gestern eröffnet. **4.** Im letzten Jahr wurden 10 000 Billigtickets verkauft.

C6 **2.** h **3.** d **4.** g **5.** a **6.** c **7.** e **8.** f

C7 **1.** führen **2.** verhaften **3.** zahlen **4.** präsentieren **5.** anbieten

C8 **1.** Für **2.** über **3.** mit **4.** über **5.** unter **6.** gegen **7.** auf

C9 **Wirtschaft:** Besucher; **Außenpolitik:** Meister; **Kunst:** Überschwemmung; **Wissenschaft:** Unterhaltung; **Sport:** sammeln; **Umwelt:** Gehaltserhöhung; **Urlaub:** Kopiergerät

C10 **der:** Kühlschrank, Fernseher, Laptop, MP3-Spieler, Elektroherd, Föhn, Geldautomat, Rasierapparat, Schalter
die: Geschirrspülmaschine, Mikrowelle, Stereoanlage, Zahnbürste, Fotokamera, Erfindung, Taste, Tür, Steckdose
das: Handy, Faxgerät, Telefon, Laptop

C11 **1.** Ich gehe ins Reisebüro, um eine Reise zu buchen. **2.** Ich fahre nach Afrika, um Tiere zu fotografieren. **3.** Ich fahre an den Südpol, um Pinguine zu sehen. **4.** Ich lese ein Buch über die Alpen, um mich zu informieren. **5.** Ich esse so viel, um zuzunehmen. **6.** Ich rufe jetzt Frau König an, um einen Termin zu vereinbaren. **7.** Ich brauche ein Auto, um zur Arbeit zu fahren. **8.** Ich lerne Deutsch, um mit Kollegen auf Deutsch zu sprechen. **9.** Ich fahre nach London, um an einer Konferenz teilzunehmen. **10.** Ich fahre nach Frankreich, um Französisch zu lernen. **11.** Ich brauche dieses Gerät, um (ein) Brot zu backen.

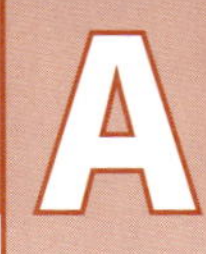

C12 **1.** um die Tür zu öffnen **2.** um die Leistungsstufe zu wählen **3.** um die Temperatur einzustellen **4.** um den Vorgang zu unterbrechen **5.** um das Gerät anzuschließen **6.** um das Essen zu erwärmen

C13 **1.** Auf **2.** In **3.** im, für **4.** In, beim **5.** aus **6.** auf **7.** mit **8.** für **9.** für **10.** zum, auf **11.** mit **12.** in

C14 **1.** bei seiner **2.** beim **3.** aus den, aus der **4.** Mit **5.** Zum **6.** nach dem **7.** aus **8.** seit, von **9.** nach **10.** zum **11.** mit dem, mit der **12.** mit einem **13.** seit einer **14.** von deinem **15.** seit einer **16.** mit seiner **17.** von einem

Gesamtwiederholung

C15 **1.** sich **2.** dich **3.** sich **4.** uns **5.** mich **6.** sich

C16 **1.** ist geflogen **2.** Habt gelöst **3.** hast eingekauft **4.** bist aufgestanden **5.** habt gegessen **6.** habt übernachtet **7.** hast gelesen **8.** Hat repariert

C17 wohnte – machte – studierte – begann – war – gewann

C18 **1.** Jutta sollte Frau Schreiber zurückrufen. **2.** Die Praktikantin musste das Protokoll schreiben. **3.** Vor dem Eingang durfte man nicht parken. **4.** Peter wollte gern mal nach New York fliegen.

C19 **1.** wäre **2.** würde **3.** hätte **4.** wäre **5.** würde **6.** wäre

C20 **1.** Hätten Sie heute Zeit? **2.** Würden/Könnten Sie mir den Weg zur Kantine zeigen? **3.** Würden/Könnten Sie den Kopierer bitte ganz schnell reparieren? **4.** Könnten Sie mich vom Bahnhof abholen?

C21 **1.** Vielleicht solltest du einen Sprachkurs besuchen. **2.** Vielleicht solltest du abends nicht mehr fernsehen. **3.** Vielleicht solltest du ein paar Fahrstunden nehmen.

C22 **1.** die **2.** die **3.** die **4.** der **5.** das **6.** die **7.** die **8.** das

C23 **1.** keins **2.** eine **3.** welche **4.** keinen **5.** eins **6.** welche

C24 **1.** mit einem alten Auto **2.** mit einem großen Balkon, mit einer schönen Aussicht **3.** mit deiner neuen Freundin, mit deinem kleinen Bruder

C25 große – tollen – französischen – kleinen – leckeres – spanischen – griechische – Herzliche

C26 **1.** kältesten **2.** gern – lieber – am liebsten **3.** groß – größer – am größten **4.** frisch – frischer – am frischesten **5.** gut – besser – am besten

C27 **1.** nicht, keine **2.** nicht **3.** nicht **4.** keinen

C28 **1.** niemand **2.** nichts **3.** nie **4.** nichts

C29 **1.** mir **2.** mich **3.** mir **4.** mir **5.** mich

C30 **1.** an **2.** für **3.** für **4.** in **5.** an **6.** mit

C31 **1.** am **2.** am **3.** am **4.** im **5.** am

C32 **1.** nach **2.** im **3.** über dem **4.** ins **5.** im **6.** zum

C33 **1.** steht **2.** legt/legte **3.** stellt/stellte **4.** hängt **5.** sitze/saß **6.** stellen **7.** liegt/steht, liegt **8.** setzen

C34 **1.** wenn **2.** denn **3.** weil **4.** wenn

C35 **a)** **1.** weil **2.** obwohl **3.** obwohl **4.** weil; **b)** **1.** trotzdem **2.** deshalb **3.** deshalb **4.** trotzdem

C36 **1.** wo **2.** was **3.** wer **4.** wie lange **5.** warum **6.** wie viele **7.** wo

C37 **1.** ob **2.** dass **3.** dass **4.** ob **5.** dass **6.** ob

C38 **1.** das **2.** dem **3.** die **4.** der **5.** die **6.** dem **7.** der

C39 **1.** wenn **2.** als **3.** wenn **4.** als **5.** wenn **6.** als **7.** als

C40 **1.** nachts durch die Stadt zu laufen. **2.** viel zu schlafen **3.** hier zu parken **4.** alle Aufgaben ohne Fehler zu machen

A Anhang

Übungstest zur Prüfungsvorbereitung

LESEN:

Teil 1: **1.** a **2.** a **3.** c **4.** b **5.** c

Teil 2: **6.** a **7.** c **8.** b **9.** b **10.** a

Teil 3: **11.** a **12.** b **13.** c **14.** b **15.** c

Teil 4: **16.** b **17.** e **18.** f **19.** a **20.** X

HÖREN:

Teil 1 **Hörtext 1:**
Hallo Frau Hohmann, hier ist die Zahnarztpraxis Schreiber. Sie haben am Dienstag um 10.00 Uhr einen Termin bei uns. Wir müssen den Termin leider verschieben, Frau Dr. Schreiber ist erkrankt. Wir haben eine Vertretung gefunden, aber Ihren Termin können wir nicht einhalten. Ich kann Ihnen einen Termin am Mittwoch um 13.00 Uhr anbieten. Bitte rufen Sie kurz zurück. Danke.

Hörtext 2:
So, wir haben die Wiener Hofburg erreicht und Sie haben jetzt drei Stunden Zeit, die Hofburg zu erkunden. Kurzer Uhrenvergleich: Es ist jetzt 14.00 Uhr. Ich empfehle Ihnen auf jeden Fall einen Besuch der Nationalbibliothek. Auch das Sissi-Museum oder die Hofreitschule sind sehr interessant. Und wer einen Kaffee trinken möchte: Im Café Hofburg gibt es typische Wiener Kaffeespezialitäten. Wir treffen uns alle um 17.00 Uhr wieder hier am Bus. Bis dahin wünsche ich Ihnen viel Spaß in der Hofburg.

Hörtext 3:
Hallo Nele, hier ist Gregor. Du, ich glaube, ich habe heute im Besprechungsraum mein Tablet vergessen. Der Raum ist verschlossen, ich konnte nicht rein. Frau Becker hat mir gesagt, dass du den Schlüssel hast. Kannst du mal gucken, ob mein Tablet da irgendwo liegt und mich so schnell wie möglich anrufen? Danke!

Hörtext 4:
Nun zum Sport. Der FC Bayern hat gestern zwei null gegen Roter Stern Belgrad gewonnen und zieht damit ins Achtelfinale der Champions League ein. Auch Rasenballsport Leipzig konnte sich gegen Galatasaray Istanbul behaupten und ist damit eine Runde weiter. Für Borussia Dortmund reichte das Eins-zu-eins-Unentschieden gegen Juventus Turin nicht fürs Achtelfinale. Dortmunds Trainer zeigte sich trotzdem zufrieden mit dem Spiel seiner Mannschaft.

Hörtext 5:
Liebe Kundinnen, liebe Kunden. Hier ist eine Durchsage für den Halter des Pkws mit dem Kennzeichen: B – AK 4523. Wir bitten den Fahrzeughalter, sein Auto unverzüglich aus der Feuerwehreinfahrt zu entfernen. In fünf Minuten wird das Auto aus Sicherheitsgründen von der Polizei abgeschleppt.

Lösungen: **1.** b **2.** c **3.** c **4.** b **5.** a

Teil 2
Birgit: Hallo Alena, wie geht es dir? Du siehst gut aus, richtig erholt. Warst du in deiner Urlaubswoche in einem Wellnesshotel?
Alena: Hallo Birgit. Ja, mir geht es richtig gut. Aber ich bin in meinem Urlaub nicht weggefahren, ich bin zu Hause geblieben. Eigentlich wollte ich die ganze Woche Spanisch lernen, aber ich habe nur am Montag gelernt. Dafür aber vier Stunden lang. Danach hatte ich keine Lust mehr.
Birgit: Und was hast du den Rest der Woche gemacht?
Alena: Na ja, am Dienstag habe ich mit Thomas erst mal in aller Ruhe über unsere Finanzen gesprochen. Wir haben überlegt, wie viel Geld wir für unseren Sommerurlaub ausgeben können.
Birgit: Das ist sehr vernünftig. Warst du auch im Fitnessstudio?

Alena: Nein, ich habe am Mittwoch zu Hause Gymnastik gemacht, das hat mir gutgetan. Hast du eigentlich die neue Ausstellung im Kunstmuseum schon gesehen? Du interessierst dich doch für moderne Kunst? Ich möchte sie mir am nächsten Samstag ansehen. Wenn du willst, können wir zusammen hingehen. Übrigens habe ich nach deinem Rezept die kleinen Kuchen gebacken. Thomas hat am Donnerstagabend gleich drei davon gegessen, die waren noch ganz warm und haben ihm hervorragend geschmeckt.
Birgit: Warst du denn mal wandern, du hattest doch so viel Zeit?
Alena: So viel Zeit hatte ich nun auch wieder nicht. Ich habe mich am Freitag mit einer alten Schulfreundin zum Kaffee getroffen und am Samstag haben Thomas und ich einen Ausflug nach Berlin gemacht, mit unserem neuen Auto.
Birgit: Wart ihr in Berlin in dem Restaurant, das ich euch empfohlen habe?
Alena: Nein, wir waren im Kaufhaus des Westens und haben für Thomas eine Hose gekauft. Anschließend sind wir wieder nach Hause gefahren. Am Sonntag habe ich dann einfach mal nichts gemacht.
Birgit: Ich auch …

Lösungen: **6.** d **7.** e **8.** g **9.** i **10.** b

Teil 3 **Hörtext 1:**
Mann: Du, Bea, ich habe das Gefühl, dass ich irgendetwas Wichtiges vergessen habe. Ich glaube, ich habe meinen Ausweis vergessen.
Frau: Keine Panik. Deinen Ausweis habe ich in meiner Handtasche.
Mann: Hast du auch die Medikamente eingepackt? Die lagen auf dem Esstisch. Und mein Handy lag da auch.
Frau: Also, deine Tabletten habe ich in den Koffer getan, aber dein Handy habe ich nicht gesehen.
Mann: Ach du Schreck, dann liegt das noch im Büro.

Hörtext 2:
Frau: Entschuldigung, was kostet diese Bluse dort, die blaue?
Verkäufer: Die Bluse kostet 65 Euro.
Frau: Sie haben ein großes Schild am Eingang, dass die Waren reduziert sind. Ist die Bluse auch reduziert?
Verkäufer: Nein, die Bluse ist von der neuen Herbstkollektion. Auch bei den Lederwaren gibt es keine Rabatte. Die reduzierte Sommerware hängt hier.
Frau: Ich sehe hier keine Blusen, nur Röcke.
Verkäufer: Ja, die Sommerblusen haben wir in dieser Saison alle verkauft.

Hörtext 3:
Besucher: Guten Tag, ich bin von der Firma COX und habe um 15.15 Uhr einen Termin mit Herrn Müller.
Rezeptionistin: Einen Moment bitte. Haben Sie den Termin mit Manfred Müller oder Thomas Müller?
Besucher: Mit Herrn Müller von der Marketingabteilung. Ich glaube, sein Vorname ist Thomas.
Rezeptionistin: Also, das Büro von Thomas Müller ist im dritten Stock, Zimmer C 004. Ich sehe hier aber einen Hinweis, dass die Besprechung mit der Firma COX im Konferenzraum im 1. Stock ist. Der Raum ist aber bis 15.00 Uhr noch besetzt. Sie haben ja noch etwas Zeit. Vielleicht trinken Sie erst mal in unserer Besucherecke einen Kaffee. Die ist gleich hier, im Erdgeschoss.
Besucher: Vielen Dank.

Hörtext 4:
Hans: Hallo, Laura, ich habe gehört, du hast am Wochenende einen Ausflug nach München gemacht.
Laura: Ja, das stimmt. Wir waren erst im Hofbräuhaus und haben etwas gegessen und danach waren wir im Museum.
Hans: Seid ihr mit dem Auto gefahren?
Laura: Das wollten wir eigentlich, aber dann haben wir uns entschieden, den Zug zu nehmen.
Hans: Fährt von euch nicht auch ein Bus nach München?
Laura: Ja, aber nur zweimal am Tag. Wenn man den verpasst, hat man ein Problem.

Hörtext 5:
Anna: Benno, kommst du mit zum Mittagessen?
Benno: Ja, ich bin gerade mit meinem Bericht fertig.
Anna: Gehen wir zum Italiener? Da geht es schnell.
Benno: Auf Pizza oder Spaghetti habe ich im Moment keinen Appetit. Ich möchte lieber etwas Süßes, zum Beispiel Kuchen.
Anna: Mittags Kuchen essen? Nein, das ist total ungesund. Wie wäre es mit einem Salat in der Kantine? Den Kuchen kannst du ja heute Nachmittag essen.
Benno: Okay.

Lösungen: **11.** c **12.** b **13.** c **14.** c **15.** b

Teil 4 Moderator: Guten Morgen, liebe Hörerinnen und Hörer. Herzlich willkommen bei unserer Sendung „Streiflichter". Wir sind heute an der Universität Leipzig und sprechen mit einigen Studierenden über ihre Erfahrungen im Studium und in Leipzig. Mein erster Gast ist Carol. Carol, woher kommen Sie?
Carol: Ich bin Amerikanerin, aber ich komme aus Bad Tölz. Meine Eltern haben beide für die US-Armee in Miami gearbeitet. Dort bin ich auch geboren. Als ich zehn Jahre alt war, wurde mein Vater nach Bad Tölz in Bayern versetzt und wir sind mit der gesamten Familie nach Deutschland gezogen.
Moderator: War es am Anfang schwer für Sie, die deutsche Sprache zu lernen?
Carol: Vielleicht ganz am Anfang, im ersten Jahr. Danach nicht mehr. Ich denke, Kinder und Jugendliche lernen eine Sprache sehr schnell. Mir macht es richtig viel Spaß, Sprachen zu lernen, und ich analysiere Sprachen auch gern, deshalb studiere ich jetzt auch Germanistik.
Moderator: Warum haben Sie sich für ein Studium in Leipzig entschieden?
Carol: Um ehrlich zu sein, aus praktischen Gründen. Zuerst habe ich darüber nachgedacht, in München zu studieren. Aber man bekommt in München nur schwer eine Wohnung oder ein Zimmer, und wenn man dann ein Zimmer findet, ist es meist sehr teuer. In Leipzig habe ich gleich ein Zimmer in einer Wohngemeinschaft bekommen und ich bezahle nur 250 Euro im Monat. Im ersten Studienjahr habe ich auch bemerkt, was Leipzig für eine tolle Stadt ist. Es gibt hier viele junge Leute und ein tolles kulturelles Angebot. Hier ist richtig was los.
Moderator: Also, Freunde zu finden, war kein Problem?
Carol: Nein. Ich habe einige Freunde in meinem Studienjahr, aber die meisten Freunde habe ich beim Basketball kennengelernt. Ich spiele bei den Leipzig Lakers und trainiere dort auch eine Jugendmannschaft.
Moderator: Und wie finden Sie die Studienbedingungen?
Carol: Ich bin mit dem Unterricht und der Betreuung sehr zufrieden. Ich denke aber darüber nach, nach meinem Bachelor-Abschluss noch ein zweites Fach zu studieren. Vielleicht Betriebswirtschaftslehre. Damit verbessern sich sicher meine Chancen auf dem Arbeitsmarkt.
Moderator: Viel Erfolg, Carol, und danke für das Gespräch.

Lösungen: **16.** ja **17.** nein **18.** ja **19.** ja **20.** nein

Textquellen:

S. 172, A24 Inf. aus: Kriterien der Partnerwahl in der Schweiz nach Geschlecht 2016. Statista, 30.8.2016. [https://de.statista.com/statistik/daten/studie/604557/umfrage/kriterien-der-partnerwahl-in-der-schweiz-nach-geschlecht/]

S. 175, A30 Inf. aus: Wo haben Sie Ihren Partner kennengelernt? Statista, 13.4.2018 [https://de.statista.com/statistik/daten/studie/826141/umfrage/umfrage-unter-personen-in-beziehungen-zum-kennenlernen-des-partners/]

S. 192, A2 Inf. aus: Leben in der Stadt der Zukunft. B.A.T Freizeit-Forschungsinstitut, 17.10.2005 [https://www.stiftungfuerzukunftsfragen.de/fileadmin/user_upload/forschung_aktuell/2005/188_g1_2.pdf]

S. 231, A31 Inf. aus: Mensch gegen Technik, GEO Nr. 05/2005

S. 250, 1 Inf. aus: Kinder bewegen sich zu wenig. Deutschlandfunkkultur, 22.11.2019 [https://www.deutschlandfunkkultur.de/who-studie-kinder-bewegen-sich-zu-wenig.2165.de.html?dram:article_id=464128]; Kinder bewegen sich immer weniger. ZDFheute, 20.3.2019 [https://www.zdf.de/nachrichten/heute/langzeitstudie--motorik-modul--kinder-bewegen-sich-immer-weniger-100.html]

Bildquellen:

© **stock.adobe.com:** BalanceFormCreative (Cover); **S. 131** VadimGuzhva (1), Goffkein (2), Uwe (3), cherryandbees (4); **S. 132** anitasstudio (1), telesniuk (3); **S. 141** marcorubino (1), design56 (2); **S. 142** fottoo; **S. 143** caimacanul; **S. 145** EdNurg (3), ArTo (4); **S. 146** photo 5000 (1); **S. 148** mik ivan; **S. 150** Werner (2); **S. 151** Andrey Kiselev (1); **S. 153** Rainer Fuhrmann; **S. 154** .shock; **S. 156** Robert Kneschke (2); **S. 161** BlueOrange Studio (2), fizkes (3); **S. 162** Wirestock (1), nataba (3); **S. 163** Halfpoint (1), Olesia Bilkei (2), magui RF (3), Dmitry (4); **S. 164** Laura (1), Ken (2); **S. 165** schankz; **S. 167** Budimir Jevtic; **S. 168** fizkes; **S. 169** Cookie Studio (1), Krakenimages (2), curto (3); **S. 173** Krakenimages; **S. 178** nataba (2); Ayupov Evgeniy (6); **S. 183** Pixel-Shot; **S. 184** Maridav; **S. 186** rh2010 (1), Krakenimages (2); **S. 191** FollowTheFlow (1), Dan Race (2), shefkate (3), Robert Kneschke (4); **S. 192** eyetronic; **S. 193** elxeneize (1), PANORAMO (2), ah_fotobox (3); **S. 195** highwaystarz; **S. 196** jackfrog; **S. 199** auremar (1), Кирилл Рыжов (2); **S. 200** Vera Kuttelvaserova (3), Jan Mach (9); **S. 202** banderob1962; **S. 204** jackfrog; **S. 207** Klaus Eppele; **S. 208** Seventyfour; **S. 209** Viktorija (2), Bernd Jürgens (4), Danil (5), Wolfgang Kruck (6), Studio Gi (7); **S. 211** Robert Kneschke; **S. 213** bluedesign; **S. 217** StockPhotoPro (1), pressmaster (2), Henry Schmitt (3); **S. 222** PhG; **S. 225** Alexey Protasov (1), photka (2); **S. 229** OSORIOartist; **S. 230** by-studio; **S. 233** frank peters; **S. 234** Rawpixel;**S. 241** zinkevych; **S. 243** guruXOX; **S. 244** JacZia; **S. 245** Dan Race; **S. 249** smolaw11 (1), Robert Kneschke (2); **S. 251** Vatcharachai; **S. 256** DenisNata (2)

© **pa picture alliance: S. 240** Ralf Mueller

© **pixabay.com: S. 132** marcinjozwiak (2); **S. 136** Kerstin Riemer; **S. 145** Achim Scholty (1), USA-Reiseblogger (2); **S. 146** robertprax (2); **S. 150** PeterTimmerhues (1); **S. 151** Regina Wolfs (2); **S. 156** Pexels (1); **S.157** deabetik; **S. 161** (1), Santa3 (4); **S. 162** congerdesign (2), gabicuz (4), wernerdetjen (5), GregMontani (6), rethinktwice (7), RoryCurrin (8), Mammiya (9), herbert2512 (10), Couleur (11), UGVERTRIEB (12), amayaeguizabal (13), PublicDomainPictures (14), kie-ker (15), Alexas_Fotos (16), Chiemsee2016 (17), eera5607 (18), Alexas_Fotos (19), hbieser (20), Uschi_Du (21), NickyPe (22), Peggychoucair (23), winterseitler (24); WimdeGraaf (25); **S. 178** Mammiya (1); Skitterphoto (3), Capri23auto (4), Nennieinszweidrei (5); **S. 181** holzijue; **S. 200** Hans Braxmeier (1), webandi (2), photosforyou (4), restyledliving (5), monicore (6), matthiasboeckel (7), Couleur (8), AllNikArt (10); **S. 201** (1), tommileew (2), jmexclusives (3), matthiasboeckel (4), auntmasako (5), ArmbrustAnna (6), krzys16 (7), JillWellington (8); **S. 209** milivigerova (3); **S. 256** KeithJJ (1)

© **Wikipedia/Wikimedia: S. 227** (1), DFID – UK Department for International Development (2), MPW – Moving Picture World (3), (4), Baron Kelvin (5); **S. 232** Stepro_Steffen Prößdorf

S. 209 (1) A. Buscha; **S. 218** R. Lang

Zeichnungen: Jean-Marc Deltorn

Notizen